33.50.00

à garder

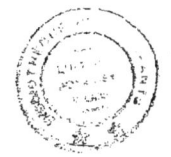

VIOLLET-LE-DUC

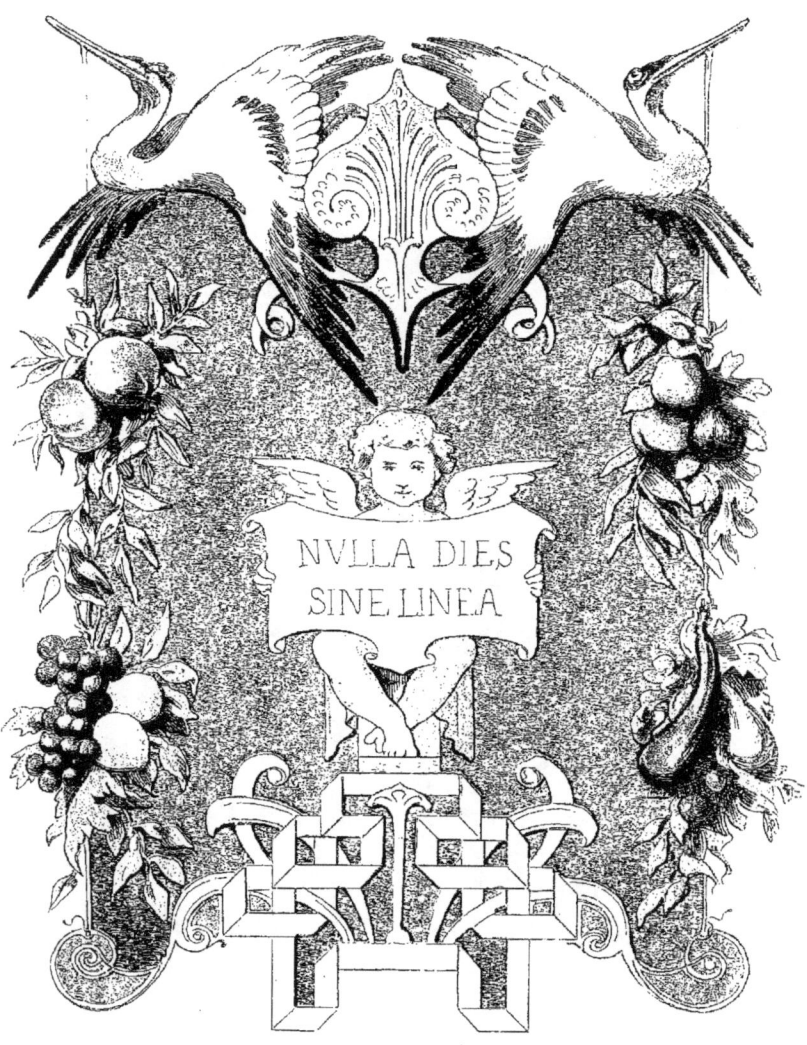

COLLECTION HETZEL

HISTOIRE D'UN DESSINATEUR

COMMENT ON APPREND A DESSINER

TEXTE ET DESSINS

PAR

VIOLLET-LE-DUC

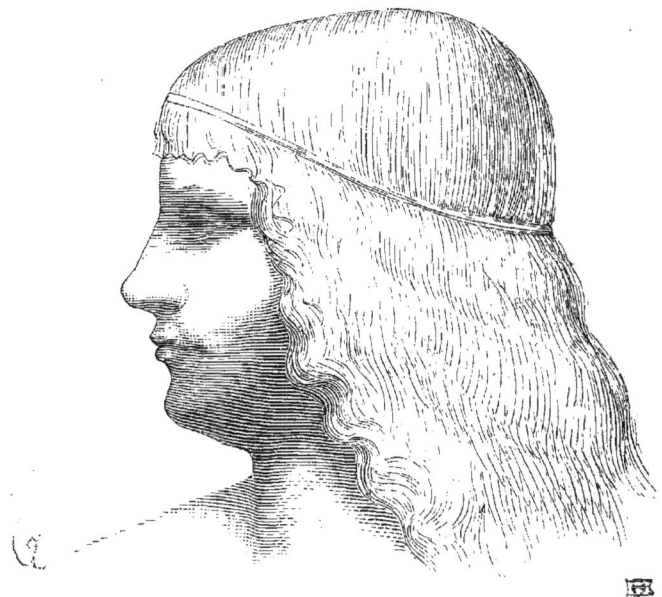

BIBLIOTHÈQUE

D'ÉDUCATION ET DE RÉCRÉATION

J. HETZEL & Cie, 18, RUE JACOB

PARIS

Tous droits de reproduction et de traduction réservés.

Ex 1

HISTOIRE

D'UN

DESSINATEUR

— COMMENT ON APPREND A DESSINER —

CHAPITRE I

DEUX FRÈRES DE LAIT ET UN CHAT.

Petit André est un enfant de la ville, il a eu pour frère de lait petit Jean qui habite les champs.

Il se trouve que tous deux s'amusent volontiers à crayonner sur les murs avec un morceau de charbon.

Tous deux approchent de leur onzième année.

Est-ce au lait de leur mère nourricière commune qu'ils doivent cette tendance à salir les murailles, ou à une cause fortuite? Je n'essayerai pas de résoudre la question; ce que je constate, c'est qu'ils ont chacun cette manie.

Le père du petit André est un professeur distingué qui a eu l'honneur de voir quelques-uns de ses travaux couronnés par l'Académie. Le père du petit Jean est jardinier de son état, treillageur et même un peu charpentier à l'occasion, et cependant, tous ces états réunis lui permettent à peine de nourrir sa famille, qui se compose, il est vrai, de six enfants : quatre garçons et deux filles, sans compter sa mère et sa femme.

Le père du petit André s'appelle Mellinot. Petit André est fils unique, et, en sus de ses appointements comme professeur, M. Mellinot possède une certaine fortune patrimoniale et donne des répétitions qui lui sont fort bien payées, de sorte que M. Mellinot est dans l'aisance, qu'il reçoit ses amis à dîner une fois par semaine et mène une existence qu'aucun souci ne vient troubler. Il est aimé, considéré, d'humeur douce, homme d'ordre et amplement pourvu d'excellents principes sur toute matière.

Mme Mellinot est la digne compagne de ce digne homme et ne suppose pas qu'il puisse exister au monde une intelligence supérieure à celle de son époux; aussi, n'est-il pas un jour où elle ne jette un regard d'attendrissement mêlé d'une certaine fierté sur le cadre doré qui entoure les quatre ou cinq médailles et la palme académique décernées à M. Mellinot, auquel il ne manque plus que la croix de chevalier de la Légion d'honneur pour être au comble de ses vœux et pour que Mme Mellinot se considère comme la plus heureuse des femmes.

Quant au père du petit Jean, comme jardinier, il répond au nom de papa Ricin, comme treillageur et charpentier, à celui de Pas-commode; mais son vrai nom est Loupeau, natif de Boissy-Saint-Léger.

Or, Loupeau est un rude travailleur, mais d'humeur assez difficile et qu'il est prudent de ne pas contrarier.

Il n'y a pas grand'chose à dire de sa femme, Euphrasie Loupeau, si ce n'est qu'elle est mère de six enfants, venus à peu près à quinze ou dix-huit mois d'intervalle et nourrice de trois ou quatre nourrissons bien portants.

Pendant la belle saison, M. et Mme Mellinot et petit André s'en vont parfois passer la journée du dimanche dans les bois de la Grange, en s'arrêtant chez la mère Euphrasie Loupeau, à laquelle on laisse quelques nippes pour ses enfants, un pâté ou un morceau de viande rôtie et une bonne bouteille de vin en échange d'un goûter de galette et de laitage; puis les Mellinot s'en vont dîner au joli village d'Yères, d'où l'omnibus les ramène à Villeneuve-Saint-Georges pour prendre le chemin de fer et rentrer chez eux vers onze heures du soir.

Petit André et petit Jean, soit sympathie naturelle, similitude de goût, ou parce qu'ils ont sucé le même lait, sont très bons amis, et souvent petit Jean est emmené par les Mellinot dans les bois de la Grange avec sa sœur aînée, jusqu'à la brune, où le frère et la sœur s'en retournent à Boissy-Saint-Léger.

Dans la tête des enfants, il passe bien des idées dont les parents ne se soucient guère, et ils ont grandement tort.

Donc, les deux frères de lait, dans ces promenades sous bois, ne s'entretiennent d'autre chose, sinon de dessin, de bonshommes, de chevaux, de voitures, de maisons.

Naturellement, André ne manque pas d'apporter les images qu'il a faites pendant la semaine, copies très naïves de méchantes gravures, de soldats, de palais fantastiques, et Jean, émerveillé, demande du papier et un bout de crayon pour en faire autant; ce qu'André lui octroye de bon cœur. A son tour, le dimanche suivant, Jean montre ses essais; mais le petit n'a pas de modèles, et, dans quelque coin de la maison, en cachette de papa Ricin qui n'admettrait pas que son héritier salît une feuille de papier sur laquelle on peut faire un mémoire de travaux, il crayonne quelque chose que veut bien corriger André, car André tient de son père, probablement, le goût du professorat; puis il vit au centre des arts et est parfois conduit aux expositions, le jeudi.

Si l'on s'assied sur l'herbe. M. Mellinot daigne entre temps jeter un coup d'œil sur les œuvres d'André et de Jean; mais, quoique M. Mellinot ne soit rien moins qu'artiste, il constate avec une satisfaction bien naturelle que le talent précoce de son fils est évidemment supérieur à celui de son frère de lait.

Un de ces dimanches cependant, un ami du professeur s'était joint aux promeneurs. Nous devons avant tout faire connaître ce nouveau personnage en peu de mots.

M. Majorin est un homme grand, sec, à la barbe grisonnante, vêtu toujours de la même façon ; savoir : d'un ample paletot noir qui semble suspendu à un portemanteau, d'un pantalon étroit et de guêtres de couleur claire. En hiver, son chef est coiffé d'un chapeau melon à larges bords et, en été, d'un feutre mou, gris. Son linge est toujours immaculé, et sous son col rabattu, est nouée une cravate de foulard blanc. M. Majorin a l'apparence d'un homme distrait et ne prend part à la conversation qu'autant qu'elle sort des banalités.

D'ailleurs, s'il parle, il a la déplorable habitude d'exprimer librement sa pensée sans ménagements, sans se préoccuper de savoir s'il froisse la susceptibilité de ses auditeurs. Aussi le craint-on un peu, et si M. Mellinot le considère comme un ami précieux parce que, dans sa carrière de professeur, ses avis lui ont été fort utiles, Mme Mellinot le redoute comme un de ces originaux gênants qui, sans crier gare, jettent un caillou dans une mare et vous éclaboussent.

Donc, ce dimanche, en prenant le frais sous un beau chêne, M. Mellinot, assis sur la fougère, écoutait Mme Mellinot qui lui faisait part de difficultés survenues entre sa cuisinière et elle le matin, avant le départ. M. Majorin, étendu tout de son long, regardait le ciel bleu à travers la feuillée dorée par le soleil, ce qui est toujours un spectacle nouveau, — tandis que la sœur de Jean cherchait des fraises et que les deux frères de lait parlaient avec vivacité à quelques pas.

« Ce n'est pas comme ça que ça se fait, disait André.

— Mais je l'ai vu ! répondait Jean qui semblait sortir de son rôle d'élève et entrer en pleine rébellion.

— Voyons, dit enfin André, — qui ne pouvait évidemment convaincre Jean, — papa ! n'est-ce pas qu'on ne fait pas un chat comme ça ?

— Montrez-moi cela, » dit le père; et André remit à M. Mellinot un morceau de papier chiffonné sur lequel était tracé le croquis ci-dessous (fig. 1).

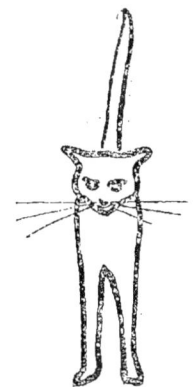

Fig. 1. — Dessin de petit Jean.

« C'est un chat à deux pattes, si on veut que ce soit un chat. Et qu'est-ce donc qui lui pousse sur la tête ?

— C'est sa queue, répondit Jean, timidement.

— Oh ! dit M. Majorin sortant de sa rêverie, voyons cela ? »

M. Majorin regarda attentivement et le chat et petit Jean, si bien que celui-ci rougissait, baissait la tête et ne savait absolument que faire de ses mains qui l'embarrassaient prodigieusement.

« Quel âge as-tu ? fit M. Majorin.

— Onze ans à la Toussaint, m'sieu !

— Vas-tu à l'école ?

— Oui, m'sieu, quand papa ne m'emmène pas pour ramasser les mauvaises herbes dans les jardins des bourgeois.

— T'apprend-on à dessiner à l'école ?

— Non, m'sieu, on nous fait faire tant seulement des ronds et des carrés... pas souvent.

— Et cela t'amuse-t-il de faire des ronds et des carrés ?

— Pas beaucoup.

— Tu aimes mieux dessiner des chats ?

— Oui, m'sieu.

— Où as-tu dessiné celui-là ?

— A la porte de la maison où j'étais assis.

— Et que faisait-il là, ce chat ?

— Il tournait comme ça, cherchant queuque chose.

— Et tu l'as prié de s'arrêter devant toi pour faire son portrait ?

— Oh non, m'sieu, y n'aurait pas voulu.

— Alors comment as-tu fait pour le dessiner ?

— J'ai regardé : y venait devers moi tout doucement, comme pour me demander à manger, parce que j'étais en train de goûter ; et il avait l'air si drôle, si drôle, comme une personne naturelle. J'ai bien regardé sans rire, parce que les chats, ça n'aime pas qu'on rie d'eux. J'ai bien regardé et y m'regardait aussi, lui ; alors, j'ai pris un papier dans ma poche et le crayon que m'a donné André. Mais quand le chat a vu ça, y s'en est allé. Alors, je me suis bien rappelé comme il avait l'air drôle et j'ai dessiné sur le papier.

— Mais tu sais bien que les chats ont quatre pattes ? »

Jean ne répondait pas.

« Pourquoi n'en as-tu dessiné que deux ?

— Dame, m'sieu, j'ai pas fait attention, j'ai pas vu les autres.

— Viens m'embrasser !... »

Si cette brusque conclusion surprit Jean, elle étonna bien davantage M. et Mme Mellinot.

« Veux-tu me donner ton chat? reprit M. Majorin.

— Oh! oui, m'sieu, j'en f'rai d'autres. »

M. Majorin était visiblement ému. On reprit la promenade, et les enfants s'en allèrent courir sous bois.

« Si j'avais eu un garçon comme ce petit! dit presque involontairement M. Majorin après un long silence.

— Est-ce parce qu'il a dessiné un chat à deux pattes avec un plumet sur la tête, que vous formulez ce souhait? riposta M. Mellinot.

— Non, mais parce qu'il est né observateur, et que cette qualité ou cette faculté, si vous voulez, permet d'aller loin et surtout d'éviter bien des sottises.

— Je ne vois pas, à vous dire vrai, en quoi dessiner un chat à deux pattes...

— Non, vous ne voyez pas, ou plutôt, vous, comme tant d'autres, n'avez jamais vu... que par les yeux de gens qui ne savent pas voir.

« Pour vous, un chat est un félin à quatre pattes, muni d'une queue, de deux oreilles saillantes et mobiles et de moustaches. Si on omet de vous montrer partie de cet inventaire, vous n'admettez pas que ce soit un chat. Le petit ne se soucie guère de cela; il n'a pas vu un tas de mauvaises images prétendant représenter des chats complets, il voit un chat dans une certaine attitude qui le frappe, il saisit les linéaments principaux qui caractérisent cette attitude. Ce petit, assis, ne voit pas le dos de la bête; que lui cache la tête, et cette queue lui apparaît, sans plans intermédiaires. Son attention n'est pas attirée sur les pattes de derrière que lui cachent presque entièrement celles de devant, il ne voit ni le ventre, ni les flancs. Son œil a saisi en quelques secondes les traits généraux, la physionomie de l'animal, et sa main malhabile a rendu ce que ses yeux avaient communiqué à son entendement.

« Ah ! petit Jean pourrait être un grand artiste !

— Peut-être ! si le bonhomme Loupeau pouvait consacrer une vingtaine de mille francs à lui enseigner le dessin et à l'entretenir à l'École des Beaux-Arts.

— Oui, reprit en s'animant M. Majorin, s'il pouvait consacrer une vingtaine de mille francs à faire perdre à cet enfant ses qualités naturelles, le don précieux qu'il possède sans le savoir, mais à la condition d'en consacrer quarante autres pour lui donner le temps de désapprendre ce que l'on enseigne dans vos écoles et de voir par lui-même.

— Alors, il n'y a qu'à laisser faire, et petit Jean deviendra tout seul un grand artiste.

— Eh non !... c'est là le malheur. Il faut une instruction très complète, très étendue pour développer les qualités intellectuelles quelles qu'elles soient ; il faut beaucoup travailler, mais non en tournant le dos au but final pour arriver dans les environs de vingt ou vingt-cinq ans à végéter dans la médiocrité ou à reconnaître que tout est à recommencer.

— Mon cher ami, la France possède assez d'artistes distingués et jeunes pour croire que ceux qui ont « reçu du ciel l'influence secrète » arrivent au but et ne lui tournent pas le dos comme vous le prétendez. D'ailleurs ce n'est pas de la pénurie d'artistes que nous souffrons ; il n'y en a que trop, et il n'est besoin d'encourager à le devenir tous ceux que certaines dispositions précoces font supposer, parfois à tort, aptes à s'ouvrir une brillante carrière. Je me défie des petits prodiges et, dans l'enseignement, je les ai trop souvent vus avorter pour ne pas faire toutes réserves à leur sujet. Voilà que vous prenez feu à propos d'un chat dessiné d'une certaine manière par un gamin de dix ans. N'est-ce pas un hasard qui l'a servi ce jour-là? Est-il bien véridique dans son histoire d'observation? N'a-t-il pas plutôt fait ce croquis d'après quelque charge d'artiste, crayonnée sur un mur?

— Peut-être, » se contenta de répondre M. Majorin; et on passa le reste de la soirée sans qu'il fût plus question de petit Jean et de son chat.

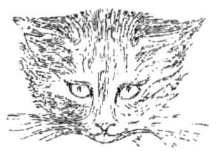

CHAPITRE II

COMMENT M. MAJORIN PRIT UNE GRANDE
RÉSOLUTION.

Incontestablement M. Majorin passait à bon droit pour un original, car non seulement il n'aimait pas les sentiers battus, mais il préférait chercher son chemin tout à travers champs sans prendre garde aux ronces et aux fondrières. Aussi n'avait-il jamais été bien loin ; mais il connaissait parfaitement le pays parcouru. Pour parler sans métaphore, M. Majorin n'était ni préfet, ni sénateur, ni député, ni magistrat assis ou debout, ni conseiller d'État, ni membre d'aucune académie ; il était simplement directeur d'une usine des environs de Paris, et il consacrait ses heures de loisir à l'étude des sciences et des arts. Personne, mieux que lui, n'était au courant des connaissances modernes. Dessinateur habile, il passait les dimanches à courir les champs, à herboriser, à observer les terrains et à faire des croquis. Dans sa jeunesse, il avait beaucoup voyagé et possédait quantité de dessins qu'il ne montrait jamais, mais qui composaient au total une très intéressante collection sur les monuments, sur la géologie et les diverses branches de l'histoire naturelle.

C'était un philosophe que l'on eût pu croire disposé à la misanthropie, bien qu'il eût le cœur chaud; mais il avait une telle horreur de la banalité que ses façons d'être semblaient souvent résulter d'un sentiment d'hostilité envers le genre humain.

Donc, quelques jours après la petite scène que nous avons racontée dans le chapitre précédent, de grand matin, M. Majorin, monté sur sa jument, se dirigeait vers la maison habitée par le père Loupeau à Boissy-Saint-Léger. Le jardinier-treillageur-charpentier mangeait la soupe, entouré de ses enfants, pendant que dame Euphrasie vaquait aux soins du ménage.

Après avoir attaché son cheval au dossier du banc de bois planté à côté de la porte, M. Majorin entra dans la salle, à la fois cuisine et chambre à coucher, et, s'asseyant sans plus de façons sur une chaise, dit au père Loupeau :

« Me reconnaissez-vous ?

— Ma fi, j'crois ! vous n'êtes t'y pas le monsieur qui êtes venu avec not'bourgeois, M. Mellinot, dimanche passé ?

— Parfaitement, je me nomme Majorin, et c'est moi qui dirige l'usine de l'Hay.

— Ah ! oui.

— Je viens vous demander si vous voulez me confier votre garçon, le petit Jean ?

— A vous dire vrai, monsieur, j'aime mieux que le garçon travaille avec moi que dans les usines. C'est pas sain, et le petit, plus il grandit et plus il peut m'aider, et puis, un enfant.... vous comprenez.... ça ne se prête pas comme un outil ; la mère n'aimerait pas ça.

— Il ne s'agit pas de tout cela ; je ne prétends pas faire travailler le petit Jean dans l'usine, où nous n'admettons pas les enfants, mais l'avoir avec moi et l'instruire.... Je suis garçon, et je traiterai votre petit comme mon fils. Si, au bout de six mois, je reconnais que j'en puis faire quelque chose, je continuerai à me charger de son éducation; sinon, je vous le ramène. Ça vous va-t-il?

— Dame, monsieur, vous sentez, c'est tout de même pas ben prouvé, tout ce que vous me dites là. C'est pas la manière, sauf votre respect, de traiter les affaires; qu'est-ce que vous en voulez faire du petit?

— Eh! parbleu, l'instruire.

— Y s'instruira quasi bien assez à l'école.

— Allons donc! je vous offre de me charger d'élever Jean jusqu'à sa majorité, à mes frais, si, au bout de six mois, je reconnais qu'il peut profiter de cette éducation. En admettant que je meure avant sa majorité, eh bien! je m'engagerai, les six mois d'épreuve révolus, à lui laisser huit cents francs en rente sur l'État, soit un capital de vingt mille francs placés sur sa tête. Si je vis jusqu'à sa majorité, je lui aurai donné un état qui lui fera gagner largement sa vie, assez pour vous venir en aide dans votre vieillesse.... Qu'avez-vous à objecter à cela?

— J'objecte rien, mais faut-y que je consulte!

— Et qui diable voulez-vous consulter?

— Dame! monsieur le maire, le notaire de Villeneuve-Saint-Georges.

— Bêtises que tout cela! si vous voulez consulter quelqu'un, que ce soit un homme qui me connaît; consultez donc mon ami Mellinot, si vous voulez, mais ne fourrez pas là dedans des maires et des tabellions, ou prenez que je n'ai rien dit.

— Tout de même, monsieur, tout de même, M. Mellinot est un brave homme, et j'ai confiance; mais...

— Il n'y a pas de mais; je vous laisse cinq jours pleins pour réfléchir et consulter, ça vous regarde. Nous sommes le 11 juin, je vous attends le 16 avant dîner, à l'Hay, avec le petit Jean ; vous me l'amènerez en carriole, je vous payerai le voyage et votre journée ; si vous n'êtes pas avant six heures à l'Hay, eh bien ! rien n'est fait. Allons, mon brave, bonjour.... »

Et M. Majorin se dirigeait vers la porte.

« Ah ! au fait, dit-il, en revenant, il est entendu que, si vous me laissez le garçon, je vous l'amènerai ou vous le erai conduire deux fois par mois pour voir sa mère, ses frères et sœurs ; il passera la journée avec vous ; mais il devra toujours rentrer le soir à l'Hay. Bonjour ! »

Pendant ce dialogue, la mère Euphrasie était restée les bras pendants, ne soufflant mot, mais de grosses larmes coulaient le long de ses joues.

Quant à petit Jean, se faufilant vers la porte et regardant fixement M. Majorin pendant qu'il enfourchait sa bête :

« M'sieu, lui dit-il, moi, j'veux bien aller avec vous !

— Sois tranquille, mon garçon, mais si tu veux venir avec moi, ne parle pas, entends-tu bien, ne parle pas ! »

Sitôt M. Majorin parti, la mère Euphrasie se mit à sangloter.

Nous avons dit que Loupeau n'était pas patient. Les propositions de M. Majorin le laissaient assez perplexe, mais les gémissements et les sanglots de sa femme, loin d'accroître ses incertitudes, semblèrent, au contraire, provoquer chez lui une détermination.

« Eh ! la mère, dit-il à sa femme, qu'as-tu à braire comme ça ? Est-ce qu'on veut le manger, ton petit ? Si ce monsieur lui fait un sort, y a pas d'quoi se désoler. C'est pas un rien du tout, c'est pas un loup-garou, ce monsieur. Si c'est sa fantaisie, lui qui n'a pas d'enfants, d'en élever un pour lui donner un état, autant qu'ça tombe sur nous que sur d'autres.... J'irai à Paris voir demain M. Mellinot, et si m'dit que son ami est un brave homme, j'lui mènerai le p'tit, le jour dit. N'le garderait-il que six mois, y a pas d'mal, il ne nous coûtera rien pendant c'temps-là, et il apprendra toujours queuque chose. »

Et là-dessus Loupeau s'en alla au travail.

Quand, le lendemain, en effet, Loupeau eut fait part à M. Mellinot de la proposition de M. Majorin, le professeur demeura pensif un bout de temps et laissa le jardinier se perdre dans des phrases sans fin.

« Pour vous donner un avis, père Loupeau, dit enfin M. Mellinot, il faut que j'écrive à mon ami et que j'aie de lui une réponse. Si je ne vous fais rien savoir, gardez votre petit Jean chez vous; si je vous écris ou si je puis aller vous voir, ce ne sera que pour vous engager à vous rendre au désir de M. Majorin; bien entendu, dans l'un ou l'autre cas, vous agirez comme bon vous semblera. Je ne puis que vous donner un avis; vous êtes libre de le suivre ou de ne pas le suivre. »

En effet, sitôt Loupeau parti, M. Mellinot écrivit à M. Majorin la lettre suivante :

Cher ami,

Le père Loupeau sort d'ici et m'a fait part de vos propositions, relativement à son fils, le petit Jean. Il me demande conseil ; mais pour lui donner un conseil, il faudrait savoir vos intentions au sujet de cet enfant ; si donc vous ne me trouvez pas indiscret, dites-moi en deux mots ce que vous en comptez faire, ou plutôt venez dîner demain avec nous, et nous en causerons.

Tout à vous.

J. Mellinot.

Le lendemain, M. Mellinot recevait la réponse suivante :

L'Hay, 13 juin 18....

Je suis retenu ici, mon cher ami, et ne puis me rendre à votre cordiale invitation. Vous croyez peut-être à une lubie? Ce n'est pas cela. J'entends faire une expérience utile. La mine éveillée du petit Jean, ses réponses et, puisqu'il faut tout dire, son croquis du chat, sur l'authenticité duquel vous avez émis des doutes, mais qui à mes yeux est sincère, m'ont mis dans la tête une idée que votre sagesse officielle vous fera probablement considérer comme folle, mais que je crois excellente.

Ce petit est doué, évidemment, d'une faculté d'observation peu commune; il regarde et se souvient. Eh bien, en dehors de cet enseignement dont je ne veux pas dire de mal, puisque vous êtes un de ses soutiens, je veux voir ce qu'on peut obtenir d'un jeune cerveau en le mettant à même d'observer et de tirer parti de ses observations à chaque moment. N'en ferais-je qu'un bon ouvrier, je ne saurais compromettre son avenir. Puis, je deviens triste, je n'ai personne auprès de moi, et cette petite tête blonde prendra peut-être une place vide dans le cœur de votre vieil ami. Qui sait?

A vous,

MAJORIN.

Cette réponse reçue, M. Mellinot fit savoir au père Loupeau qu'il irait le voir à Boissy-Saint-Léger, le 15, et qu'il considérait la proposition de son ami comme très acceptable.

Ainsi fut-il fait; M. et Mme Mellinot, pourvus d'un vêtement tout frais pour petit Jean, arrivaient chez Loupeau, à l'heure de son dîner, vers midi, afin de trouver la famille réunie. La mère Euphrasie pleura encore un peu, mais pas trop, voyant que ça agaçait son homme. On essaya les habits au petit Jean, tout rouge de bonheur, puis il fut convenu que le lendemain, de grand matin, Loupeau conduirait son fils à l'usine de l'Hay. Mais le père, la mère et petit Jean ne dormirent pas de la nuit.

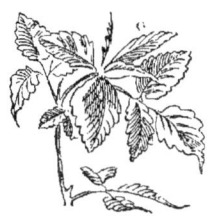

CHAPITRE III

DE PLUSIEURS NOTABLES DÉCOUVERTES QUE FIT PETIT JEAN.

Bien entendu, M. Majorin, occupé la plus grande partie du jour dans l'usine de l'Hay, ne pouvait prendre souci de petit Jean, aussi le mit-il à l'école du pays; mais le soir, s'il faisait beau, tous deux s'en allaient dans les champs, ou s'il pleuvait, on restait à la maison; on visitait les ateliers, et M. Majorin avait toujours quelque chose d'intéressant à montrer à son protégé. Il le faisait raisonner, provoquait ses questions, occupait sans cesse son esprit et ses yeux en lui faisant prendre l'habitude de se rendre compte de toute chose.

Une semaine écoulée, M. Majorin et petit Jean étaient les meilleurs amis du monde, et Mme Orphise, vieille bonne attachée à M. Majorin, prenait soin de l'enfant, le couchait, le réveillait, lui donnait la soupe, remplissait soigneusement son panier avant d'aller à l'école et l'eût gâté à l'excès, si le maître n'y avait mis bon ordre.

« Maintenant que tu connais la maison et ceux qui l'habitent, dit un soir M. Majorin, les chiens, les chats et les poules, le jardin et un peu les environs, il faut que nous procédions avec méthode... Sais-tu ce que c'est que la méthode ?

— Non, bon ami (c'est ainsi que M. Majorin avait entendu être désigné par Jean).

— Eh bien, la méthode, petit, c'est... de mettre chaque chose à sa place et de faire chaque chose à propos. Quand Mme Orphise fait ta soupe, comment s'y prend-elle ?

— Elle met chauffer du bouillon, et puis... elle met du pain dedans.

— Et puis tu la manges ? et c'est tout ?

— Dame... Il y a aussi des carottes et des choux...

— Et ce bouillon, d'où vient-il ? Va-t-elle le chercher à la fontaine ?

— Oh non ! M'ame Orphise l'a fait... par avance.

— Ah ! et avec quoi ?

— Avec du bœuf, et puis des légumes.

— Et du sel.

— Oui, et du sel.

— Donc, pour faire ta soupe, il a fallu penser par avance, comme tu dis, à tout ce qui la compose. Savoir : acheter un morceau de viande, avoir dans sa poche l'argent pour le payer, au bras le panier pour le mettre, aller au jardin arracher des carottes ou couper un chou, à la fontaine chercher de l'eau avec un vase bien net, mettre cette eau sur le feu ; donc avoir du charbon prêt, éplucher les légumes et, quand l'eau est encore froide, mettre viande et carottes dedans, veiller à ce que l'eau, bouillant, ne s'échappe pas ; écumer les ordures qui viennent à la surface de cette eau, saler le tout et, par conséquent, avoir une provision de sel. Puis, quand la viande a bouilli assez pour avoir transformé l'eau pure en bouillon, faire passer ce bouillon dans une soupière, où, au préalable, on a jeté du pain coupé en morceaux, et encore, mettre de côté une partie de ce bouillon pour la soupe du lendemain matin. La méthode consiste donc à faire au moment convenable chacune de ces opérations. Pas de méthode, pas de soupe, mon bonhomme. Eh bien, tout ce qu'on fait dans la vie, si on veut que la chose réussisse, doit être fait avec méthode.... Comprends-tu ?

— Oui, bon ami.

— Eh bien, répète-moi comment on fait la soupe. »

Et petit Jean de commencer; mais il oubliait ou ceci ou cela, et M. Majorin l'arrêtait et les deux amis riaient de bon cœur.

Quand les diverses opérations, par lesquelles doit passer une soupe pour être mangeable, furent exactement relatées dans leur ordre par petit Jean, M. Majorin reprit ainsi :

« Quand tu vois une chose, un meuble, un outil, une maison, il faut te demander comment cette chose s'est faite, avec quoi et pourquoi, et tâcher par toi-même de le deviner, ou, si tu ne peux le deviner, demander à ceux qui le savent. Quand tu vois une bête, petite ou grosse, un insecte, un oiseau, un mouton, un cheval, il faut te demander comment ces animaux s'y prennent pour marcher, pour se défendre, pour se nourrir, pour voler. Quand tu vois une plante, il faut te demander comment elle sort de terre, comment elle pousse, bien regarder comme s'attachent les feuilles, les fleurs et les fruits.

« Mais avant tout et pour procéder avec méthode il faut que tu saches un peu de géométrie.... Fais-tu à l'école du dessin géométrique ?

— Oui, bon ami.

— C'est ce que tu appelles des ronds, des carrés ?

— Oui, bon ami, et des bâtons aussi, et des triangles, et des lignes.

— Qu'est-ce que te dit tout cela ?

— Je n'sais pas.

— Tu ne sais pas à quoi cela peut te servir..... te le dit-on?

— Non, bon ami, on ne me dit rien.

— Mais à quoi penses-tu en traçant ces figures (car cela s'appelle des figures) sur l'ardoise ou le papier?

— Je pense que c'est un carré ou un rond.

— Un cercle, veux-tu dire?

— Oui, un cercle.

— Ces figures ne te rappellent rien?

— Si.... une chose ronde, une chose carrée.

— Eh bien, le dessus de cette table est-il rond ou carré?

— Il est carré.

— Non, il n'est pas carré, puisque un carré a ses quatre côtés égaux et que ce dessus de table, comme tu le peux voir, a deux côtés sensiblement plus longs que les deux autres. C'est un rectangle, c'est-à-dire une figure possédant quatre angles droits.... Sais-tu ce que c'est qu'un angle droit?

— Oui, c'est un angle.... comme le coin de la table.

— Et comment sais-tu qu'il est droit, ce coin.

— Je le vois bien.

— Es-tu sûr?.... Va chercher là, au clou, la petite équerre de fer. »

Et M. Majorin, approchant cette équerre de l'angle de la table, fit voir à Jean qu'il s'en fallait de quelque chose que l'un des deux côtés de la tablette ne touchât la branche de l'équerre dans toute sa longueur.

« Vois, continua le maître, cette équerre est un angle droit, j'en suis certain, parce que je m'en suis assuré. Eh bien, l'un des côtés de la tablette s'éloigne d'une des branches de cette équerre, tandis que l'autre est exactement collé contre l'autre branche; donc cet angle de la table n'est pas droit, il est aigu, si peu que ce soit, il est aigu et tu t'es trompé (fig. 2).

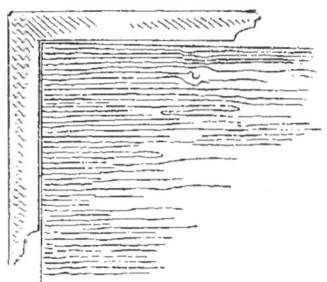

Fig. 2. — L'équerre.

« Je vais te montrer maintenant comment on peut s'assurer qu'une équerre donne un angle droit.

« Passe-moi ce morceau de blanc. »

Et M. Majorin traça sur la tablette une ligne droite; puis, à l'aide de son équerre, une autre ligne tombant sur la première, puis, retournant l'équerre, ses deux branches touchèrent exactement les deux lignes dans un sens comme dans l'autre (fig. 3).

Puis encore, traçant une ligne oblique tombant sur une droite, il fit voir à petit Jean que, si l'une des branches de l'équerre touchait la ligne de base, l'autre s'éloignait d'un côté de la ligne oblique ou la coupait si l'on retournait l'instrument.

« La ligne A B s'appelle perpendiculaire, et sa propriété est de donner à droite et à gauche deux angles droits avec la ligne droite sur laquelle elle tombe, tandis qu'on donne à l'angle C D E le nom d'obtus, à l'angle C D F le nom d'aigu et au point D le nom de sommet de ces deux angles.

« La perpendiculaire abaissée d'un point sur une ligne droite donne donc deux angles égaux entre eux, qui sont des angles droits.

« Maintenant, traçons un cercle avec un compas; ainsi :

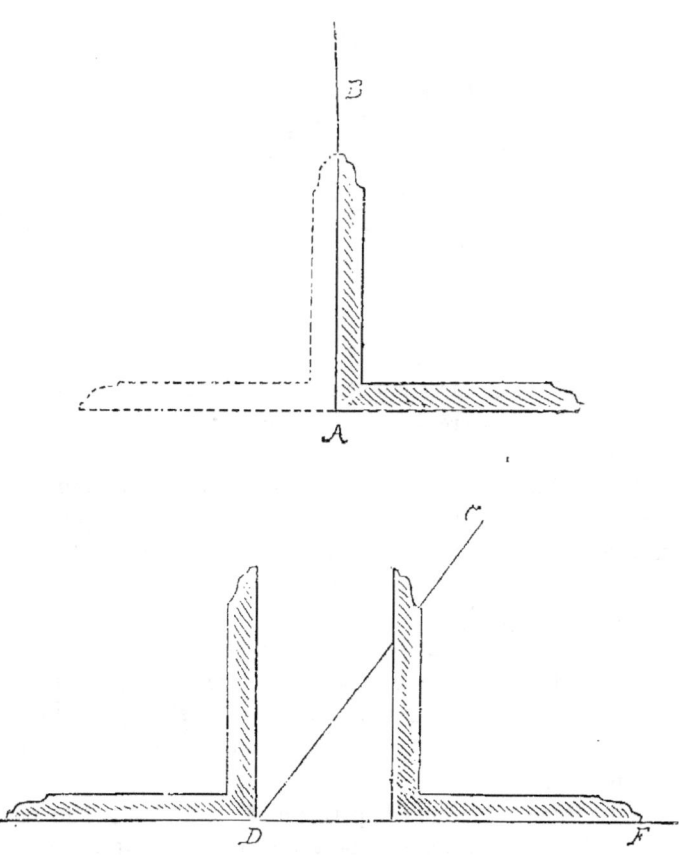

Fig. 3. — Angles droits, angles aigus, angles obtus.

(fig. 4), puis faisons passer une ligne droite par le centre O de ce cercle; cette ligne est le diamètre du cercle. De ce centre, élevons une perpendiculaire sur ce diamètre au-dessus comme au-dessous, nous avons quatre angles droits. Divisons chacun des quatre fragments de cercle en 90 parties; ces 90 parties sont des degrés, lesquels donnent

180 degrés pour la moitié de la circonférence du cercle, et 360 degrés pour sa totalité. Si du centre nous menons une ligne passant par l'une de ces divisions du cercle, nous

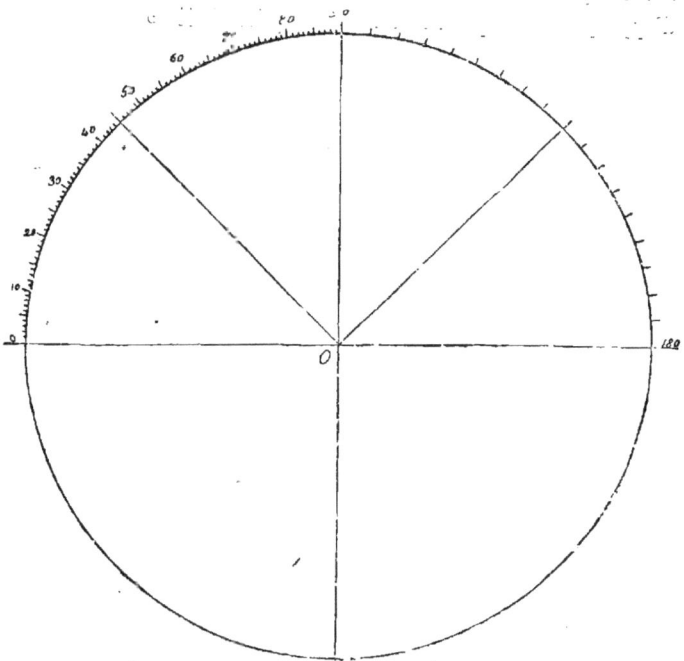

Fig. 4. — Cercle gradué.

aurons un angle qu'on désignera par le chiffre du degré. Ainsi le chiffre 45 divisant en deux le segment de 90 degrés qui donne le quart du cercle, si nous faisons passer une ligne du centre par ce degré n° 45, nous aurons avec les deux diamètres se coupant à angle droit deux angles qu'on désignera par le nom de ce chiffre. Ces deux angles seront des angles de 45 degrés. Quand on s'est bien mis cela dans l'esprit, en voyant un angle quelconque, l'œil exercé peut permettre de dire : C'est un angle de 30 degrés ou de 60 degrés. Mais en voilà bien assez pour ce soir. Réfléchis sur ce que je viens de te dire, et demain nous essayerons d'appliquer cette première leçon de géométrie. »

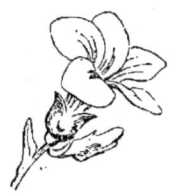

CHAPITRE IV

COMMENT PETIT JEAN RECONNUT QUE LA GÉOMÉTRIE
S'APPLIQUE A PLUSIEURS CHOSES.

Le lendemain, M. Majorin, se promenant après dîner dans le jardin avec petit Jean, dit à celui-ci :
« Cueille cette feuille de lierre. Qu'y vois-tu ? »
Petit Jean hésitait à répondre.
« N'observes-tu pas que cette feuille se compose d'un support qu'on appelle pétiole, lequel s'attache à la tige, et d'autres choses encore.... d'une membrane qui est comme le squelette de cet appendice végétal et d'un tissu vert qu'on appelle limbe ?
— Oui, bon ami.
— Et ces côtes de la feuille ne te disent-elles rien ?
— Si.... il y en a cinq.... celle du milieu est plus longue.
— Et les autres ?
— Les autres sont plus petites....
— Parbleu ! Eh bien, garde cette feuille sans la gâter, et nous verrons tout à l'heure ce qu'elle nous dira. »

Rentré au logis, M. Majorin prit un cercle gradué, et plaçant le point d'attache du pétiole au limbe, sur le centre du cercle (fig 5), il fit voir à petit Jean que les côtes de

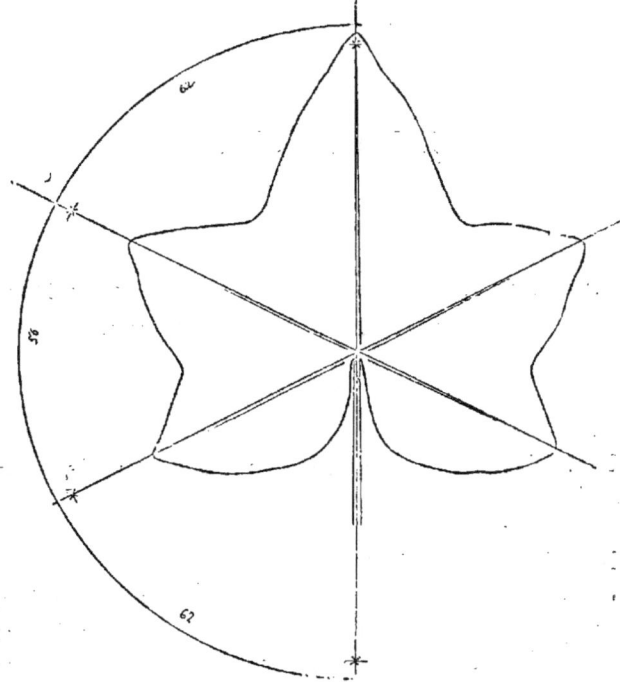

Fig. 5. — Feuille de lierre.

cette feuille étaient disposées de telle façon qu'elles donnaient, avec le pétiole et la côte d'axe, deux angles de 62° et un angle de 56°; total, 180 degrés; que les côtes de l'autre partie du limbe donnaient les mêmes angles à une très petite fraction près; que la côte médiane était la plus longue, celles au-dessous plus courtes et les deux inférieures plus courtes encore.

Petit Jean commençait à trouver à cette feuille bien des propriétés.

« Est-ce que toutes les feuilles du lierre sont ainsi faites? dit-il.

— Pas tout à fait; la côte médiane est plus ou moins longue, et par conséquent, la feuille est plus ou moins aiguë ou trapue, mais il y a toujours ces cinq côtes, laissant entre elles des angles dont l'ouverture diffère de peu de celles que nous venons d'observer.

« Mais, cependant, la feuille du lierre, comme tous les appendices des végétaux et des animaux, indépendamment des variétés que présente chaque individu (car il n'est pas deux feuilles du même végétal qui soient identiques), est sujette aux monstruosités, aux exceptions produites par un état maladif ou par l'excès de nourriture.

« La privation comme l'abus sont les grandes causes de dégénérescence ou de corruption. A côté du pied de lierre modeste, sur lequel tu as cueilli cette feuille bien constituée, il en est un autre qui pousse démesurément, parce qu'il a trouvé peut-être un terrain très riche.

« Cet autre pied envoie des tiges folles de tous côtés; il est ambitieux à l'excès, et il me faut de temps en temps, à l'aide du sécateur, modérer ses empiètements.

« Eh bien! voici deux des feuilles de cet extravagant que j'ai cueillies de mon côté. Vois, elles sont sorties de la règle, ce sont des monstres, et si tu vas examiner ce pied si florissant, tu trouveras quantité de ces feuilles qui n'ont pas tenu compte, dans la hâte de se développer, du principe commun (fig. 6). La prospérité les gâte, dénature leur forme. Ceci est pour te faire savoir qu'il faut choisir partout et toujours dans la nature et s'en tenir, quand on veut reproduire la forme d'un cristal, d'un végétal ou d'un animal, à la règle qui s'impose à chacun d'eux et se garder des exceptions ou des monstres. Mais cela

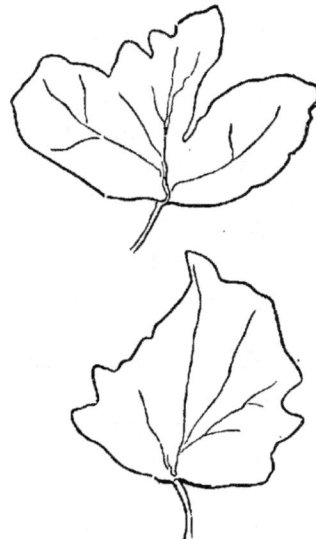

Fig. 6. — Monstres.

est de l'esthétique... Sais-tu ce que c'est que l'esthétique?
— Oh non !...
— Tu le sauras, j'espère, plus tard... sans t'en douter.

« Tu reconnais donc que les feuilles se mêlent un peu de géométrie. Voici un autre exemple, continua M. Majorin, en ouvrant un album dans lequel étaient collées des feuilles de végétaux. Cette feuille de vigne (fig. 7) s'inscrit dans un pentagone régulier.

« Un pentagone régulier est une figure composée de cinq côtés égaux et de cinq angles égaux. Tu observeras que bien que les deux grandes côtes latérales soient courbes, elles suivent une direction symétrique et aboutissent aux angles A B du pentagone. Est-ce à dire que toutes les feuilles de vignes aient exactement cette forme?

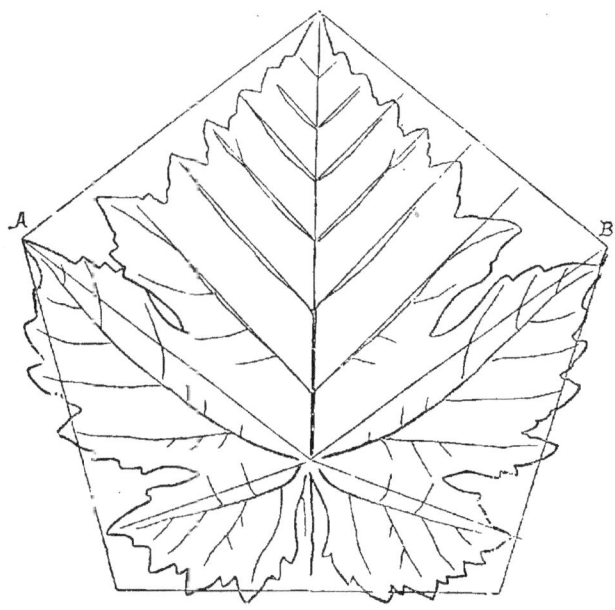

Fig. 7. — Feuille de vigne.

« Non, mais toutes celles qui sont venues dans des conditions favorables présentent le même caractère, possèdent leurs cinq côtes maîtresses, celle d'axe droite est plus longue que les quatre autres. Et cette feuille de figuier (fig. 8) ne s'inscrit-elle pas aussi dans un pentagone irrégulier mais symétrique, les extrémités des côtes aboutissant exactement aux angles de la figure géométrique?

« Et cette feuille de liseron (fig. 9) ne s'inscrit-elle pas dans un triangle? Et ainsi de toutes les feuilles des végétaux; elles se rapportent à des figures géométriques.

« Mais c'est bien autre chose encore si nous examinons des minéraux. Tu verras qu'ils affectent dans leur formation des formes empruntées à ce qu'on appelle les solides,

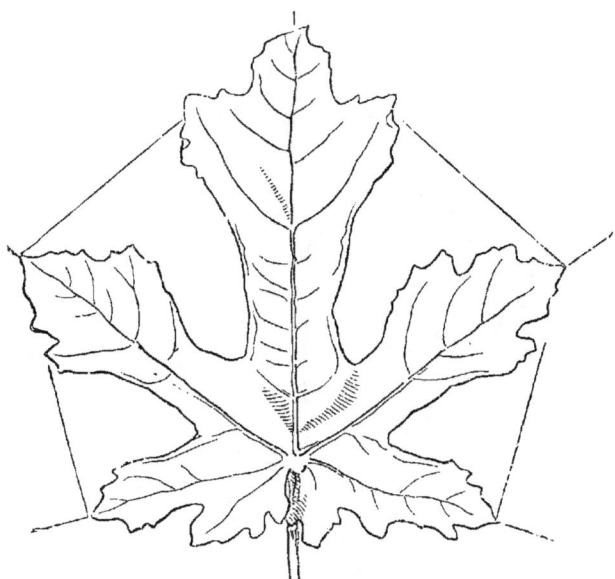

Fig. 8. — Feuille de figuier.

c'est-à-dire des corps engendrés par des figures géométriques.

« La géométrie est dans tout, on la rencontre partout; elle est la grande maîtresse de la nature ; donc, il la faut savoir si l'on veut observer et comprendre les produits de la création.

« J'en ai dit assez déjà pour te faire connaître qu'il faut tout regarder en ce monde, avec cette pensée que toute chose créée est soumise à une certaine règle et que le mérite de l'observateur consiste à découvrir ces lois. Il n'est pas un des produits de la création qui n'ait sa raison d'être. Il en est beaucoup chez lesquels cette raison nous reste cachée ; mais cela tient à la faiblesse de notre intelligence.

« Tu as vu des rayons de miel ?

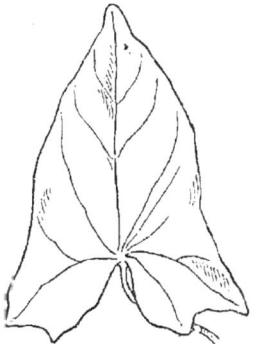

Fig. 9. — Feuille de liseron.

— Oui, bon ami.

— Tu sais qu'ils se composent de cellules ou petits tuyaux de cire juxtaposés, qui affectent la forme hexagonale, c'est-à-dire d'un polygone à six côtés, comme sont les carreaux de terre cuite du vestibule?

« Sais-tu pourquoi ces petits tuyaux ou prismes (c'est le nom qu'on donne à ces tubes qui ne sont pas circulaires, mais qui se composent de côtés droits, les tubes à section circulaire étant appelés cylindres), pourquoi ces prismes ont une forme hexagonale, le sais-tu?

— Non, bon ami.

— Penses-tu qu'ils pourraient affecter une autre forme, celle d'un carré, par exemple?

— Je ne sais pas.

— Eh bien, ces tubes ou prismes sont, comme on dit, à base hexagonale parce qu'ils ne pourraient être autrement, et voici pourquoi; nous allons faire une expérience pour te le démontrer. »

Sur ce propos, M. Majorin, prenant un tube en caoutchouc dont les parois étaient très minces, se mit à le couper en petits tronçons d'un centimètre de long environ.

Quand il en eut une vingtaine, il prit une bande de carton de même hauteur, et, rangeant régulièrement ces tronçons de tube les uns à côté des autres (fig. 10), il les

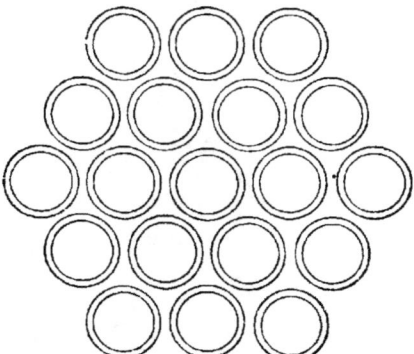

Fig. 10. — Réunion de cylindres.

entoura avec la feuille de carton qu'il serra doucement et régulièrement en pressant ainsi peu à peu sur les tubes.

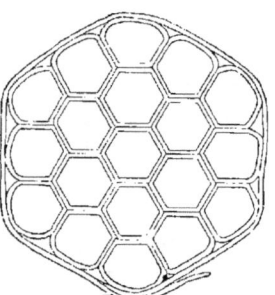

Fig. 11. — Réunion d'hexagones.

A la grande stupéfaction de petit Jean, tous ces tubes, de cylindriques qu'ils étaient, prirent la forme de prismes hexagonaux (fig. 11).

« Tu vois, dit M. Majorin, après avoir fixé la bande de carton avec un peu de cire à cacheter, que tous les vides qui étaient primitivement entre les tubes ont disparu. Ces tubes comprimés les ont remplis, et leurs parois, de circulaires qu'elles étaient, sont devenues hexagonales. Eh bien, chacune des abeilles a peut-être la prétention de faire un tube, mais comme elle travaille à côté de ses voisines aussi fortes qu'elle, il faut bien se faire des concessions réciproques et tenir compte de la place que ces voisines occupent, sans laisser de vides entre les cellules, puisque les parois sont autant de murs mitoyens; dès lors, chacune d'elles subit la pression de sa voisine et est conduite forcément à adopter la forme prismatique hexagonale. Et ainsi les abeilles font de la géométrie sans s'en douter. L'intelligence de l'homme lui permet, non seulement de constater le fait, mais de découvrir la cause ou la loi; de même en est-il de toute chose; c'est pourquoi il la faut sans cesse exercer, cette intelligence, et tout observer; c'est-à-dire tout regarder et chercher la raison de tout phénomène, car il n'y a pas plus de hasard que d'effet sans cause. »

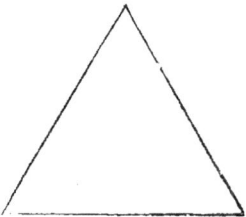

Fig. 12. — Triangle équilatéral.

Cela dit, M. Majorin traça un triangle équilatéral (fig. 12) et montra à petit Jean, au moyen du compas, comment ce triangle est composé de trois côtés égaux, et au moyen du cercle gradué, comment les trois angles sont égaux entre eux, chacun d'eux mesurant 60°, et comment, par conséquent, ces trois angles donnent ensemble 180°, équivalant à deux angles droits, lesquels sont de 90°. Puis, ayant découpé six de ces triangles égaux dans une feuille de papier, il les réunit (fig. 13), et fit voir à petit Jean com-

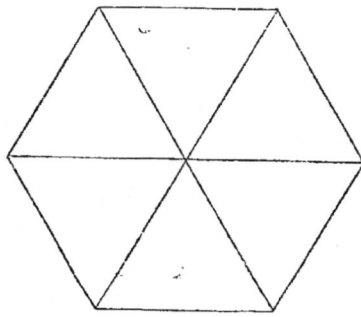

Fig. 13. — Hexagone régulier.

ment ces six triangles composent un hexagone régulier, comment chacun des angles de cet hexagone étant de 120°, les six ensemble donnent 720° ou huit fois 90°, c'est-à-dire la valeur de huit angles droits, et comment ainsi la géométrie et l'arithmétique sont sœurs et se prêtent un appui mutuel pour concourir à la connaissance des propriétés des figures et des corps.

Tout cela émerveillait fort petit Jean, mais se brouillait un peu dans son cerveau. Bien que M. Majorin s'en aperçût, il n'en continua pas moins, et, prenant une carte à jouer, il traça dessus six carrés égaux juxtaposés en façon de croix (fig. 14). Puis il fit un pli entre chaque carré, et, les rabattant comme l'indique la fig. 15, il composa un cube (fig. 16).

« Ceci, poursuivit-il, est ce qu'on appelle un solide, et ce solide est un cube formé, comme tu l'as vu, de six carrés égaux entre eux. Les figures géométriques tracées à plat sur un papier peuvent donc servir à composer

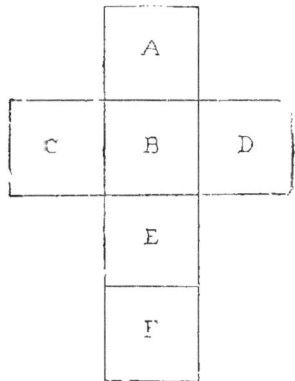

Fig. 14. — Développement du cube.

des corps, des solides, et de même qu'on donne à ces figu-

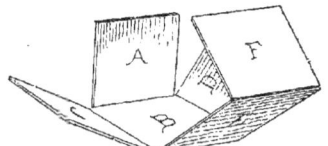

Fig. 15. — Formation du cube.

res le nom général de polygones, on donne à ces solides le

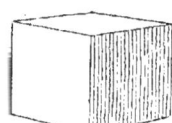

Fig. 16. — Cube.

nom général de polyèdres; ce qui veut dire pour les premiers : figure à plusieurs côtés, et pour les seconds : solide à plusieurs faces. Le polyèdre le plus simple, c'est-à-dire celui qui se compose du plus petit nombre de faces, est la pyramide à base triangulaire. »

Et, traçant sur une autre carte à jouer un triangle équilatéral sur chacun des côtés duquel il éleva trois autres triangles équilatéraux, M. Majorin replia ces trois triangles en réunissant leurs trois sommets (fig. 17), ce qui composa une pyramide. Il continua ainsi :

« La pyramide à base triangulaire possède quatre

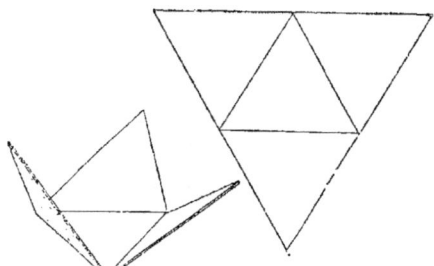

Fig. 17. — Formation du tétraèdre régulier.

faces; on lui donne le nom de tétraèdre. Le cube possède six faces, comme tu viens de le voir. Mais est-ce à dire qu'on ne puisse composer des tétraèdres qu'avec quatre triangles équilatéraux? Non, certes. D'un triangle de base quelconque A B C (fig. 18) à un point quelconque D, tirant des lignes, on obtient trois triangles quelconques A B D, B C D, A C D, et une pyramide plus ou moins haute par rapport à sa base, irrégulière, inclinée, etc. De même, le polyèdre à six faces peut ne pas être un cube; ce peut être, par exemple, un rhomboèdre, c'est-à-dire un solide composé de six rhombes ou losanges. »

Et procédant comme précédemment, M. Majorin traça sur une carte six losanges juxtaposés égaux entre eux, plia

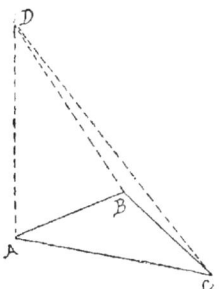

Fig. 18. — Tétraèdre irrégulier.

la figure aux lignes de jonction et composa un rhomboèdre

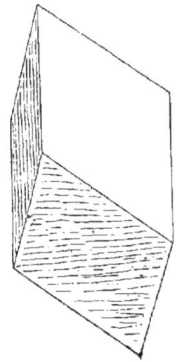

Fig. 19. — Rhomboèdre.

(fig. 19). Après quoi, il rangea dans un tiroir toutes ces figures, se leva et dit à petit Jean :

« Maintenant, avant d'aller au lit, faisons un petit tour de jardin, la lune est superbe. »

Après quelques pas sur le sable des allées, petit Jean dit :

« Bon ami, pourquoi la lune est-elle ronde si peu de temps?

— Crois-tu donc qu'elle cesse d'être ronde ou sphérique, pour parler plus correctement, pendant un certain temps; qu'elle perd une partie de sa substance, tantôt d'un côté, tantôt de l'autre? Elle te paraît avoir la forme d'un croissant, puis d'une demi-sphère, parce qu'elle est éclairée plus ou moins obliquement par le soleil; le côté dans l'ombre disparaît, se confond avec le ton du ciel, à moins que le temps soit assez pur pour laisser voir ce côté éclairé par le reflet de la terre, par le *clair de terre,* comme pourraient dire les habitants de la lune, si ce satellite possédait des habitants.

— Est-ce qu'il n'y a pas des habitants dans la lune?

— Ce n'est pas probable, parce qu'elle ne possède ni atmosphère ni eau.

— Alors qu'est-ce qu'il y a dans la lune?

— Dedans! je n'en sais rien, mais à sa surface, quantité de montagnes, de boursoufflures que je te ferai voir un soir, avec la grande lunette.

— Est-ce qu'on voit des arbres?

— Si fortes que soient les lunettes, elles ne rapprochent pas assez l'image de la lune de nous pour qu'on puisse distinguer des arbres; mais le défaut d'atmosphère et d'humidité qui empêche des animaux d'y vivre, s'oppose à toute végétation. Car il ne saurait y avoir de végétaux quelque part sans air ni eau.

— On nous a dit à l'école que la terre tourne, mais que la lune ne tourne pas; est-ce vrai?

— La terre tourne sur elle-même, sur un axe comme une toupie, en même temps qu'elle décrit autour du soleil un orbite qu'elle met un an à parcourir; tandis que la lune tourne bien autour de nous comme nous tournons autour du soleil, mais elle ne pivote pas sur un axe comme fait la terre et elle nous présente toujours sa même face. Si tu attaches une balle au bout d'une ficelle et si tu fais tourner avec la main cette boulette, vivement, de manière à bien tendre la ficelle, tu remarqueras que la balle présentera toujours la même face vers ta main. Suppose que ta main est la terre, la balle sera la lune; la ficelle, ce qu'on appelle l'attraction, et la puissance qui tend la ficelle, la force centrifuge. Si la ficelle vient à casser, ta balle s'en ira loin; de même, si la force d'attraction cessait d'agir sur la lune, elle s'en irait bien vite, Dieu sait où..... Mais tout cela est régi par des lois immuables, aussi bien la course de la terre que la cellule de l'abeille dont nous parlions tout à l'heure. Et c'est pourquoi il faut regarder, observer, se souvenir et chercher à découvrir ces lois; ainsi ne s'ennuie-t-on jamais, peut-on être utile aux autres, prévoir le danger ou le mal, s'en garantir, donner de sages avis à ceux qui les réclament et devenir un homme sachant, en toutes circonstances, se tirer d'affaire.

« Demain, c'est dimanche, tu ne vas pas à l'école; il te faut faire plusieurs de ces petits cubes et de ces petits rhomboèdres avec des cartes, puis nous les placerons sur la

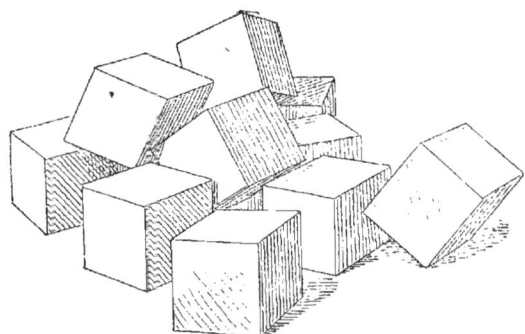

Fig. 20. — Amas de cubes.

table (figures 20 et 21) et nous les copierons. Il te faut aussi chercher dans le jardin des feuilles et les classer de façon à observer leurs variétés, en quoi elles se ressemblent,

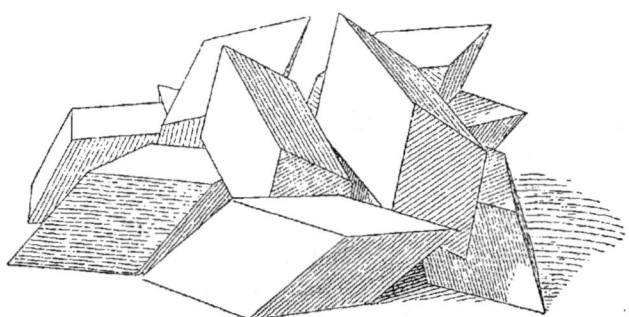

Fig. 21. — Amas de rhomboèdres.

en quoi elles diffèrent, et tracer sur le papier, du mieux que tu pourras, au moins leurs côtes principales... Mais voilà Mme Orphise qui te réclame et trouve la veillée longue ; va dormir, bonsoir ! »

Petit Jean rêva cubes, pyramides et figures géométriques tracées sur la surface de la lune que tenait M. Majorin sur la table. Puis cette lune devenait une feuille de lierre qu'il découpait en la regardant à travers une lunette. Et M. Majorin lui disait : « Ça ne peut servir, il n'y a pas d'atmosphère. »

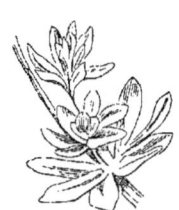

CHAPITRE V

AUTRES DÉCOUVERTES DE PETIT JEAN TOUCHANT
LA LUMIÈRE ET LA GÉOMÉTRIE DESCRIPTIVE.

Le lendemain, après que petit Jean eut façonné bon nombre de cubes et de rhomboèdres avec des cartes à jouer, en collant les arêtes à l'aide de minces bandes de papier fin et de la gomme, les deux amis allèrent se promener du côté de Sceaux :

« Tu vois, dit M. Majorin, en gravissant un chemin qui du moulin de l'Hay monte au parc de Sceaux, que, plus on monte, plus on découvre de terrain.

« Tout à l'heure, nous n'apercevions pas Cachan ; maintenant nous voyons ses jardins.

« L'horizon, c'est-à-dire la ligne qui sépare la terre du ciel, s'élève à mesure que nous montons et paraît être toujours à la hauteur de notre œil. Je t'expliquerai pourquoi il en est ainsi, quand nous serons à la maison.

« Regarde, de ce côté, ce mur de clôture : il est encore éclairé par le soleil, les rayons de l'astre frisent sa surface, s'accrochent aux aspérités de l'enduit; ce clou planté là porte une ombre qui ne finit pas. C'est que le soleil est dans le plan de ce mur; dans quelques secondes il aura dépassé ce plan, et la surface encore éclairée sera dans l'ombre..... Tiens! voilà qui est fait, et cette surface qui était brillante de lumière prend un ton gris-bleu parce que ce mur reflète l'éclat du ciel qui, aujourd'hui, est pur. Plus la lumière du soleil est vive, plus l'atmosphère est limpide et plus les reflets de cette lumière sont clairs.

« Et quand tu voyageras en Orient, tu remarqueras que la différence entre une surface éclairée par le soleil et celle qui ne reçoit pas directement sa lumière, est souvent à peine sensible, tant les reflets ont d'éclat dans ces contrées où l'atmosphère est sèche et pure et où le soleil est très haut.

« Si, au contraire, tu éclaire un objet au moyen d'une bonne lampe, tu observeras que si la partie exposée directement à la lumière est brillante, celle qui lui est opposée est très sombre et ne reçoit par reflet qu'une clarté à peine sensible. »

Petit Jean écoutait, mais bien des choses échappaient à son intelligence dans tout ce que disait M. Majorin; toutefois il n'adressait pas trop de questions à son ami.....
M. Majorin avait dit à petit Jean :

« Quand j'essaye de t'apprendre quelque chose et que tu ne comprends pas parfaitement, ne me demande pas tout de suite de te donner une explication, tâche de bien te souvenir de ce que je t'ai dit, cherche à comprendre, et ce n'est que quand tu n'auras pas pu y parvenir qu'il est bon de demander des éclaircissements. »

Petit Jean se le tenait donc pour dit, et quand il ne saisissait pas parfaitement les propos de M. Majorin, il en cherchait le sens à part lui et ne faisait une question qu'après avoir épuisé toutes les ressources que lui pouvait fournir son petit raisonnement. D'ailleurs, M. Majorin, qui se défiait de la paresse d'esprit assez naturelle chez les enfants aussi bien que chez les grandes personnes, deux ou trois heures après une de ces conférences familières sur un sujet ou le lendemain, demandait à brûle-pourpoint à petit Jean de lui expliquer un des points traités. Si petit Jean fournissait l'explication, c'était bien ; s'il restait court, M. Majorin disait :

« Tu n'as pas compris ?... as-tu réfléchi ?... Pas assez ?... il faut chercher... Je vais te répéter ce que je t'ai dit, tu chercheras à comprendre et tu me diras ce que tu as découvert... »

Le soleil baissait, et ses rayons obliques doraient toutes les surfaces éclairées. Petit Jean hasarda cette question :

« Pourquoi, bon ami, les... choses éclairées par le soleil sont-elles jaunes le soir?

— Tu as observé cela?

— Oui, bon ami.

— Et le matin, n'as-tu pas fait la même remarque?

— Si, bon ami... quand je travaillais avec papa, et qu'il m'emmenait de grand matin, je voyais bien le soleil jaune aussi, mais pas tant que le soir.

— Et comment expliques-tu cela?...

— C'est peut-être qu'on est fatigué le soir et qu'alors le soleil paraît plus jaune.

— Non, ce n'est pas la raison; qu'on soit fatigué ou non, la lumière du soleil paraît plus jaune ou plus colorée le soir que le matin, sauf exception, parce que l'atmosphère est plus chargée d'humidité le soir que le matin ; le soleil pendant la journée ayant fait évaporer une grande quantité de l'eau répandue sur le sol. Tu sais que quand il a plu, s'il survient une éclaircie et un rayon de soleil, le sol mouillé, pavé ou sablé, est aussitôt sec ; où est passée cette eau ? dans l'air. Le soleil l'a pompée, et comme il ne saurait la boire parce qu'il est trop loin et qu'il est défendu à cette eau de quitter la terre, elle reste dans l'atmosphère à l'état de vapeur transparente. Quand le soleil arrive vers l'horizon, qu'il va se coucher, comme on dit, ses rayons doivent traverser une couche d'air beaucoup plus épaisse que quand il passe au méridien et qu'il marque midi et, par conséquent, beaucoup plus de cette eau volatilisée répandue dans cette atmosphère. Ce sont ces innombrables gouttelettes d'eau qui colorent ainsi ces rayons en jaune et parfois même en rouge... »

Et M. Majorin, prenant un crayon et son carnet, traça le diagramme (fig. 22).

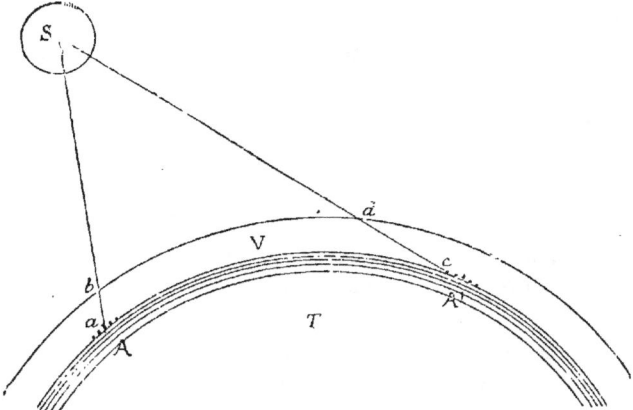

Fig. 22. — Pourquoi la lumière du soleil est colorée en rouge ou en jaune, le soir.

« Suppose, continua-t-il, un segment de la terre ici, en T, avec sa couche d'air ou d'atmosphère V; une ville en A; quand le soleil est au-dessus, en S, ses rayons ne traversent qu'une couche d'air dont l'épaisseur est $a\ b$; mais quand la terre a tourné pendant quelques heures et que la ville est en A', les rayons du soleil traversent une couche d'air $c\ d$ beaucoup plus épaisse, laquelle, par conséquent, contient plus d'eau en suspension, et ainsi, ces rayons, traversant une beaucoup plus grande quantité de gouttelettes d'eau, sont moins brûlants, moins brillants, moins clairs qu'ils ne l'étaient à midi; ils se colorent en jaune, en orange, en rouge, suivant que cette atmosphère est plus ou moins chargée d'humidité. Le matin, une partie de cette humidité est retombée sur le sol et c'est ce qu'on appelle condensée; il en reste moins en suspension dans l'air, et le soleil, en apparaissant à l'horizon, n'a pas à percer autant de gouttelettes; c'est pourquoi le lever du soleil, comme tu l'avais exactement observé, donne des rayons moins colorés que le coucher. Et, ceci t'explique encore une fois que s'il est bon d'observer avec exactitude, il faut chercher la raison du fait ou du phénomène observé, avec persistance. »

Pendant que discourait ainsi M. Majorin, le soleil, s'étant caché derrière l'horizon, ne jetait plus un seul rayon coloré sur la cime des arbres; mais cependant de longs nuages demeuraient brillants comme de l'or en fusion, vers leur bord inférieur, tandis qu'ils étaient lilas foncé vers leur partie supérieure. Et montrant cela à petit Jean, M. Majorin continua ainsi :

« T'expliques-tu comment il se fait que ces nuages, qui, dans la journée, sont éclairés à leur partie supérieure par le soleil qui semble placé au-dessus d'eux, soient à cette heure éclairés par dessous, comme s'ils recevaient la lumière d'un incendie?

— C'est que le soleil est en bas.

— Le soleil n'est ni en bas ni en haut; il est à une distance de la terre qui ne varie guère; ou plutôt c'est nous qui tournons autour de lui en conservant entre lui et nous une distance à peu près égale pendant le cours d'une année, c'est-à-dire pendant la période de temps que nous mettons à faire le tour complet. Il n'y a ni haut ni bas dans l'univers, il n'y a que des distances et des positions relatives, et, pour te faire bien comprendre comment il se fait que les nuages, le soir ou le matin, sont éclairés par-dessous, voici un autre tracé (fig. 23) qui t'expliquera ce phénomène. Quand le so-

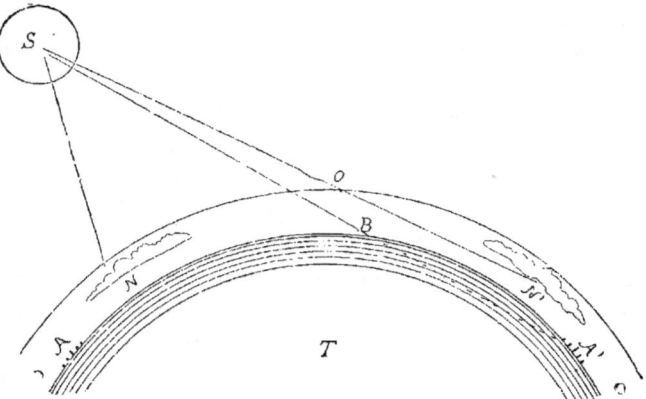

Fig. 23. — Comment, au coucher du soleil, les nuages sont éclairés par-dessous.

leil est en S pour toi, qui es placé en A sur la terre T, le nuage N reçoit la lumière à sa partie supérieure; mais quand la terre a tourné et que tu te trouves en A′, tu ne peux plus voir le soleil, puisque tout le segment A′B de la terre te le cache, et cependant, il éclaire encore le nuage N′ par-dessous, et tu peux jouir de cette lumière très colorée, parce qu'elle traverse une épaisse couche d'atmosphère N′O. C'est pourquoi l'éclat de ces nuages, éclairés par-dessous, prend la couleur d'un feu ardent. Je te montre dans ce tracé la terre grosse et le soleil petit, ce qui est le contraire de la réalité, puisque le soleil est à la terre à peu près ce qu'un potiron est à un grain de millet; aussi en est-il si fort éloigné qu'en montant en chemin de fer pour t'y rendre, par train express, s'il y avait un chemin de fer qui y conduisît et que tu vécusses jusqu'à l'âge de quatre-vingt-dix ans, tu n'aurais pas fait le quart du chemin. »

Après le repas du soir, petit Jean, dont la curiosité avait été éveillée par tout ce que M. Majorin lui avait expliqué dans l'après-midi, revint sur la question de l'horizon et fit cette observation :

« Vous m'avez dit, bon ami, que l'horizon est toujours à la hauteur de l'œil... mais quand on est en ballon ?

— Tout de même ; l'horizon monte avec vous ou paraît monter, car tout ce que nous voyons est apparence. Ainsi, il semble que le soleil tourne autour de la terre, et les hommes ont cru bien longtemps qu'il en était ainsi... ils le voyaient ! et cependant c'est nous qui tournons autour du soleil.

« Quand on voit des nuages légers passer rapidement entre nous et la lune, poussés par le vent, on jurerait que c'est la lune qui marche. Quand le regard embrasse une immense plaine, celle-ci paraît plate et cependant elle est bombée, puisque c'est une portion d'une sphère ou d'une boule si tu veux. Ainsi en est-il de l'horizon qui paraît s'élever à mesure que nous nous élevons nous mêmes ; l'horizon, bien entendu, ne se déplace pas, mais en montant nous en découvrons une plus grande étendue, et il paraît ainsi se dérouler devant nous comme une toile.

« Mais je vais, suivant ma promesse, te faire comprendre

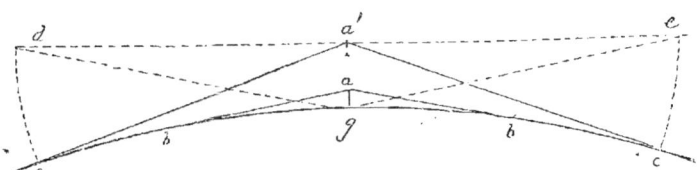

Fig. 24. — L'horizon, toujours à la hauteur de l'œil.

cela. Soit (fig. 24) un segment de la terre : Si tu es placé en a, tu découvres toute la surface terrestre abb ; mais si tu montes, même en ballon, et que tu sois en *a'*, alors tu découvres toute la portion de calotte terrestre *a' c c*, laquelle est bien plus étendue que n'était celle *a b b*. Tu te trouves au sommet d'un cône.... Sais-tu ce que c'est qu'un cône ?

— Oui, c'est comme un cornet de papier.

— C'est cela... (fig. 25). Tu te trouves au sommet d'un

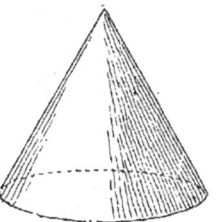

Fig. 25. — Cône.

cône dont la calotte terrestre que tu découvres est la base. Ce cône est beaucoup plus aplati que n'est un cornet de papier ou un pain de sucre ; mais ce n'en est pas moins un cône, le plus ou moins de distance du sommet à la base ne faisant rien à l'affaire. Mais si haut que tu puisses monter, même en ballon, la distance que tu mets entre ta personne et la terre est si peu de chose, par rapport à la circonférence de notre globe, que tu ne t'aperçois pas que ton rayon visuel, pour suivre la ligne d'horizon, décrit une surface conique. Tu crois qu'il regarde suivant une ligne droite *d e*, et dès lors, c'est la portion de terre que tu vois qui te paraît monter et former le cône renversé *g e d ;* si bien que, quand on est dans la nacelle d'un ballon, il semble qu'on soit suspendu au milieu d'une immense coupe dont les bords s'élèvent à la hauteur de ce ballon (fig. 26), et sans être en ballon, il suffit de monter au sommet d'une très haute montagne isolée, comme est, par exemple l'Etna, pour éprouver la même impression. La Sicile, la mer, le détroit de Messine et les côtes italiennes semblent se dresser peu à peu jusqu'à la limite de l'horizon comme une

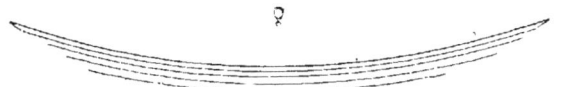

Fig. 26. — Illusion de l'œil du spectateur en ballon.

immense carte de géographie. Ce n'est pas le sentiment de la convexité, c'est-à-dire du *bombement* de la portion de la terre visible que l'on éprouve, mais un sentiment contraire. Cette portion visible de terre semblerait plutôt avoir la forme d'une cuvette au centre de laquelle s'élèverait la montagne sur le sommet de laquelle on s'est placé. Ce sont ces illusions de notre œil qui ont si longtemps trompé les hommes sur la nature et la forme de notre globe, sur son mouvement propre et sur ses relations avec les autres astres qui gravitent dans l'espace. Et il a fallu de longues observations pour vérifier les erreurs dans lesquelles tombe notre sens visuel.

« Tu n'es pas sans avoir constaté que plus tu t'éloignes d'un objet, plus il diminue à tes yeux. Un peuplier, qui te paraît énormément haut si tu es près de son pied, te semble n'avoir plus que la hauteur d'une épingle si tu le regardes à une grande distance. Et à travers la vitre de la fenêtre, vitre qui n'a guère que 40 centimètres de largeur sur 60 centimètres de hauteur, tu vois, comme dans un cadre, la cour et l'usine, les bâtiments du fond et la grande cheminée, et cependant tu n'ignores pas que tous ces locaux, avec leurs accessoires, sont bien plus grands que n'est la vitre. Cependant, ils sont contenus dans son châssis. Ça, c'est l'illusion produite par la perspective ; mais, maintenant que tu sais pourquoi et comment, — si toutefois tu m'as bien compris, — l'horizon est toujours à la hauteur de l'œil, tu saisiras sans trop de difficultés les lois élémentaires de ce qu'on appelle la Perspective. Ce sera pour un autre jour, car à cette heure il faut aller te mettre au lit, tu dois être fatigué.... »

Et en effet, petit Jean était si fatigué que, cette fois, il ne rêva pas, ou dormit si bien qu'il n'eut pas la conscience d'avoir rêvé.

Il n'est guère besoin de dire que tous les soirs, après l'école, M. Majorin, en outre des instructions verbales qu'il donnait à petit Jean, le faisait dessiner à la lampe d'après des solides façonnés avec du carton; il lui faisait observer comment la lumière éclaire ces objets et lui expliquait les ombres portées de ces solides sur la table, ou sur d'autres corps, au moyen d'un fil qu'il tendait du point lumineux aux angles de ces solides et à leurs arêtes, en prolongeant ce fil jusqu'à la rencontre avec la table ou ces autres corps.

Pour faire cette démonstration, M. Majorin avait percé un verre de lampe, à la hauteur de la lumière, d'un trou capillaire à travers lequel passait un fil métallique très délié, retenu par une petite tête extrême; il lui suffisait de promener ce fil le long des arêtes ou surfaces des corps éclairés pour démontrer comment ceux-ci portaient leurs ombres sur les objets environnants (fig. 27), et pour faire saisir à petit Jean comment ces ombres remplissaient toutes les surfaces enveloppées par le chemin que suivait le fil tendu en contournant les corps exposés à la lumière.

Petit Jean comprenait très bien cela; il commençait à dessiner passablement ces solides et leurs ombres, et M. Majorin lui disait:

« Tu reconnais bien, maintenant, que la ligne droite est le plus court chemin d'un point à un autre et que ce qu'on appelle ligne n'est point un trait si fin qu'il soit, puisque tu

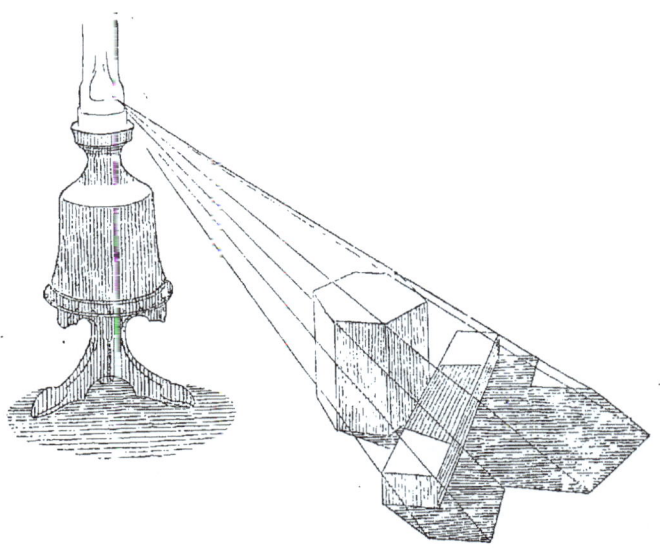

Fig. 27. — Comment procède la lumière d'une lampe et comment elle détermine les ombres.

vois qu'en faisant passer ce fil le long des arêtes et surfaces, je délimite l'ombre et la lumière, et que, quand le fil n'y est plus, cette démarcation entre la lumière et l'ombre n'en existe pas moins; et ainsi cette ligne, en passant le long des arêtes, détermine ce qu'on appelle des plans, lesquels ici séparent l'ombre de la lumière.

« Un plan n'est pas plus un objet tangible et visible que n'est une ligne ou un point. Quand ton regard se porte sur cette tête de clou planté dans le mur, tu ne vois et il n'existe aucun fil tendu de ton œil à ce clou, il y a cependant une ligne et une ligne droite, car ton œil, pour viser cette tête de clou, ne fait pas de détours : ce qu'on appelle le rayon visuel va directement et par le plus court chemin, par conséquent, de ton œil à ce point. Maintenant, si je trace un cercle sur ce tableau noir et que ton œil suive la circonférence de ce cercle, tu fais passer le rayon visuel, ou la ligne qui part de ton œil, par tous les points successifs de cette circonférence, et ce rayon visuel ou cette ligne compose un cône dont ton œil est le sommet, et le cercle la base. Tu as tracé ainsi dans l'espace un plan qui est bien une surface conique. Tu vois ce crayon ? Il représente une ligne ; je le jette en l'air, il coupe cet air, n'est-ce pas ? Supposons qu'en le coupant, il laisse la trace de son passage à travers l'espace, cette trace serait le plan visible qu'il a déterminé dans l'espace ; mais de ce que son passage ne laisse aucune trace visible, il n'en est pas moins certain qu'il a coupé cet air et qu'il y a ainsi déterminé un plan. De même si tu jettes une balle en l'air, elle ne laissera dans cet air aucun passage ; mais elle n'en aura pas moins décrit une courbe parfaitement définie. A la fête de Sceaux, tu as vu des fusées volantes ? Eh bien, ces fusées, elles laissent la trace de leur passage pendant quelques secondes ou fractions de secondes, et cette trace lumineuse est une ligne, droite d'abord, qui se courbe en atteignant le point d'explosion. Si ce crayon, qui est une ligne, — comme la fusée n'est qu'un point, — pouvait laisser la trace lumineuse de sa course dans l'espace, tu verrais non une ligne brillante, mais un ruban lumineux plus ou moins large suivant la position du crayon, ruban qui serait le plan déterminé par cette ligne.

« Mais si, tenant ce crayon par le bout, horizontalement par exemple, je lui fais suivre une certaine course, en ayant soin de le tenir toujours à la même distance de la table, je détermine un plan droit, parallèle à cette table. Si, toujours en tenant ce crayon à son extrémité, mais vertical cette fois, je pose le bout sur la table et que je suive, avec ce bout, une ligne droite, je détermine un autre plan droit perpendiculaire à la table. Eh bien, petit Jean, la géométrie descriptive, la science de la Perspective sont renfermées dans la compréhension complète, absolue de ces plans que l'on trace à volonté dans l'espace, qui n'existent pas, mais que voient les yeux de l'intelligence. Aussi n'ai-je pas l'espoir que, dès ce soir, tu vas savoir ce que c'est qu'un plan et connaître l'usage qu'on en peut faire, mais cela viendra. En attendant, dans ta pensée, tâche d'admettre et de voir ces plans fictifs, ce qui n'est pas bien difficile, puisque, si tu jettes un bâton pour attraper un tronc d'arbre, tu sais parfaitement que ton bâton va tracer un plan dans l'espace d'un point déterminé, qui est ta main, à un corps distant de ce point, qui est le tronc d'arbre ; tu sais encore, si tu veux prendre l'arbre en travers, que tu devras lancer ton bâton horizontalement. »

Et, faisant suivre, selon son habitude, la démonstration orale par l'exemple, M. Majorin fit sur le tableau noir le croquis (fig. 28).

« Voici, continua-t-il, le trajet que fait ton bâton ainsi lancé, et le plan plus ou moins parallèle au terrain qu'il trace dans l'espace est limité sur ses bords par la longueur du bâton et par la position qu'il occupe successivement en tournant sur lui-même, ainsi que l'y contraint le mouvement que ta main lui a imprimé.

« Mais ceci rentre dans la mécanique et nous n'en sommes pas encore là. »

Rien ne plaisait plus à petit Jean que de voir M. Majorin prendre le morceau de craie pour dessiner sur le tableau noir ou un bout de crayon pour accompagner ses explications de croquis. Il aurait bien voulu en faire autant tout de suite.

En attendant, M. Majorin tenait absolument à ce que petit Jean copiât ces linéaments tant bien que mal, sur un cahier, et il lui dictait la légende qui devait accompagner chaque diagramme, en mettant la date au bas de la feuille afin d'habituer son esprit à travailler avec ordre. Petit Jean eut, dans les premiers temps, quelque peine à tenir son cahier proprement et à placer les dessins à la suite les uns des autres.

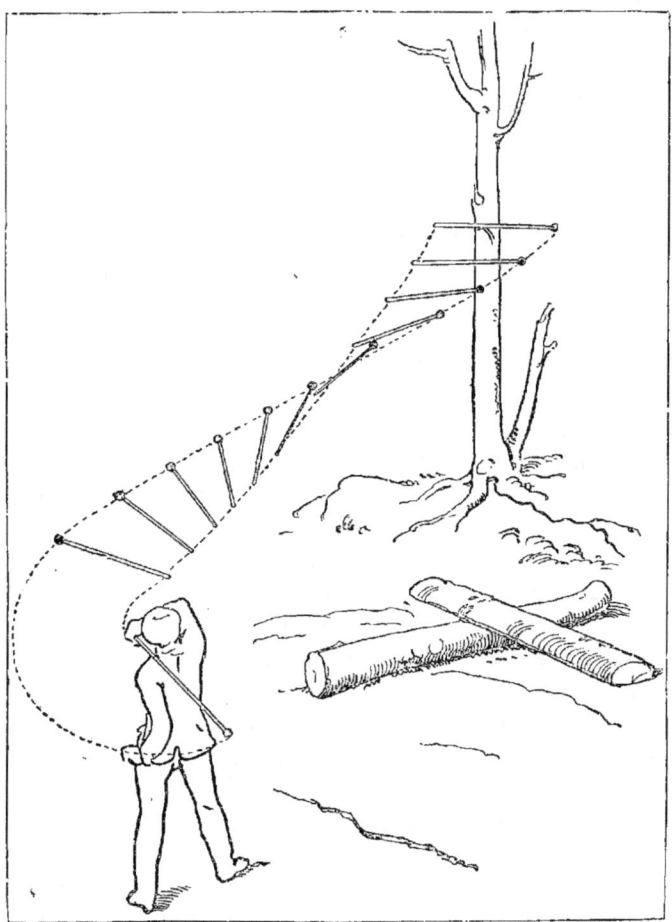

Fig. 28. — Comment un bâton, lancé dans l'espace, détermine un plan.

Si, comme cela arriva trois ou quatre fois, petit Jean sautait une feuille ou dessinait sur le verso, ou prenait son cahier à rebours, M. Majorin ne se fâchait pas; mais il présentait un nouveau cahier de papier blanc à petit Jean, en lui disant : « Il faut recommencer, mon ami ; » et petit Jean était obligé de refaire, en suivant un ordre rigoureux, tous les croquis déjà tracés. M. Majorin trouvait à cela le double avantage de donner à son élève des habitudes d'ordre dans la façon de travailler et d'exercer sa main, tout en faisant repasser dans son esprit les leçons précédentes.

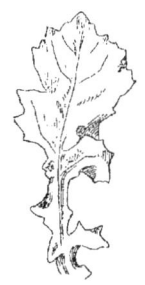

CHAPITRE VI

D'UNE CONVERSATION MÉMORABLE
ENTRE MM. MELLINOT ET MAJORIN ET DE CE QUI
S'ENSUIVIT.

Il y avait trois mois que petit Jean était chez M. Majorin. Celui-ci reçut avis d'une visite de la famille Mellinot à l'Hay. Les deux frères de lait, depuis la résolution de M. Majorin, ne s'étaient vus que deux fois, lors des visites des Mellinot à Boissy-Saint-Léger.

Aussi, de part et d'autre, on se faisait fête de passer un dimanche réunis à la campagne. Dame Orphise profita de l'occasion pour enfreindre les habitudes frugales du chef d'usine et prépara un déjeuner digne des hôtes qu'on attendait, suivi d'un dîner conforme aux excellentes traditions pour lesquelles M. Majorin professait un dédain déplorable.

André arrivait muni d'estampes et de dessins de sa façon, sachant que, décidément, petit Jean était « lancé », comme disait M. Mellinot, « dans le domaine de l'Art. » Petit Jean n'était pas moins désireux de montrer ses cahiers à son frère de lait.

Quant à des estampes ou modèles graphiques, il n'en possédait pas plus que le jour où le père Loupeau l'avait conduit à l'Hay, en carriole; aussi, le déjeuner terminé, quand André, après avoir étalé devant petit Jean une vingtaine d'images et de copies, lui demanda d'exhiber ses modèles et ses dessins, petit Jean rougit un peu, dit en balbutiant que ses modèles étaient partout et nulle part, et montra ses cahiers passablement garnis déjà, de tracés géométriques, de légendes et de linéaments de toute sorte, auxquels André ne comprit absolument rien. Mais le premier embarras causé par cette divergence dans la façon de comprendre *l'Étude de l'Art* ne dura guère ; les deux enfants s'en allèrent visiter le jardin, et ce fut le tour d'André d'être un peu confus à son tour en entendant petit Jean lui nommer les plantes et lui expliquer quelques-unes de leurs propriétés.

Pendant ce temps, Mme Mellinot s'était obligeamment mise à la disposition de dame Orphise pour débattre quelques graves questions culinaires touchant le repas du soir, et M. Mellinot était assis avec son ami dans une allée ombreuse, en attendant que le déclin de la grande chaleur permît une promenade du côté de Sceaux.

« Ainsi donc, dit M. Mellinot, vous croyez que petit Jean possède réellement les qualités d'un artiste ?

— Mon cher ami, je ne dis pas cela ; je dis que mes prévisions ne m'ont pas trompé et que cet enfant est naturellement observateur, voit naturellement juste, et qu'en me bornant à ne point contrarier ces dispositions, en les développant au contraire, je puis mettre entre ses mains un état, lui ouvrir une carrière indépendante, ne serait-ce que celle d'un excellent ouvrier. Je ne me mêle pas d'en faire un artiste, il le sera si ses goûts l'y poussent; je me contente de lui fournir les moyens d'être un homme utile.

— Êtes-vous bien certain qu'en ne gênant pas et que même en développant, comme vous le dites, ce que vous appelez les dispositions de petit Jean pour l'art, vous en ferez un homme utile, que vous lui ouvrirez une carrière indépendante ? Ne craignez-vous pas, au contraire, de le jeter dans le clan nombreux des déclassés, des incompris, des....

— Permettez-moi de vous arrêter à votre point de départ ; je ne sais pas plus que cet enfant ne le sait lui-même s'il a des dispositions pour *l'art*. Il ignore ce que c'est que l'art, il n'est nullement question d'art ; ça n'existe pas pour lui.

— Mais enfin vous le faites dessiner, dites-vous, et il montre du goût pour le dessin.

— Ajoutez donc à ce propos que le dessin est un art d'agrément !

— Allons, vous voilà toujours prêt à prendre la mouche.... Je sais que le dessin est un art et qu'en enseignant le dessin, vous enseignez un art ou le moyen de se livrer à ce qu'on appelle les arts. Tous les raisonnements du monde n'empêcheront pas qu'il en soit ainsi.

— Pardon, une simple comparaison vous convaincra que le dessin, enseigné comme il doit l'être, à mon avis, ne pousse pas plus un enfant à devenir un artiste, que l'enseignement de la langue française ne le doit pousser à être poète. Ce n'est pas ma faute si on enseigne généralement le dessin en visant, comme but, la pratique de l'art. Pour moi, le dessin est simplement un moyen de consigner les observations à l'aide d'un langage qui les grave dans l'esprit et permet de les utiliser, quelle que soit la carrière que l'on embrasse. Et, permettez-moi de vous présenter ici un exemple : On ne suppose guère que le dessin soit utile à un magistrat, et cependant, combien de jugements seraient établis sur des considérants mieux déduits, si les juges étaient en état de comprendre un plan en matière de procès civils, touchant les mitoyennetés, les partages d'héritages, les affaires de responsabilité d'architecte ou d'entrepreneur ? Il faut avoir entendu plaider pendant des heures certains avocats et discourir le ministère public sur ces questions, d'après des dires d'experts qu'avocats et juges ne comprennent que très imparfaitement, pour savoir jusqu'à quel point ce langage du dessin est ignoré des classes élevées.

« Tel magistrat a peut-être copié dans sa jeunesse, avec succès, la tête de Romulus d'après David, lorsqu'il était au collège; mais il lui est impossible de comprendre un plan, une coupe, de saisir la signification d'un tracé, de fournir le plus élémentaire des croquis pour mieux expliquer sa pensée.

— Oh! si vous prétendez vous borner à enseigner à votre élève la géométrie et la partie vraiment utile du dessin, rien de mieux, cela peut lui être d'un grand secours; mais il n'est pas besoin de vous donner tant de peine et de faire de ceci une grosse question, notre enseignement public se charge de cette besogne.

— Je ne sais s'il s'en charge et la prend à cœur; je ne juge que d'après les résultats, et, entre nous, les résultats sont presque nuls, s'ils ne contribuent pas à donner des idées fausses.

— Toujours le même, mon brave ami, toujours prêt à jeter la pierre à notre enseignement officiel. Vous voilà entiché du dessin et vous voudriez peut-être que dans nos lycées on n'exerçât nos enfants qu'à dessiner des cubes et des cylindres, des ornements ou des plantes.....

— Vous savez bien que telle n'est pas ma pensée; je voudrais seulement qu'on enseignât aux enfants à se servir du crayon comme on leur apprend à se servir de la plume pour aider leur intelligence à comprendre ce qu'on leur explique. Voyons, raisonnons un peu, s'il vous plaît: Vous faites traduire dans les lycées les *Commentaires de César*, rien de mieux; mais pensez-vous que les enfants qui mettent en mauvais français ce chef-d'œuvre de latinité, aient la moindre idée de ce qu'était César, de ce qu'étaient ses légions, de leur façon de camper, de leur tactique, de leur armement, de leurs machines de guerre, des contrées où elles combattirent, de l'aspect des villes qu'elles assiégèrent et des moyens de défense de leurs ennemis? Ils apprendront cela plus tard, répondez-vous (s'ils l'apprennent jamais). Pourquoi pas, en lisant le texte?

— Vous voudriez, peut-être, que le professeur chargé de faire traduire les *Commentaires*, non content de corriger les versions, passât partie de la classe à dessiner sur le tableau des Romains et des Gaulois, des catapultes et des remparts?

— Ce professeur-là le pourrait faire que je n'y verrais pas grand mal, car, évidemment alors, il serait en état de mieux expliquer le texte. Il ne s'agit pas de cela; mais il s'agirait, par exemple, de faire copier à ces enfants ou à ces jeunes gens, à la place de modèles graphiques qui ne signifient rien pour eux, des modèles reliefs représentant un *Vallum* romain, une machine de guerre romaine, un rempart gaulois, l'armement d'un légionnaire, les ustensiles dont on se servait alors, de leur faire copier la carte des champs de bataille avec la position des corps, un *Oppidum* gaulois ou un camp romain en relief. Ne croyez-vous pas qu'en procédant ainsi, ces enfants ne feraient point leurs versions avec plus d'entrain et d'intelligence et qu'ils ne suivraient pas la classe de dessin avec plus d'assiduité?

— Tout cela est superbe en théorie, mon cher ami; mais où supposez-vous que nos lycées pourraient se procurer toutes ces belles choses, sans compter la dépense qu'occasionnerait un pareil matériel scolaire?

— Ah! parbleu, parlez-moi de la dépense. Il s'agit bien de quelques milliers de francs de plus ou de moins quand la question de l'enseignement est sur le tapis. Et si on pouvait, en cinq ans au lieu de huit, former ces jeunes esprits et leur donner l'habitude de l'observation, des idées justes au lieu d'idées incomplètes ou fausses, ne pensez-vous pas que cela vaudrait la peine de porter par an une trentaine de mille francs de plus au budget de l'instruction publique? et quand je dis trente mille francs par an pour réaliser ces améliorations dans l'enseignement, je suis au-dessus de la vérité. Je me charge d'entreprendre l'opération à ce prix, si vous le voulez. La mise de fonds pour les modèles une fois faite, les moulages coûteraient bien peu de chose.

« Mais non, la routine est là; depuis Rollin, pour ne parler que de l'antiquité, on a fait un pas immense dans la connaissance de cette antiquité. Nous savons plus exactement aujourd'hui comment vivaient, comment administraient, comment se battaient les Romains, qu'on ne sait comment se battaient et se gouvernaient les Français sous Philippe-Auguste. Cette masse de connaissances ne pénètre pas dans l'enseignement; elle se tient au seuil de la porte d'issue, à la dispositions des très rares esprits que leurs goûts portent vers les études historiques sérieuses!...

— Bon! nous voilà bien loin des débuts de notre conversation. Il y aurait trop à dire sur ce sujet pour vous répondre; revenons à notre point de départ. Vous n'entendez pas envoyer petit Jean au lycée, pour le moment du moins; mais, sans vous paraître trop indiscret, me permettez-vous de vous demander quelle méthode vous prétendez appliquer dans le cas présent? Si je vous fais cette question, c'est pour ma propre instruction, car je ne saisis ni vos moyens d'exécution ni n'entrevois nettement le but où vous tendez.

— Soit, précisons..... Dans l'étude du dessin il y a deux éléments, le travail matériel, l'exercice de l'œil et de la main, puis le travail intellectuel, c'est-à-dire l'habitude d'observer avec exactitude et de graver dans la mémoire ce que l'on a observé, de telle sorte que l'esprit puisse comparer et tirer des déductions de la comparaison.

« La méthode qui consiste à placer devant les yeux de l'élève des modèles graphiques gradués, en commençant par les linéaments les plus simples pour atteindre successivement une tête ou un ornement modelé, cette méthode peut être bonne pour habituer la main de l'élève à copier machinalement ces modèles, mais en quoi exerce-t-elle son intelligence ? En quoi peut-elle même donner la connaissance des objets copiés ? L'élève ne voit là qu'une image plane composée de blanc, de noir et de gris qu'il s'agit de reproduire mécaniquement. Se rend-il compte des plans, des reliefs de la forme ? Guère plus que la feuille de verre du photographe ne se rend compte de l'effet des rayons solaires sur la substance qui la recouvre.

« Prenez, parmi ces élèves, les plus forts, ceux qui ont obtenu des prix, ceux qui sont arrivés à reproduire un modèle graphique avec une perfection telle qu'on pourrait prendre la copie pour l'original, et demandez-leur, à brûle-pourpoint, de dessiner de souvenir une bouteille, un objet des plus simples et des plus vulgaires, ils ne vous donneront qu'un croquis informe.

« Alors, à quoi leur sert ce *métier* que vous leur avez mis dans la main ? Aussi, leurs études terminées, jamais il ne leur viendra l'idée de prendre un crayon pour rendre compte d'un objet dont ils voudraient décrire la figure, jamais ils ne songeront à tracer un croquis propre à leur rappeler une scène, un lieu, un meuble, un ustensile... Pourquoi ? C'est qu'on ne leur aura jamais appris à voir, et on n'apprend à voir qu'en dessinant, non d'après des modèles graphiques, mais d'après les objets eux-mêmes, et encore, à la condition d'expliquer ces objets, de décrire leurs propriétés et les relations qu'il y a entre eux.

— Vous exagérez un peu, me semble-t-il ; combien comptons-nous dans la science d'observateurs de premier ordre qui sont cependant incapables de dessiner ?

— Oui, mais savez-vous au prix de quels efforts d'attention ils sont parvenus à composer un faisceau d'observations? combien il leur a fallu de temps pour tirer des déductions de ces observations difficilement fixées dans le souvenir, faute de pouvoir les consigner dans un croquis? Et, à l'égard des observateurs dont vous parlez, la photographie n'est-elle pas venue bien à point pour donner un singulier développement à leurs recherches et aux conclusions qu'ils en ont tirées? et croyez-vous que la photographie peut dispenser de dessiner, non pour le plaisir d'amasser des images dans des portefeuilles, mais parce que la pratique du dessin habitue les yeux à voir plus vite, plus juste et mieux, en établissant entre l'organe de la vision et le cerveau une sorte de travail en commun qui facilite les déductions?

« Dix fois nous passons devant un objet et le regardons attentivement parce qu'il nous intéresse; nous croyons le connaître parfaitement dans sa forme générale comme dans ses détails. Un jour, il nous prend l'idée de le dessiner, et nous lui découvrons des qualités que nous ne soupçonnions pas, malgré notre ferme volonté de bien observer.

« Celui qui a pris l'habitude de dessiner sans fatigue, sans être obligé de faire un effort, comme on a pris l'habitude de mettre l'orthographe, *dessine* tout ce qu'il regarde avec quelque attention, autrement dit, il fait, en regardant, l'opération à laquelle il se livrerait s'il voulait reproduire l'objet sur le papier.

« Vous sentez qu'il ne s'agit pas ici d'art, de composition, de produire des œuvres dignes de Raphaël ou de Léonard de Vinci; il s'agit de contracter une habitude, d'établir entre l'œil, le cerveau et la main une relation intime, de telle sorte que l'un de ces organes ne puisse jamais être impressionné sans que les deux autres soient prêts à le seconder.

« Et, pour en revenir à ces savants observateurs dont vous me parliez à l'instant, il m'est arrivé fréquemment d'être en relation avec plusieurs d'entre eux; eh bien, moi qui n'ai la prétention d'être ni un savant, ni un artiste, combien de fois ne m'est-il pas arrivé de leur signaler des faits qu'ils ne soupçonnaient pas, uniquement parce que, ayant pris l'habitude du dessin, j'avais regardé certains végétaux, animaux ou minéraux comme s'il m'eût fallu les dessiner. De ce que la plupart de nos savants distingués sont arrivés à de hautes positions, quoi qu'ils ne dessinent pas généralement, il ne faut pas conclure que le dessin ne leur eût pas facilité bien des recherches et fait gagner bien du temps.

« Je ne sache guère de carrière dans laquelle le dessin ne soit utile, sinon absolument nécessaire, par cette raison bien simple que le dessin apprend à voir juste, à se souvenir de ce qu'on a vu et à donner un corps à la pensée.

« Je ne prétends pas faire de petit Jean un artiste, il le deviendra s'il en a l'étoffe; je prétends seulement lui enseigner à voir juste, à se rendre compte de ce qu'il voit, à le consigner, de telle sorte que ses observations lui servent, quelle que soit la carrière qu'il embrasse, ouvrier ou militaire, négociant ou avocat, artiste ou ingénieur. C'est un essai qui, de toutes façons, ne saurait nuire à son avenir; mais j'entends développer son esprit, nourrir son intelligence, lui donner le goût d'apprendre, en prenant pour véhicule le dessin, comme je l'entends, c'est-à-dire l'habitude d'observer, de comparer et de réfléchir avant d'avancer une opinion. »

M. Mellinot était-il convaincu de l'efficacité de la méthode adoptée par son ami? Certes non. A part lui, il pensait que toutes ces idées n'étaient que confusion et fantaisie d'un cerveau bizarre. Cette façon d'éducation par l'*habitude d'observer*, suivant l'expression de M. Majorin, lui semblait l'aberration d'un esprit plus généreux que clairvoyant ; aussi hasarda-t-il cette seule objection :

« Ne pensez-vous pas, mon ami, qu'avant de mettre le jugement d'un enfant en face de ce que vous appelez l'observation, il faudrait d'abord former le jugement. Pour bien observer, puisque observer il y a, il faut de bons instruments. Quels sont les instruments d'un enfant ? Ne sont-ils pas imparfaits, à peine dégrossis ? Êtes-vous assuré que l'enfant auquel vous expliquez des faits ou des phénomènes le plus simplement possible, comprend ce que vous lui dites ?

— J'y tâche, mais j'admets que les enfants sont beaucoup plus aptes à comprendre qu'on ne le croit généralement, non des abstractions, mais les faits et les causes qui engendrent les faits ; puis il s'agit dans bien des cas de jeter dans l'esprit de l'enfant une semence saine et viable. Elle met parfois longtemps à germer. Rarement elle se perd. Vous me dites que pour bien observer il faut un jugement formé. Je n'en disconviens pas ; mais, pour former le jugement, il faut beaucoup observer ; nous tournons ainsi dans un cercle. Vous ! vous prétendez former le jugement de l'enfant en bourrant son esprit d'un tas de choses qui n'ont que des rapports éloignés avec ce qu'il voit chaque jour. Vous lui enseignez une ou deux langues qu'on ne parle plus, vous lui mettez sous les yeux des auteurs appartenant à une civilisation qui n'existe plus et qui nous entretiennent de choses absolument étrangères à nos habitudes et à nos mœurs.

« Il sait un peu ce qu'était le gouvernement de la République romaine, médiocrement les causes qui ont amené l'empire des Césars ou la chute de la République d'Athènes ; mais il ne sait pas et ne saura pas jusqu'à vingt ans, quelle est la forme du gouvernement qui lui fournit l'instruction.

« A cela, je ne verrais aucun mal et je trouverais même beaucoup de bon, si en même temps on faisait connaître à cet enfant les civilisations au milieu desquelles ces faits anciens se sont passés et comment ces faits sont la conséquence logique de l'état civilisé où ils se sont produits ; si, en même temps, on rattachait ces jeunes esprits à la réalité des choses présentes, avec lesquelles ils vont être brusquement en contact, demain ; mais, est-ce ainsi que l'on procède ? Est-ce former le jugement de la jeunesse que de l'isoler intellectuellement au milieu de l'État où elle sera appelée à vivre ? Je suis loin de m'élever contre notre enseignement universitaire ; sous certains rapports je le trouve même trop complet ou trop chargé ; les élèves sont à l'état de tubes percés des deux bouts et dans lesquels passe un courant rapide d'études qui entre par un orifice pour sortir par l'autre ; mais, dans ce courant, je ne vois pas trop ce qui est de nature à former le jugement, puisqu'à mon sens, l'observation seule peut donner pareil résultat.

« Ce que je ferai de petit Jean quand il sera grandelet, je ne sais, j'y songerai ; mais je crois, quoi qu'il advienne, que l'habitude d'observer et de raisonner que j'aurai pu lui donner étant encore enfant, ne pourra que lui être très profitable, même si je l'envoie au lycée. »

Sur ce dernier propos, les deux amis allèrent rejoindre Mme Mellinot. On appela les deux enfants, qui semblaient de leur côté fort occupés de leurs affaires, et on alla dans la campagne jusqu'au moment du dîner.

Le soir, en revenant à Paris, André dit à M. Mellinot :

« Père, je voudrais bien apprendre à dessiner comme Jean ; ça doit être bien amusant ; on voit toutes sortes de choses.... partout. Il sait le nom des arbres et des fleurs et aussi des outils, et à quoi ça sert ; il a fait en carton des *solides*, comme il les appelle, très gentils, qu'il arrange, et des petites cabanes. Il m'a montré tout ça, plein un grand tiroir.....

— C'est bon, c'est bon, répondit M. Mellinot, nous verrons cela..... quand tu seras plus grand.

— Mais Jean n'est pas plus grand que moi.

— Jean n'a pas à faire les mêmes études que toi; pour entrer dans un atelier ou travailler aux champs, il en saura assez de ce qu'il apprend à l'école et de ce que lui enseigne M. Majorin.

— C'est égal, j'aimerais apprendre comme lui; il m'a dit que ça l'amusait toujours quand M. Majorin lui apprenait quelque chose... — Et moi, pensa André à part lui, sans oser le dire, ça ne m'amuse pas toujours ce qu'on m'apprend à la pension. »

Quelques semaines passées, M. Mellinot, s'étant rencontré avec le professeur de dessin de l'institution où André était placé, lui demanda s'il était toujours content de son élève.

« Moins, répondit le professeur; André est moins appliqué en classe, il dessine sur les marges de son papier des riens, ce qu'il voit autour de lui. L'autre jour, ne l'ai-je pas surpris essayant de croquer le camarade placé sur le banc en face de lui! Tout cela indique des dispositions naturelles peut-être, mais pourrait lui gâter la main; ses copies, d'après le modèle, sont négligées, il ne prend pas la peine de les achever.

— Lui en avez-vous fait l'observation?

— Certainement.

— Qu'a-t-il répondu?

— Autant que j'ai pu le comprendre, il voudrait dessiner d'après nature. Cela viendra, lui ai-je dit; mais il faut d'abord dessiner d'après des modèles graphiques, pour savoir comment on doit s'y prendre. Vous voyez que, dans la classe du soir, ai-je ajouté, les adultes dessinent d'après la bosse, d'après le relief. Ils ne le peuvent faire qu'après avoir longtemps copié des modèles graphiques. Mais, pour le moment, votre fils me paraît détourné de l'étude sérieuse du dessin; cependant, j'en étais fort content.

— Voilà, se dit M. Méllinot, un premier fruit des leçons données par ce diable de Majorin à petit Jean. Après tout il importe assez peu qu'André soit plus ou moins appliqué à copier des images; je n'ai nulle envie d'en faire un artiste. »

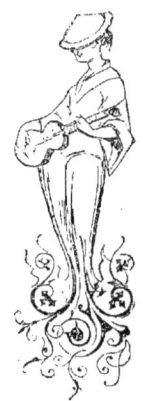

CHAPITRE VII

UN PEU DE PERSPECTIVE ET DE GÉOMÉTRIE
DESCRIPTIVE.

L'hiver était arrivé; il ne s'agissait plus d'aller dans le jardin observer les plantes ou discourir sur la lumière et les ombres. Petit Jean commençait à dessiner passablement tout objet d'une forme très simple qu'on plaçait sous ses yeux; mais il ne lui était pas facile de se rendre compte des déformations perspectives. M. Majorin, lui ayant donné quelques notions de géométrie, pensa que le moment était venu de lui enseigner les premiers éléments de la perspective.

Traçant donc sur le tableau noir le diagramme (fig. 29), M. Majorin dit un soir à petit Jean :

« Tu vois ces deux piquets A et B, celui A étant plus court que celui B; si tu te places en C, tu reconnais que ce piquet B est plus long que n'est celui A, puisque tu t'aperçois qu'il dépasse son sommet, mais si tu te places en D, le piquet A te semble plus grand que le piquet B. Donc, la dimension

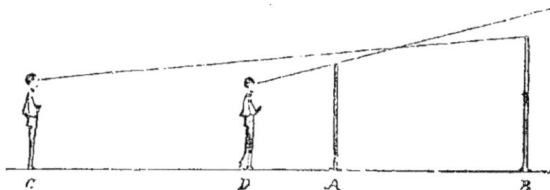

Fig. 29. — Perspective. (Premier exemple.)

apparente des objets est en raison de la distance de ton œil à ces objets. Si tu t'en rapproches, ils paraissent grandir, de même qu'ils paraissent rapetisser si tu t'en éloignes. Eh bien, il est des moyens sûrs de reconnaître exactement de combien ces objets se rapetissent à tes yeux à mesure que tu t'en éloignes. Mais d'abord, il faut que tu comprennes parfaitement ce que c'est que le tableau.

« Le tableau est la surface plane, le plan vertical interposé entre les objets et toi, et sur lequel ils viennent se peindre. C'est la vitre à travers laquelle tu regardes. En ne bougeant pas la tête, et étant éloigné d'une vitre de la longueur de ton bras, il te sera facile de calquer sur cette vitre, avec un crayon marquant sur le verre, tout ce que tu vois à travers cette vitre.

« Cette vitre est donc véritablement le tableau sur lequel viennent se peindre les objets que tu vois à travers sa surface transparente. Si tu te rapproches de la vitre, une étendue plus grande d'objets t'apparaissent dans son cadre. Si tu t'éloignes, tu vois moins de ces objets. La distance du tableau à laquelle ton œil est placé fait donc que ce tableau comprend dans son cadre un champ plus ou moins étendu. Mais ton œil, à moins de tourner la prunelle à droite, à gauche, en haut, en bas, ne peut embrasser qu'un cône dont le sommet donne environ un angle de

UN PEU DE PERSPECTIVE ET DE GÉOMÉTRIE. 75

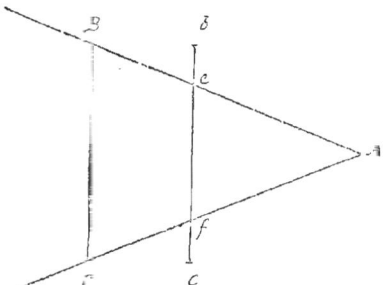

Fig. 50. — Perspective. (Deuxième exemple.)

45°. De telle sorte que (fig. 30), si tu es placé en A, il faut que le tableau ou la vitre soit en BC (l'angle A étant de 45°), pour que tu puisses considérer d'un seul coup d'œil tout ce qui se retrace sur sa surface. Si ce tableau ou cette vitre est en *bc*, tu ne verras d'un seul coup d'œil que ce qui est compris dans l'angle de vision, c'est-à-dire les objets compris dans le champ *ef*; et pour voir ce qui se retrace sur ce tableau de *e* en *b* et de *f* en *c*, il te faudra tourner tes prunelles à droite et à gauche, ou vers le haut et le bas : retiens bien ceci.

« Mais tu sais que l'horizon est toujours à la hauteur de l'œil; donc, sur le tableau ou la vitre, cet horizon se trace au niveau de ton œil, et la ligne la plus courte, abaissée de ton œil sur ce tableau, ligne qui est une perpendiculaire au tableau, rencontrera cette ligne d'horizon en un point qu'on appelle le point de vue ou le point principal. Pour bien te faire saisir ce qu'est le point principal, suppose (fig. 31) une glace étamée *abcd* et ta petite personne placée en A. Cette petite personne sera reflétée dans la glace, n'est-ce pas, en B? Suppose encore que tu marques sur cette glace le point O où est reflété ton œil et que tu traces une ligne horizontale *hi*, passant par ce point; tu auras en *hi*, l'horizon, et au point O le point principal, de telle sorte que, si on ôtait l'éta-

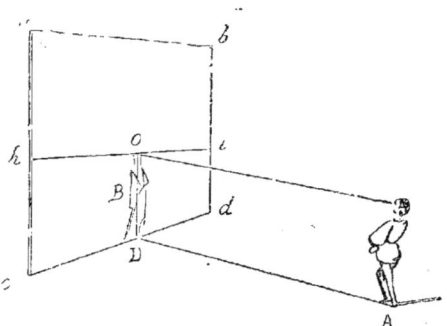

Fig. 31. — Perspective. (Troisième exemple.)

mage de la glace instantanément et que, devenant transparente, elle te laissât voir la mer ou la plaine, la ligne hi tomberait exactement sur l'horizon, et au point O convergeraient toutes les lignes au delà de la glace, parallèles à la ligne AD ou perpendiculaires à cette glace.

« Mais cette question du tableau ou de la vitre à travers laquelle on voit les objets est assez importante pour que nous insistions, car le jour où on a bien compris le rôle que remplit cette vitre, on sait la perspective et on peut résoudre tous les problèmes les plus compliqués. Suis-moi bien. Voici en $abcd$ (fig. 32) une glace, une vitre, et en $efgh$ un panneau de bois. Toi, tu es placé en A, l'horizon sera donc à la hauteur de ton œil sur la vitre en lm, et ton point de vue ou principal, en O.

« Admets que, de ton œil, tu puisses tendre des fils joignant les deux lignes ef, gh. Ces fils perceront la vitre de e' en f' et de g' en h'. Ainsi tu auras sur cette vitre la représentation perspective du panneau $efgh$; les deux lignes parallèles cg, dh se traceront sur cette vitre en cg', dh', et ces deux lignes parallèles cg', dh' tendront au point de vue O.

« Mais cette figure explicative ne te donne pas en réalité l'apparence du panneau $efgh$, puisque, moi-même, pour

UN PEU DE PERSPECTIVE ET DE GÉOMÉTRIE. 77

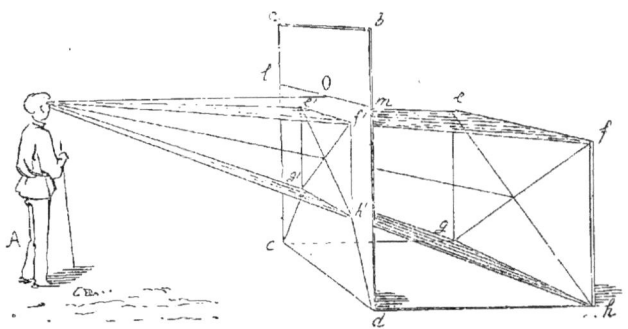

Fig. 33. — Perspective. (Quatrième exemple.)

te faire comprendre l'opération, j'ai mis la vitre et ce panneau en perspective.

« La question est de savoir, pour toi, placé en **A**, quelle figure aurait ce panneau ou tout autre objet placé au delà du tableau, sur la vitre ou ce tableau.

« Eh bien (fig. 33), supposons que ab est la trace de la vitre sur le sol. Cette trace ne sera qu'une ligne. Toi, tu es en **A**, et ce point **A** est le pied de la verticale abaissée de ton œil sur le sol. C'est ce qu'on appelle une *projection verticale*.

« Supposons encore trois règles, cd, ef, gh, égales entre elles, également espacées parallèlement à la ligne ab et disposées de façon à ce qu'elles soient comprises entre deux lignes parallèles, nécessairement perpendiculaires au tableau ab. Si de ton œil, dont la projection horizontale est en **A**, tu tires des lignes aux extrémités de chacune des règles, ces lignes perceront le tableau ou la vitre en $c'e'g'$, $h'f'd'$; ce qui te démontrera d'abord que ces règles, égales entre elles, paraissent de plus en plus petites sur la vitre, à mesure qu'elles s'éloignent de ton œil.

« Maintenant, relevons cette vitre ab; admettons le sol coupé suivant S T, perpendiculairement à la vitre.

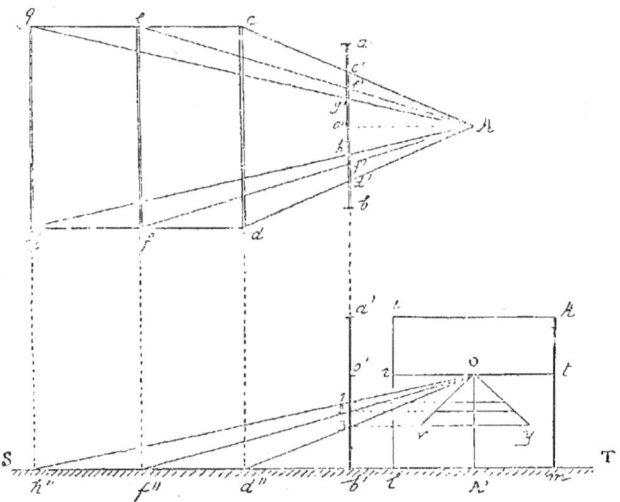

Fig. 53. — Perspective. (Cinquième exemple.)

« Cette vitre se tracera par une ligne $a'b'$, et les règles gh, ef, cd, ne seront que les points $h''f''d''$ sur le sol. Toi, tu es en A' et ton œil est en O; le point de vue sur la vitre coupée, en o'. Si du point O (ton œil), tu tires des lignes joignant h'', f'', d'', ces lignes traverseront la vitre en 1, 2 et 3.

« Ayant ainsi opéré, fais faire face au tableau; ce tableau sera le parallélogramme $iklm$; lm la ligne de terre, rt l'horizon; O le point de vue; reportant par des parallèles 1, 2, 3 sur ce tableau, tu as la position des trois règles en perspective et, prenant sur la ligne 3 des deux côtés de la verticale OA' les longueurs $o''c'$, $o''d'$, o'' étant la projection horizontale du point de vue; sur la ligne 2, de même, les longueurs $o''e'$, $o''f'$; sur la ligne 1, de même encore, les longueurs $o''g'$, $o''h'$, tu verras que ces lignes se trouvent ainsi comprises entre les deux lignes vO, yO, qui sont les parallèles cg, dh en perspective.

« Donc, pour mettre un objet en perspective, il faut savoir la distance du tableau à laquelle tu supposes que ton œil est placé, et, reportant cette distance sur la ligne d'horizon, tu admets que la vitre ou le tableau est de profil, comme en $a'b'$, et tu fais l'opération que je viens de t'indiquer.

« Tu me demanderas peut-être comment il se fait que toutes les lignes parallèles et perpendiculaires au tableau tendent au point de vue ? Cela est un phénomène d'optique qui tient à la conformation même de l'œil, lequel ne perçoit les objets qu'à travers une pinule ou orifice extrêmement petit pour venir se refléter sur un miroir concave disposé en arrière de cette pinule. Dès lors, il faut bien que les lignes parallèles viennent se réunir en ce point comme autant de rayons. En un mot, tout ce que tu vois dans la nature *n'est pas mis en perspective;* c'est ton œil qui met tout cela en perspective, et si tu veux reproduire pour d'autres yeux que les tiens l'apparence de ces objets, il faut bien que tu les traces conformément aux lois de la vision.

— Est-ce que les bêtes voient aussi en perspective ?

— Ce n'est pas douteux, du moins quant aux bêtes déjà élevées dans l'échelle des êtres, et ce ne peut être autrement.

« Elles ont toutes, plus ou moins, le sentiment de la distance, la vue plus ou moins nette et plus ou moins longue; mais il ne peut y avoir pour les bêtes une autre perspective que pour les hommes; seulement, elles ne se soucient guère d'en connaître les lois.

« L'homme, lui, non seulement découvre et définit les lois de la perspective, mais il en déduit la connaissance de la dimension et de la position réelle des objets dont il ne perçoit que l'apparence, par une opération inverse, comme je te le ferai voir.

« Essayons de mettre un carré en perspective sans plus nous servir de toutes ces figures tracées pour te faire comprendre comment un objet se peint sur une vitre interposée

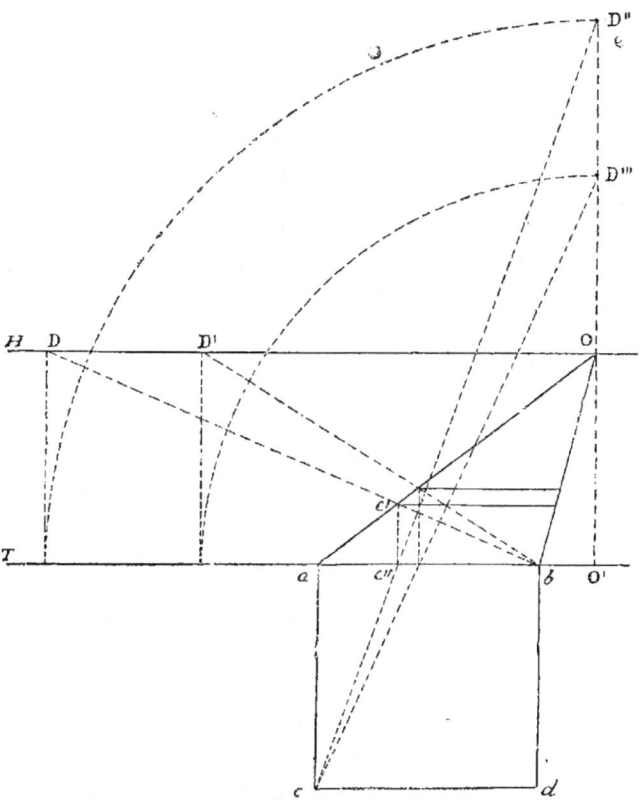

Fig. 31. — Perspective. (Sixième exemple.)

entre toi et cet objet (fig. 34). Il s'agit donc d'un carré $abcd$; la ligne de terre ou la ligne de rencontre du tableau avec le sol est en T, l'horizon en H, le point de vue en O. N'oublie pas que ce point O est la projection de ton œil sur l'horizon, la rencontre avec le tableau ou vitre de la ligne perpendiculaire abaissée de ton œil sur ce tableau. La distance de ton œil à ce point O est rabattue en D sur l'horizon.

« Pour mettre en perspective les deux lignes ac, bd, lesquelles sont perpendiculaires à la ligne de terre, il suffit, par suite de ce que je viens de te démontrer précédemment, de tirer du point a et du point b deux lignes au point de vue ; nous avons ainsi les deux côtés ac, bd du carré en perspective ; mais il s'agit de savoir où le côté cd devra couper les deux lignes aO, bO. La position de cette ligne cd, en perspective, dépendra de la distance à laquelle nous sommes du tableau ou de la vitre, car il est évident que plus nous approcherons de cette vitre, plus le carré nous semblera avoir de profondeur ; que plus nous nous éloignerons de cette vitre, plus il nous semblera mince. Donc, la distance de ton œil au point visuel O étant rabattue en D, l'opération, précédemment faite devant toi, t'a démontré que la distance d'un point au tableau était marquée sur ce tableau ou vitre par la rencontre d'une ligne tirée de ton œil à ce point. Donc, la distance ab, côté d'un carré, étant égale à la distance ac, si du point b nous tirons une ligne au point D, rabattement de l'œil sur l'horizon, la rencontre de cette ligne bD avec la ligne aO donnera le point c' en perspective, et, par conséquent, la ligne cd en perspective. Si tu te rapproches du tableau, et que la distance de ton œil à ce tableau ne soit plus que la longueur D'O, faisant le même tracé que ci-dessus, c'est-à-dire tirant la ligne bD', tu vois que ton carré en perspective prend, en apparence, plus de profondeur.

« Mais il faut te familiariser avec ces opérations de pénétrations de lignes à travers des plans, de coupements de plans dans tous les sens, il faut que tu comprennes absolument les problèmes élémentaires que je t'explique ; tout est là. Et ces éléments compris, le reste va de soi.

« La ligne de terre, ou mieux la trace du tableau sur le sol étant la ligne T, la distance où tu seras de cette trace sera égale, comme il a été dit, à OD et, par conséquent, à O′D″, le point D″ étant la projection horizontale de ton œil sur le sol. Si donc tu tires une ligne de ce point D″ au point c, angle du carré, cette ligne sera la projection horizontale du rayon visuel partant de ton œil et aboutissant au point c, et elle traversera le plan vertical de la vitre en $c″$.

« Or, tu vois que de ce point $c″$, si tu élèves une verticale, celle-ci viendra précisément rencontrer le point $c′$, qui te donne, en perspective, la profondeur du carré. Il en sera de même si nous procédons du point D‴, plus rapproché du tableau. Donc le point $c′$ est bien le point où la ligne tirée

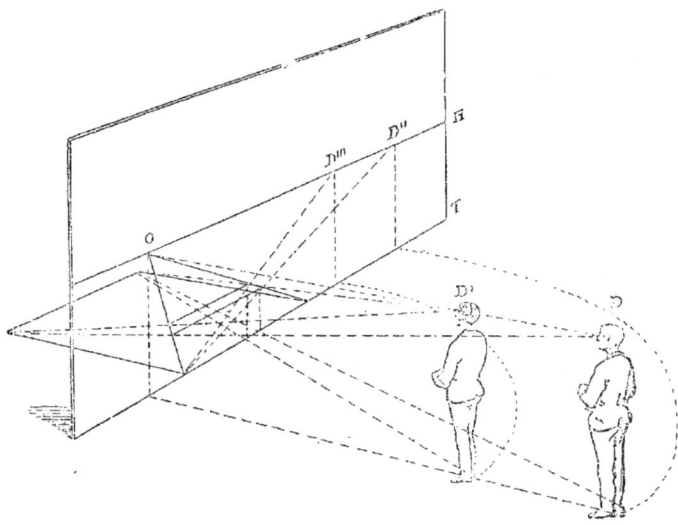

Fig. 35. — Perspective. (Septième exemple.)

de ton œil au point c perce la vitre. C'est ce que te fera comprendre d'une manière sensible le tracé (fig. 35) qui te présente la vitre, le carré horizontalement posé, l'horizon en H, la ligne de terre en T, le point de vue en O et la représentation perspective de ce carré sur la vitre donnée, par les points de rencontre des lignes tirées de ton œil aux angles du carré, suivant que tu es plus ou moins éloigné du tableau ; de même encore le rabattement des points de distance D D' en D" D''' sur l'horizon tracé sur la vitre, et enfin l'opération contenue dans la figure précédente. »

M. Majorin ne s'en tenait pas à ces démonstrations ; avec des cartons découpés une toile métallique très fine et des fils, il faisait comprendre à petit Jean comment des solides se présentent en perspective sur un tableau. Il posait, par exemple, un cube en carton en A ; puis, plaçant entre le spectateur B (fig. 36) une toile métallique très déliée, il

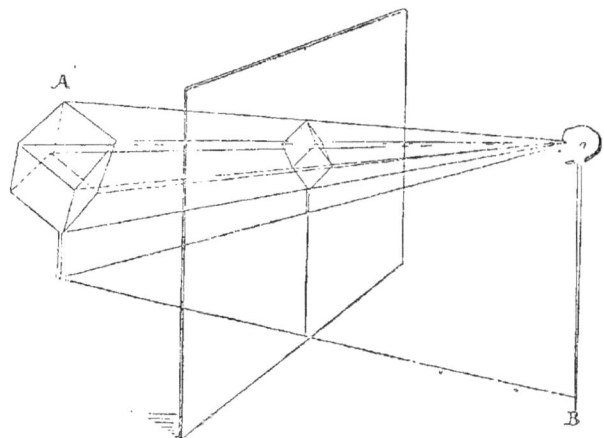

Fig. 36. — Perspective. (Huitième exemple).

faisait passer des fils tendus des angles du cube à l'œil de ce spectateur ; l'intersection de ces fils avec la toile métallique lui permettait de tracer sur celle-ci l'apparence perspective de ce cube.

M. Majorin insista longtemps auprès de son élève pour

qu'il comprît parfaitement ces intersections de lignes et de plans avec le tableau vertical.

Le maître tenait à familiariser petit Jean avec ces éléments de la perspective. Sans fatiguer sa jeune intelligence, il revenait souvent sur ces problèmes, tout en l'occupant, dans l'intervalle, de questions qui exigeaient moins d'attention.

M. Majorin pensait qu'avant d'aborder les premières notions de géométrie descriptive, il était bon que l'élève eût une idée très exacte des effets de la perspective, c'est-à-dire de l'apparence réelle des objets. Il se disait que, pour comprendre les projections géométrales sur plan vertical et sur plan horizontal, il fallait d'abord que l'œil et l'esprit de l'enfant n'eussent plus d'effort à faire pour saisir la position d'un corps, d'un point ou d'une ligne dans l'espace, et avant de donner des définitions théoriques, M. Majorin montrait des exemples. Ainsi, avec des cartons, il faisait voir à petit Jean comment un plan pouvait couper deux autres plans à angle droit, et il disait (fig. 37) :

« Tu vois ce plan $abcd$, on l'appelle plan vertical, et cet autre $abef$, plan horizontal. Ce carton ghi vient pénétrer ces deux plans, y laisse une trace hg, qui est la trace verticale, et une autre hi, qui est la trace horizontale. » Puis, enlevant le carton ghi, il déployait les deux plans, ainsi qu'on le voit en A, et montrait à petit Jean les deux traces.

« C'est ainsi, ajoutait-il, qu'on peut connaître la position d'un corps, d'un plan ou d'un point dans l'espace ; c'est par la trace ou la projection qu'ils laissent sur les deux plans vertical et horizontal. Voici un point (et disant cela, après avoir replié les deux cartons, il fichait une longue épingle lm dans le plan horizontal), c'est la tête l de cette épingle. Supposant la tige lm parfaitement verticale, m est la projection horizontale du point l ; menant de ce point l une

UN PEU DE PERSPECTIVE ET DE GÉOMÉTRIE. 85

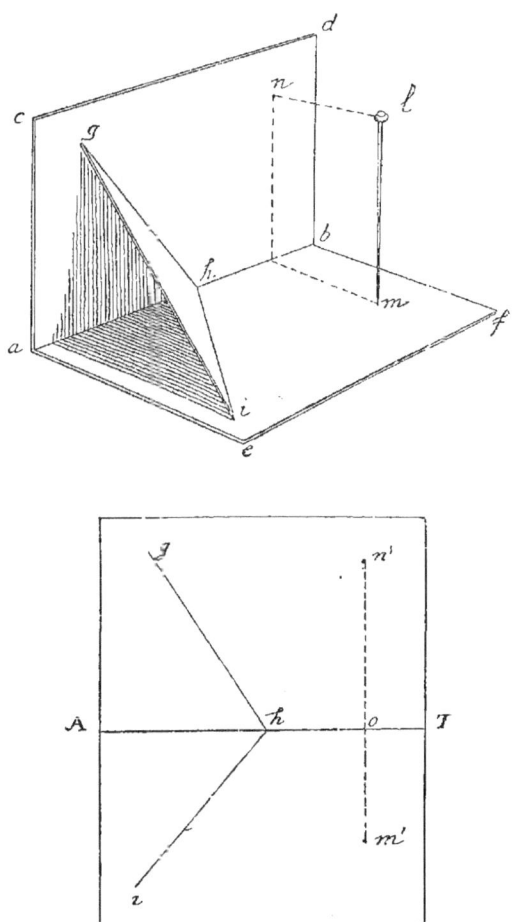

Fig. 37. — Géométrie perspective. (Premier exemple.)

ligne horizontale ln, parallèle par conséquent au plan horizontal et perpendiculaire au plan vertical, nous piquons un autre point n dans ce plan vertical, point qui est la projection verticale du point *l*. » Puis, déployant de nouveau le carton, il montrait que les deux points *m'* et *n'* se trouvaient naturellement sur une perpendiculaire à la ligne de terre AT.

Alors il ajoutait : « Je sais ainsi la position exacte du point *l* ou de la tête d'épingle dans l'espace. Je sais qu'elle est à la distance *o m'* du plan vertical et à la distance *o n'* du plan horizontal. »

M. Majorin montra à petit Jean comment on peut faire passer un plan par un point : « Soit, dit-il (fig. 38), la ligne de terre T, et sur plan vertical, la trace *a b* d'un plan, soit en *o* et *o'* la projection verticale et horizontale d'un point dans l'espace; il s'agit de faire passer le plan *a b* par ce point et de donner la trace de ce plan sur le plan horizontal. Nous tirons du point *o*, projection verticale du point dans l'espace, une ligne horizontale jusqu'à sa rencontre avec la trace *a b* en *o''*; du point *o''*, nous abaissons une verticale qui rencontrera la ligne de terre *o'''*; nous réunissons le point *o'''* au point *o'*, projection horizontale du point dans l'espace; nous avons ainsi fait passer par ce point dans l'espace un plan vertical dont la trace horizontale sera *o' o'''*.

« Dès lors, nous possédons la trace horizontale du plan *a b* qui doit passer par le point dans l'espace, car cette trace sera parallèle à la ligne *o' o'''*; nous l'indiquons en *a c*. »

M. Majorin, au moyen de ses cartons, n'eut pas de peine à faire comprendre à petit Jean l'opération (voir en A) consistant à faire passer un plan vertical auxiliaire par les deux projections verticale et horizontale *o'' o'''*, *o''' o'*, lequel plan vertical doit nécessairement rencontrer le plan *a b* suivant la projection verticale *o o''*, et donner la trace horizontale *a c* parallèle à la trace *o''' o'*. Le point *p* étant sur la ligne de rencontre *o'' e* des deux plans, il est dans le plan *a G c*; donc ce plan passe par ce point.

Dire que ces démonstrations étaient absolument compri-

UN PEU DE PERSPECTIVE ET DE GÉOMÉTRIE. 87

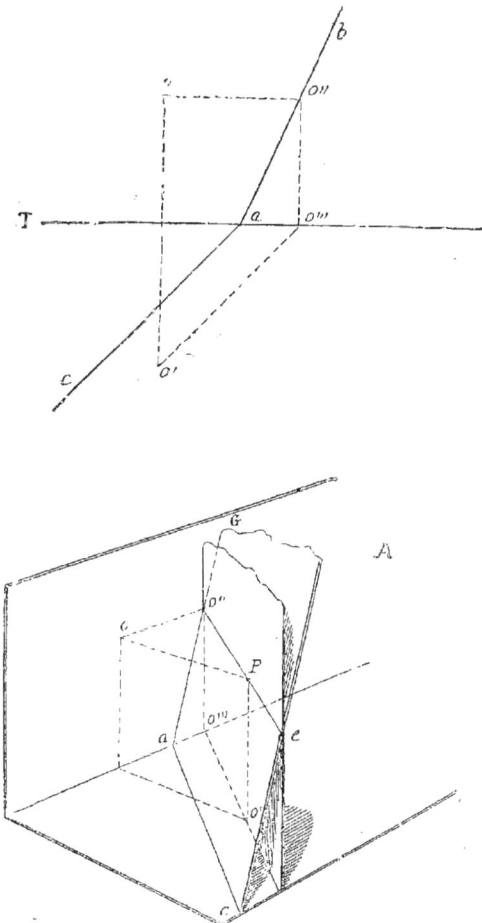

Fig. 58. — Géométrie perspective. (Deuxième exemple.)

ses par petit Jean, ce serait s'avancer beaucoup, et M. Majorin ne se faisait pas d'illusions à cet égard ; mais sa méthode consistait évidemment à faire entrevoir à son élève l'étendue du champ qu'il avait à parcourir, quitte à revenir sur ses pas, à combler les lacunes au moyen d'observations journalières, à saisir toutes les occasions de montrer les applications diverses d'un problème résolu. Peu à peu, l'intelligence de petit Jean se familiarisait avec la connaissance des intersections de plans, avec les procédés perspectifs. Il arrivait que M. Majorin lui posait une question et le laissait chercher, tout en le mettant sur la voie de la solution. Un soir, traçant un cercle, il lui demanda de le mettre en perspective :

« Tu sais, ajouta-t-il, qu'un cercle s'inscrit dans un carré; tu peux mettre un carré en perspective, donc cherche.... »

Petit Jean tâtonna beaucoup, se donna beaucoup de mal, compliqua les figures, mais n'arrivait pas. M. Majorin vint à son aide (fig. 39).

« Tu as mis le carré, inscrivant le cercle, en perspective, tu as reconnu que ce cercle touche en quatre points les côtés du carré, tu as donc en perspective quatre des points du cercle qui sont les points $abcd$. Cela ne suffit pas pour le figurer.... Eh bien, trace les diagonales du carré, tu auras encore quatre points du cercle qui sont les points $efgh$; ces diagonales sont en perspective si tu réunis les points $nopq$. Bon! Allons! t'y voilà. »

En effet, petit Jean traça les deux lignes $ik, lm,$ qu'il tira au point de vue V, et leur rencontre avec les diagonales lui donna en perspective les quatre autres points du cercle; M. Majorin lui démontra par le tracé X qu'on pouvait encore avoir d'autres de ces points, autant qu'il était besoin, de manière à tracer exactement le cercle en perspective, puis, élevant une verticale sur le centre du cercle en perspective, M. Majorin tira du point S fixé au-dessus de l'horizon sur cette ligne une parallèle à l'horizon, une ligne au point de vue, et élevant d'autres vertica-

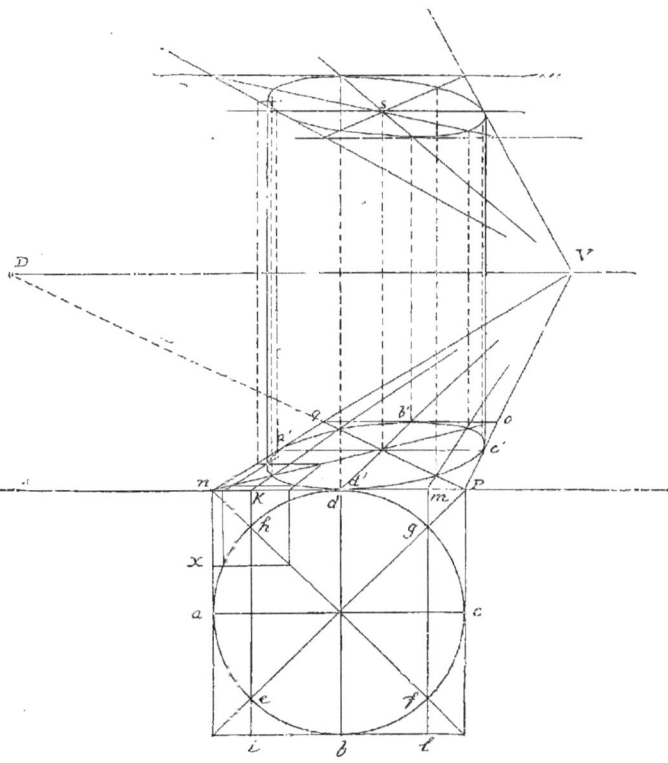

Fig. 39. — Perspective. (Neuvième exemple.)

les des points *d′*, *b′*, *a′*, *c′*, leur rencontre avec les lignes tirées du point S, soit horizontale, soit en point de vue, lui permit de délimiter un autre carré en perspective sur un plan horizontal à la hauteur du point S. Dans ce carré en perspective, il traça les deux diagonales, éleva des verticales des points de rencontre du cercle inférieur avec les diagonales du premier carré, ce qui lui donna, dans le carré supérieur, les points par lesquels devait passer le deuxième cercle ; cela fait, il le traça.

« Ainsi avons-nous mis, dit M. Majorin quand l'opération fut achevée, un cylindre en perspective.

« Qu'avons-nous fait ? Nous avons fait passer des plans verticaux autour de l'axe du cylindre, ainsi que te le fait connaître la figure 40, comme des feuillets d'un livre, et nous

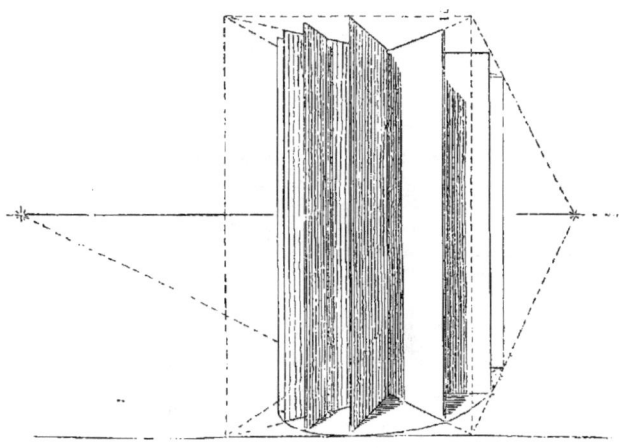

Fig. 40. — Perspective. (Dixième exemple.)

n'avons plus qu'à faire passer des cercles touchant les angles inférieurs et supérieurs des feuillets pour déterminer le cylindre. »

Les soirées d'hiver se passèrent ainsi pour petit Jean à se fortifier dans l'étude des éléments de la géométrie, de la géométrie descriptive et de la perspective. Pour ne le point fatiguer, ces leçons étaient entremêlées de séances pendant lesquelles le maître faisait copier à petit Jean des objets, des solides, des pièces de machine, de petites fabriques de carton disposés de toutes sortes de façons, de manière que l'élève les eût tantôt au-dessous de son horizon, tantôt au-

UN PEU DE PERSPECTIVE ET DE GÉOMÉTRIE. 91

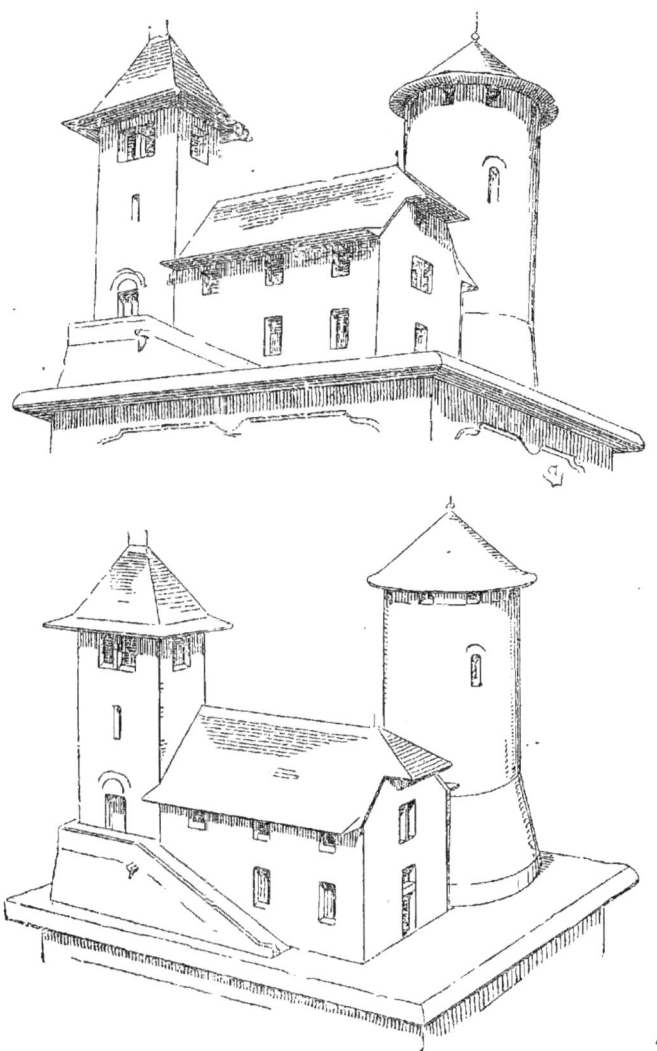

Fig. 41. — Groupe de constructions vu sous deux points de vue différents.

dessus (fig. 41). M Majorin ne manquait pas de rectifier les erreurs de perspective, en ayant soin d'expliquer en quoi l'élève avait failli. Ce fut une occasion de s'occuper des points accidentels toujours placés sur l'horizon, plus ou moins distants du point de vue et vers lesquels convergent les lignes parallèles, mais qui ne sont pas perpendiculaires au tableau.

Ces leçons ne se passaient guère sans que M. Majorin trouvât l'occasion d'expliquer à son élève quelques phénomènes curieux touchant l'optique, la lumière et les ombres, afin de tenir sans cesse son intelligence en éveil et de l'habituer à observer.

C'est dans un de ces entretiens qu'il lui fit voir comment les rapports de dimension des étages d'une tour, par exemple, peuvent être entièrement modifiés suivant la position du spectateur (fig. 42).

« Tu constates facilement, dit-il à ce propos, que cette tour est composée d'étages dont les hauteurs sont fort différentes.

« Cependant, si tu es placé en **A** et que tu examines cette tour, ses étages viennent se peindre dans ton œil, lequel n'est qu'un point, centre d'une sphère dont je trace en B C un segment; admets que ce segment soit divisé en parties égales *a b*, *b c*, *c d*, etc., ces étages si différents de hauteur se peindront dans ton œil comme s'ils étaient égaux, les divisions *a b*, *b c*, *c d*, etc., étant égales entre elles. Le raisonnement te fait comprendre cependant que ces étages ne sont pas égaux, mais le raisonnement cause ici une illusion, car si tu copies fidèlement cette tour, elle n'aura que la hauteur de la ligne *f a* développée, et son apparence perspective sera celle qu'indique le tracé T. Plus tu t'éloigneras et plus les étages reprendront leurs dimensions relatives, plus tu te rapprocheras du pied de la tour, plus il les perdront, ainsi que le démontre la position A' du spectateur; si bien que pour ce spectateur étant posté en A', la tour se peindra dans ton œil, ainsi que l'indique le tracé T'.

UN PEU DE GÉOMÉTRIE ET DE PERSPECTIVE. 93

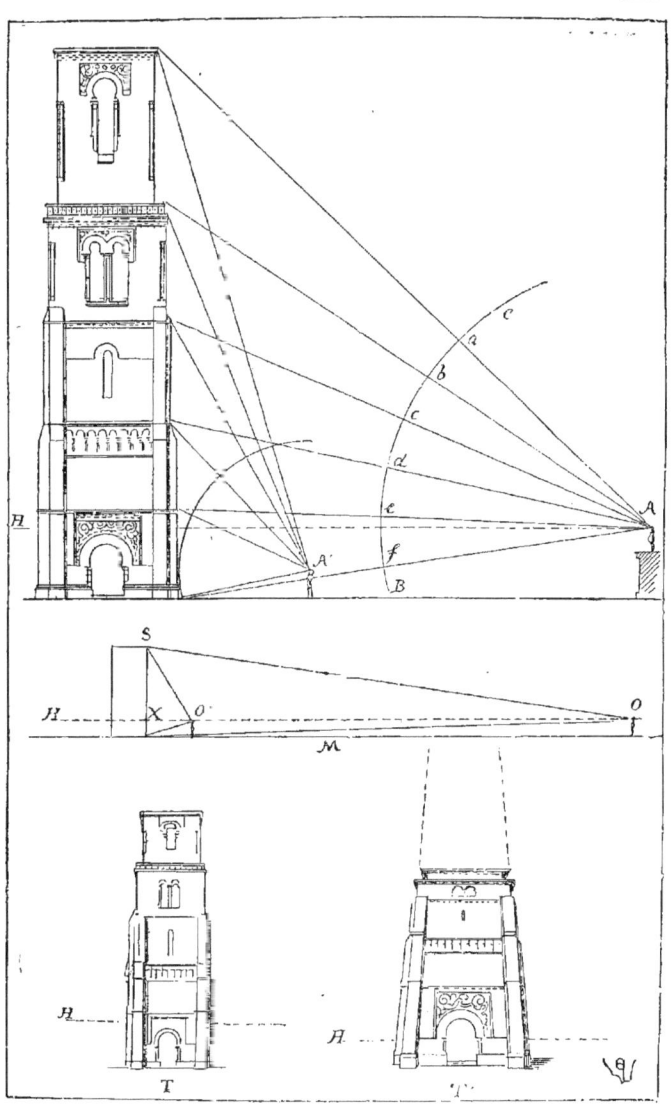

Fig. 42. — Déformations perspectives.

« Mais mieux encore, si tu es à une grande distance d'une tour en O, bien que le point S, sommet (voir en M), soit plus éloigné de ton œil que le point X, et que par conséquent le côté supérieur doive te paraître plus petit que le côté à la hauteur de l'horizon, on n'en tient guère compte dans le tracé perspectif et on trace les deux lignes d'angle de la tour parallèles; mais si tu t'approches en O', il y aura entre le rayon visuel O'X et le rayon visuel O'S une différence de longueur relativement beaucoup plus grande ; dès lors, les deux lignes parallèles, piédroits de la tour, fuiront vers un point de vue aérien, et la tour te paraîtra ainsi (voir en T'). Aussi la photographie, qui ne se fait pas d'illusions, présente-t-elle ces déformations lorsque l'objectif est à une faible distance de la base d'un édifice. Les lignes verticales tendent vers un point, ne sont plus parallèles, car on est obligé, pour obtenir l'épreuve, d'incliner cet objectif, comme tu es obligé, lorsque tu es au pied d'un monument, de lever les yeux et de ne plus viser l'horizon; tu vas chercher cet horizon, ou plutôt le point de fuite, dans le ciel. »

Et ainsi, M. Majorin dévoilait chaque jour de nouveaux phénomènes de vision à petit Jean.

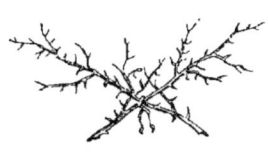

CHAPITRE VIII

OU PETIT JEAN COMMENCE A VOIR.

Quand, aux premiers jours du printemps, on put faire quelques promenades, il sembla à petit Jean qu'il voyait un monde nouveau.

Si l'intelligence enfantine est dirigée vers l'observation, il se fait chez elle comme une sorte d'éclosion alors que la nature se réveille aux rayons du soleil printanier. L'enfant entrevoit des splendeurs qui le charment; il ne sait pas, mais il éprouve comme un désir infini de pénétrer les secrets de cette nature qui lui montre chaque jour de nouveaux trésors.

Les bourgeons qui crèvent leur enveloppe visqueuse, les fleurs qui percent le tapis de feuilles mortes, les oisillons qui gazouillent affairés autour des nids, ces milliers d'insectes qui fourmillent dans les herbages font naître dans le cerveau de l'enfant des idées fécondes, si on sait les diriger. M. Majorin n'était pas sans s'apercevoir que petit Jean regardait toute chose avec une attention nouvelle; il se félicitait, à part lui, de voir son élève profiter ainsi des leçons données pendant les soirées d'hiver, et comptait bien développer ces dispositions; mais, suivant son habitude, il aimait laisser à son élève une certaine initiative, et, plutôt que de provoquer ses observations, il préférait étendre celles que lui-même avait ébauchées.

Un matin que petit Jean restait au logis, M. Majorin, faisant un tour de jardin, aperçut son élève très attentivement occupé à considérer quelque chose au milieu d'un massif d'arbustes. S'approchant sans bruit, il vit que petit Jean, son carnet à la main, copiait des bourgeons déjà déve-

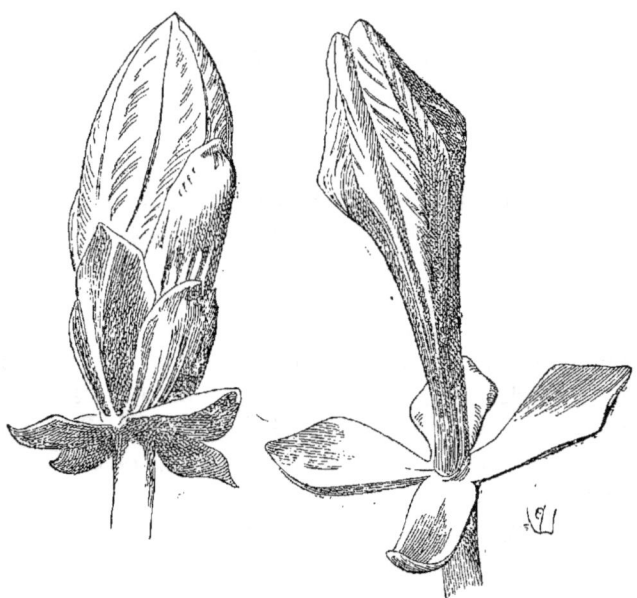

Fig. 43. — Bourgeons de marronnier.

loppés de marronnier d'Inde (fig. 43). Tout incorrects qu'étaient les croquis de l'enfant, le maître éprouva un vif sentiment de joie en constatant ainsi le fruit de ses leçons. Petit Jean était si fort occupé de son dessin qu'il demeura quelques minutes sans s'apercevoir de la présence de M. Majorin. Dès qu'il le vit, il rougit comme s'il eût été pris en faute.

« Bien, très bien, petit, dit M. Majorin en caressant la tête blonde de petit Jean; n'est-ce pas que c'est beau, tout cela ? Comme ces folioles ont fait effort pour écarter les enveloppes gommées qui les préservaient du froid, comme elles s'échappent vigoureuses et promettent de se développer librement. Vois ce bourgeon, il a jeté bas les écailles brunes et gluantes qui l'enveloppaient; il ne reste plus que les quatre stipules de la base, lesquelles vont tomber bientôt aussi, ayant rempli leur tâche.... Tiens, voici un de ces bourgeons qui s'est émancipé, déjà les pétioles se sont disjoints; seules, les extrémités des groupes de jeunes feuilles sont encore réunies par la liqueur visqueuse qui les entourait (fig. 44). Bon, voici là un bourgeon plus pressé d'éclore; vois, les feuilles se sont séparées, les stipules sont encore attachés à la base cependant; puis ne voilà-t-il pas la fleur qui se dépêche aussi d'apparaître en boutons ! (fig. 45).

« Dans quelques jours, si le beau temps continue, tout cela se sera développé, les feuilles auront pris leur grande allure, et les grappes de fleurs, encore endormies aujourd'hui, se dresseront fièrement entre leurs pédoncules.

« Mais il ne faut pas s'en tenir à l'observation de ces grands personnages, il y a dans les petites plantes qui percent les détritus laissés par l'hiver des sujets qui méritent toute notre attention. Moins puissants, moins robustes que les grands végétaux, il leur faut plus d'énergie pour se développer. Regarde ces pieds de violettes (fig. 46); vois comme ces feuilles, enroulées d'abord en manière de cornets afin de permettre à leurs limbes si tendres de passer à travers les obstacles (fig. 47), sont heureuses de s'épanouir

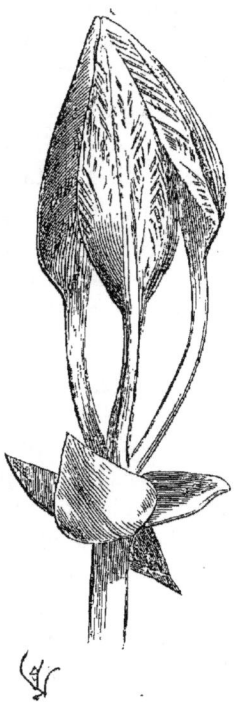

Fig. 44. — Bourgeon de marronnier d'Inde, ouvert.

aux rayons du soleil, lorsqu'elles ont accompli leur première tâche. Mais passons plus avant dans le fourré. Il y avait là, l'an dernier, quelques pieds de fougère; de leurs racines doivent s'élever de nouvelles pousses.

« En effet, en voici une. Elle a rejeté autour d'elle les feuilles mortes qui lui servaient de couverture; si le pied de violettes a roulé ses feuilles en cornets pour se faire jour au milieu des obstacles, la fougère, d'un tempérament plus robuste, a fermé les poings et forcé le passage. N'est-ce pas charmant (fig. 48), et y a-t-il quelque part un plus joli bijou ? Ce bourgeon d'un vert gris qui développe ses

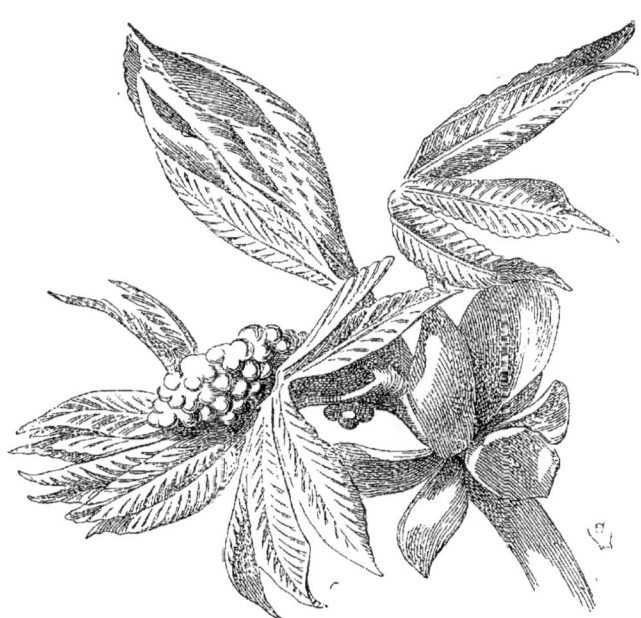

Fig. 43. — Bourgeon de marronnier d'Inde épanoui

feuilles enroulées sur elles-mêmes, cotonneuses encore, n'est-il pas un ornement des plus gracieux ?

« Tu as de quoi dessiner dans ce coin de jardin, et il faut te dépêcher, car les modèles ne t'attendront pas. La nature n'est pas comme les gens qui font faire leur portrait : elle ne pose pas, elle a d'autre besogne sur les bras. Cependant, elle voudra bien te donner le temps de déjeuner ; tu reviendras tout à l'heure, dame Orphise nous appelle. »

Il est des jours, dans l'existence des enfants aussi bien que dans celle des hommes, où il se fait comme une révélation, où s'accomplit un progrès brusque.

Ce qu'on avait emmagasiné confusément dans le cerveau pendant un long temps, les matériaux dont on ne pouvait se servir, faute de pouvoir les assembler, se coordonnent

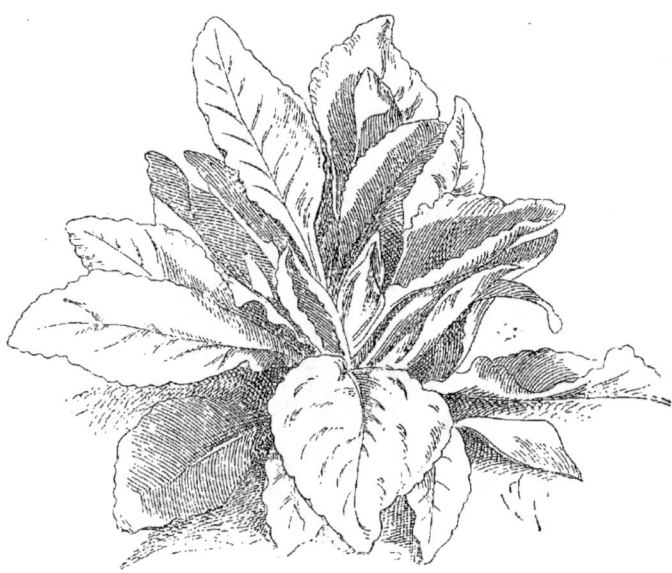

Fig. 46. — Pied de violettes.

comme par enchantement. Notre petit Jean était arrivé à un de ces moments psychologiques.

Pendant le déjeuner, il mettait, par la pensée, les assiettes et les carafes en perspective. A travers les vitres, il regardait le paysage et le calquait avec un crayon imaginaire. Sur la nappe, à l'aide d'une allumette, il cherchait les contours du chat qui ronronnait sur un coussin (fig. 46).

M. Majorin n'était pas sans s'apercevoir de la préoccupation de petit Jean, il voulut éprouver son élève :

« Dis-moi, petit, je crois qu'il y a plus de quinze jours que tu n'es allé voir ta mère et les tiens; il fait beau, j'ai une course à faire du côté de Villeneuve-Saint-Georges; veux-tu que nous allions jusque chez le père Loupeau?

— Mais.... oui, bon ami.

— Eh! tu n'as pas l'air bien empressé.

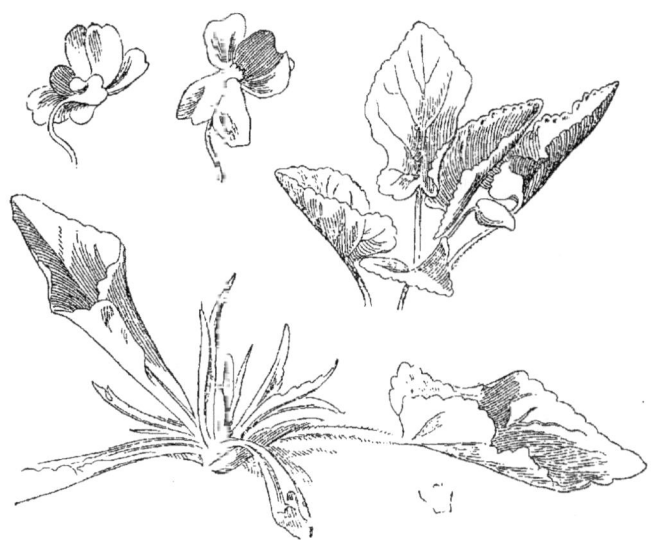

Fig. 47. — Pied de violettes : feuilles et fleurs.

— Si! bon ami.

— Mais non, mais non!... Le temps est charmant cependant, nous dînerons à Villeneuve et nous reviendrons à la nuit; est-ce que cela ne te plaît point?

— Oh! si fait, bon ami!

— Allons, tu dis cela sans le moindre enthousiasme. Avais-tu quelque projet en tête, quelque partie avec des camarades de l'école? Dis-le franchement.

— Dame, bon ami, j'aurais bien voulu rester à la maison... pour dessiner... ces plantes que nous avons vues tout à l'heure.

— A merveille! tu as raison, c'est bien dit : reste donc; je ferai ma course tout seul et reviendrai pour dîner.... Dame Orphise, veuillez dire qu'on selle la Grise, je sortirai seul. »

Et là-dessus, M. Majorin embrassa petit Jean et monta à sa chambre.

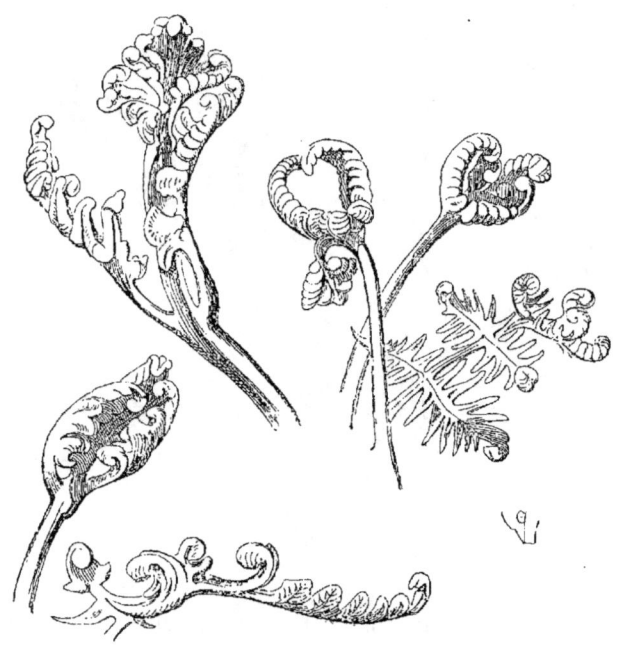

Fig. 48. — Bourgeons de fougère.

Petit Jean, il faut l'avouer, avait le cœur un peu gros : manquer une jolie promenade, ne pas voir sa mère, ses frères et sœurs, tout cela pour passer le temps à dessiner des bouts de plantes, lui semblait, toute réflexion faite, un peu dur, et il fut le point d'aller trouver son bon ami pour lui déclarer qu'il changeait d'avis. Mais il se souvint que M. Majorin lui avait dit un jour : « Quand on a fait une sottise, il ne faut jamais avoir honte de le reconnaître ; c'est le seul moyen de la réparer ; quand on a fait son devoir, ce que la raison ou la conscience commande, c'est une sottise de s'en repentir, même s'il n'en résulte que dommage pour soi. »

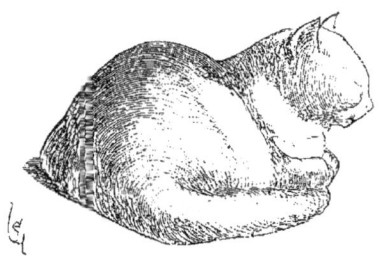

Fig. 49. — Minet.

Petit Jean rentra donc son chagrin, prit son album et s'en alla tout droit au fond du jardin sans tourner la tête ; involontairement deux ou trois grosses larmes tombèrent sur son papier quand il se fut assis devant quelques-unes des plantes qu'il voulait dessiner.

« Allons ! se dit M. Majorin en voyant de sa fenêtre l'enfant se diriger vers les bosquets, le petit a quelque chose là ; c'est bon ! »

Et, descendant dans la cour, il enfourcha la Grise.

A mesure que petit Jean avançait dans son travail de copie de plantes, il éprouvait comme un sentiment de contentement inconnu. Ces modèles lui semblaient d'autant plus précieux qu'il venait de leur sacrifier un grand plaisir.

« Petites plantes, se disait-il vaguement, je vous aime bien, puisque pour rester avec vous je ne vais pas me promener avec bon ami, ni voir père, mère, frères et sœurs.

« Petites plantes, il faut vous laisser copier, m'aider à faire de jolis dessins que bon ami verra avec plaisir. »

Et alors, si quelques-unes de ces éclosions brusques, printanières, faisaient tressaillir les tigettes des herbacées, il semblait à petit Jean que ces plantes lui répondaient. Puis apparaissait sur les limbes veloutés quelque brillant coléoptère aux longues antennes mobiles ; il s'arrêtait un instant comme pour se chauffer au soleil et, ouvrant ses élytres, il prenait son vol.

Petit Jean essayait aussi de dessiner ces bestioles, mais cela était trop difficile ; elles posaient si mal et étaient si petites !

Les graves personnages qui s'occupent de l'éducation des enfants leur fournissent de petits livres faits pour eux, mis à la portée de leur intelligence, ornés de charmantes vignettes ; ils ne leur épargnent ni l'enseignement de la saine morale, ni les éléments des connaissances les plus utiles. Une matinée de printemps imprime parfois dans ces jeunes cerveaux un enseignement bien autrement fructueux.

Mettre l'enfant en face de la nature en soulevant seulement un coin du voile qui couvre ses mystères, c'est encore le meilleur moyen de développer son intelligence et de lui donner le désir d'apprendre.

Quand petit Jean devint un homme, le souvenir de cette journée ne s'effaça jamais de sa mémoire, et il disait : « C'est de ce jour que j'ai commencé à aimer la nature, et depuis lors mon amour pour elle n'a fait que s'accroître ; qui sait ? peut-être que, si j'avais été me promener avec M. Majorin, j'eusse perdu cette occasion. Se serait-elle présentée de nouveau ? Mystères de l'intelligence humaine ! »

Quand M. Majorin rentra à l'usine à la brune, petit Jean était encore en contemplation devant des pieds de gouët. Il lui semblait que cette journée n'eût duré qu'une heure.

Pendant le dîner, petit Jean fut silencieux, bien que sa physionomie exprimât le contentement.

« Ainsi donc, dit M. Majorin, au dessert, tu as dessiné tout le jour dans le jardin.... Nous allons voir cela tout à l'heure. Es-tu content de ce que tu as fait ?

— Oh ! pas trop, bon ami, c'est bien difficile.... et puis,

il fallait me mettre par terre pour voir de près toutes ces plantes.... Vous me direz leur nom, n'est-ce pas ?

— Oui, certes ; tu en as examiné beaucoup ?

— Oui, beaucoup ; des toutes petites, toutes petites, parmi les feuilles mortes, et qui se donnaient bien de la peine pour pousser ; je les débarrassais tout doucement de ce qui les gênait.

— Et elles t'ont remercié ? »

Petit Jean rougit un peu et ne répondit pas ; il n'osait avouer, même à son ami, ses impressions de la matinée, il lui semblait que c'eût été une profanation.

M. Majorin crut comprendre, n'insista pas et demanda à voir les croquis.

Tout cela était bien imparfait ; mais il y avait des observations fines et passablement rendues, une intention d'analyse qui n'échappa pas au maître.

Évidemment l'enfant avait regardé avec le désir de se rendre compte et de comprendre.

M. Majorin, sur ces croquis, expliquait les développements successifs de ces végétaux quand, par la fenêtre ouverte, entra une chauve-souris qui se mit à voleter autour de la lampe. Un coup de serviette l'abattit sur la table, et M. Majorin emprisonna le petit mammifère sous un verre à boire. « Voilà, dit-il, une bonne occasion d'étudier un animal des plus intéressants. » Petit Jean pensait, à part lui, que ce petit tas noir, difforme, sursautant gauchement, sous ce verre à boire, était fort laid, répugnant, et il ne l'aurait pas volontiers touché du bout du doigt.

M. Majorin alla chercher un flacon contenant du chloroforme, il imbiba un bout de mouchoir du liquide, le passa sous le verre, et, après quelques secondes, la chauve-souris demeura immobile, affaissée ; elle était morte. Alors, pendant qu'elle était encore chaude, le maître l'étendit sur une planchette en fixant ses membranes avec de grosses épingles.

Le petit tas noir, qui n'avait que sept centimètres de long environ, ainsi déployé, mesurait trente-quatre centimètres d'envergure.

« Tu as assez travaillé tout le jour, dit M. Majorin à petit Jean ; nous irons faire un tour de jardin, et demain soir seulement nous nous occuperons de la chauve-souris. »

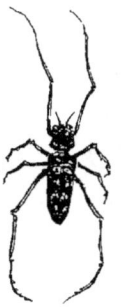

CHAPITRE IX

UNE LEÇON D'ANATOMIE COMPARÉE.

Quand, après le dîner, les deux amis furent assis devant la table de travail, M. Majorin, prenant un volume joliment cartonné et le donnant à petit Jean, lui dit : « Tiens, voici un livre pour toi, ce sera le commencement de ta bibliothèque. C'est *la Plante,* de M. Ed. Grimard ; tu trouveras expliqués là dedans bien des mystères entrevus par toi hier. Ainsi une journée bien employée est productive toujours, ne l'oublie pas ; sans compter ce que tes propres observations ont pu t'enseigner, le travail que tu as fait me fournit l'occasion de te donner un ouvrage qui ne peut manquer de t'amuser en t'instruisant.

« Tu liras cela tout doucement et, quand un passage te semblera obscur, tu me demanderas de te l'expliquer.

« Maintenant, revenons à notre chauve-souris d'hier soir. Cet animal, qui inspire généralement le dégoût, — et tu reconnaîtras tout à l'heure que c'est là un préjugé des plus ridicules, — non seulement n'est pas nuisible, mais est utile, en ce qu'il mange des insectes fort incommodes, comme les cousins par exemple.

« C'est un mammifère, ce qui veut dire qu'il ne pond pas des œufs comme les oiseaux. Il met bas des petits qu'il allaite, et tu vas voir s'il n'a pas avec l'homme d'autres points de ressemblance.

« Approche toi donc ! Ne prends pas cet air dégoûté; laisse ces airs-là aux demoiselles qui se trouvent mal si une chauve-souris entre dans leur chambre.

« De la tête, je ne te dirai pas qu'elle ressemble à celle d'un homme, mais nous y reviendrons. Examinons d'abord les membres (fig. 50). Suppose que la membrane qui réunit

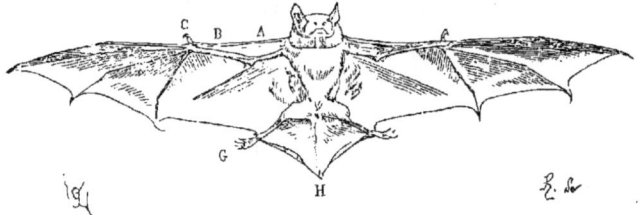

Fig. 50. — Chauve-souris.

ces membres n'existe pas, tu vois que l'animal a des bras et des jambes. Ces bras s'emmanchent aux épaules, comme ceux des hommes, à des omoplates triangulaires et sont composés chacun d'un os qu'on appelle l'*humérus* A, puis de deux os appelés l'un *cubitus* et l'autre *radius* B. Tâte ton avant-bras, tu sentiras ces deux os qui te permettent de tourner la main.

« Mais la main de la chauve-souris est à elle seule plus longue que le bras tout entier; sauf un petit pouce C, les autres doigts sont démesurément longs.

« Ces pouces sont munis à leurs extrémités d'ongles très forts et crochus qui permettent à l'animal de se suspendre aux parois des murs ou aux troncs des vieux arbres.

« Les deux jambes sont relativement courtes, mais elles sont composées, comme les tiennes, chacune d'un os, le *fémur* (la cuisse), qui s'attache au bassin, et de deux os appelés *tibia* et *péroné*, au bout desquels est le pied. Tu vois en G les petits pieds de l'animal munis également d'ongles crochus très déliés. La colonne vertébrale (l'épine du dos) se prolonge en manière de queue en H comme chez tous les mammifères (car l'homme lui-même n'en est pas dépourvu : c'est ce qu'on appelle le *coccyx*; seulement, ce petit bout de queue de l'homme est caché sous la peau).

« Tâte un peu la poitrine de l'animal, sens comme elle est bombée; ce sont ces muscles puissants, ces *pectoraux* qui permettent à la chauve-souris de faire manœuvrer ses bras et ses énormes doigts réunis par une membrane qui s'attache également au col, aux jambes, à la queue.

« Si la chauve-souris tombe à terre, elle ne peut plus s'envoler, parce que ses jambes n'ont pas assez de force pour lui donner un premier élan qui lui permettrait de prendre de l'air. Aussi s'accroche-t-elle à quelque mur ou à quelque branche avec ses deux pouces ou avec ses pieds, et elle reste là tant que dure le jour; puis, quand vient le soir, elle se laisse tomber, ouvre les bras : la membrane se déploie, forme parachute, et alors, faisant manœuvrer ses membres antérieurs, elle traverse l'air avec rapidité, sans qu'on entende les battements de ses membranes, car tu observeras qu'elles sont veloutées; vois quelle charmante étoffe et combien il est agréable d'avoir un si bon manteau ample et souple, fourré près du corps, pour s'envelopper quand on ne bouge pas, et disposé de façon à se déployer pour franchir l'espace avec la vitesse d'une flèche.

« Maintenant examinons (fig. 51) ces bras et cette tête de la chauve-souris. Tu vois que du col A la membrane va s'attacher à la base du pouce de la main B, exactement

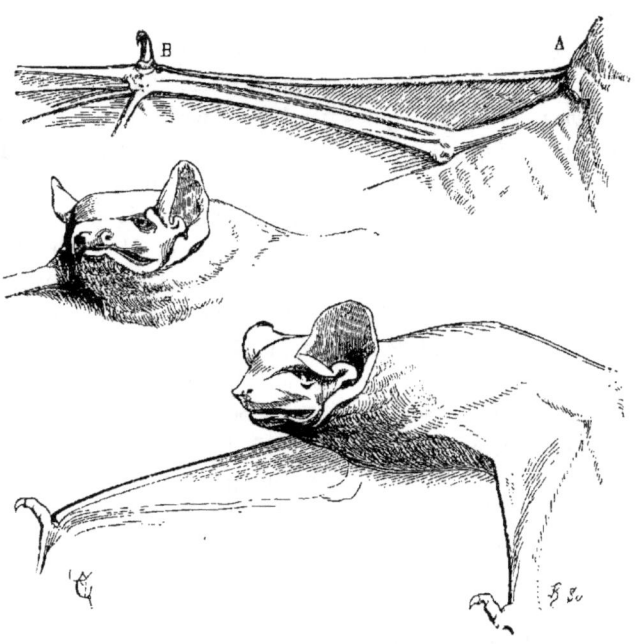

Fig. 51. — Détails de la chauve-souris.

comme serait un manteau posé sur tes épaules et que tu tendrais avec les mains en ouvrant les bras. Ce manteau est collé au dos de l'animal, à ses jambes et à sa queue qui lui sert de gouvernail! Il n'est guère d'animal mieux pourvu, et c'est bien à tort qu'on n'éprouve pour lui que de l'aversion.

« Sa tête n'est pas moins intéressante à observer.

« Ses larges oreilles, dont les membranes viennent s'attacher sous la mâchoire, sont merveilleusement disposées pour percevoir le plus léger bruit et, de plus, garantissent les yeux latéralement, ce qui permet à la chauve-souris de viser une proie sans être distraite par les lueurs obliques. Aussi l'œil de la chauve-souris perçoit-il facilement dans une demi-obscurité les moindres insectes qui, le soir, prennent leurs ébats, et, grâce à la rapidité de son vol, elle les gobe au passage : car tu vois qu'elle est pourvue d'une large bouche munie de bonnes dents incisives et molaires, comme toi et moi.

« La chauve-souris n'a donc rien d'un oiseau ; c'est un mammifère qui allaite ses petits ; elle a des dents et non un bec ; elle possède des mains dont les doigts sont munis de phalanges et d'ongles ; elle ne saurait marcher ou sauter comme les oiseaux, et si, par malheur, il lui arrive de tomber à rase terre, c'est avec des peines infinies qu'en rampant péniblement, elle va chercher un mur, une roche ou un tronc d'arbre, pour trouver sous elle une couche d'air assez épaisse qui lui permette d'étendre ses membranes et de voler.

« Des humains ont parfois essayé de fabriquer des appareils qui leur permissent de voler ; ces fous (car on ne peut guère leur donner un autre nom) auraient dû d'abord observer la chauve-souris, qui est, de tous les animaux volants, celui qui se rapproche le plus de l'homme. Or, une chauve-souris de nos contrées, dont le corps mesure de la tête au bas des reins six centimètres de longueur, a une envergure de trente-quatre à trente-cinq centimètres. Donc, cette envergure est près de six fois la longueur du corps de la bête. Le corps d'un homme, de la tête au coccyx, étant d'un mètre environ, l'envergure de ses membranes devrait être de six mètres, et pour faire manœuvrer un semblable appareil, nos faibles pectoraux ne pourraient suffire, sans compter qu'au bout de nos bras, il faudrait ajouter quatre doigts d'un mètre cinquante centimètres à deux mètres de longueur.

« Quoi qu'il en soit, tu vois qu'il est bon d'examiner toute œuvre de la création de près, et qu'il n'y a aucune bonne raison pour considérer la chauve-souris comme un animal méprisable, repoussant ou répugnant. Cette petite bête est parfaitement pourvue et est plutôt faite pour exciter notre admiration que notre mépris.

« Mais voici qui est plus étrange, » et M. Majorin alla chercher dans ses cartons le dessin (fig. 52).

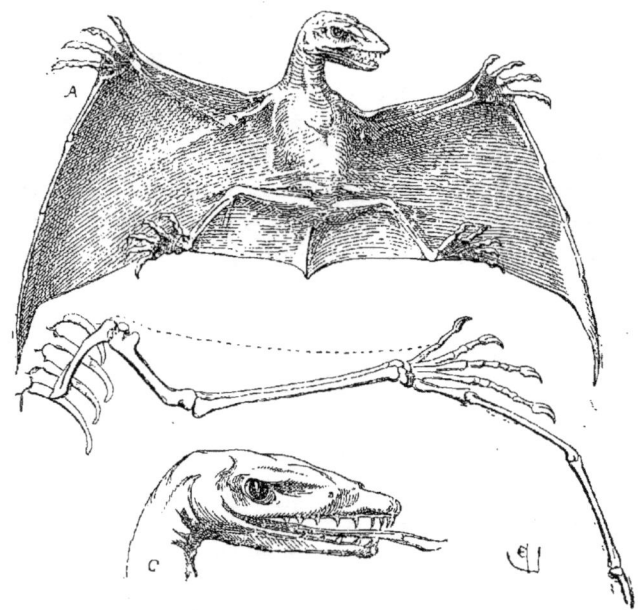

Fig. 52. — Ptérodactyle.

« Cet animal n'existe plus sur la surface du globe terrestre; mais il y a vécu bien avant l'apparition de l'homme, et on trouve son squelette dans les roches d'où on extrait la pierre lithographique. On lui a donné le nom de *ptérodactyle*, ce qui signifie à peu près : *doigts ailés*. Cet animal était une façon de lézard volant ou voletant (car il ne pouvait certainement pas fournir une longue course en l'air) à l'aide de ses membranes; ce n'est pas une chauve-souris, ce n'est pas un mammifère, mais un reptile, ce qu'indique assez la forme de sa tête et sa denture qui est celle appartenant aux sauriens.

« Cet étrange animal qui, d'ailleurs, n'était guère plus gros qu'un lézard de forte taille, possède comme nous des bras, jambes, mains, pieds; seulement, le petit doigt de la main s'allonge démesurément, ainsi que tu le vois ici en A, et sert d'attache à la membrane qui, d'autre part, couvrait les épaules, joignait les talons et le bout de la queue. En B est représenté ce bras squelette, grandeur naturelle, et en C la tête du *ptérodactyle* avec ses muscles restaurés.

« Le *ptérodactyle* n'était pas velu comme la chauve-souris, mais couvert d'une peau plissée. C'était, au total, une assez laide bête qui devait se nourrir d'insectes qu'elle happait en voletant; d'ailleurs les griffes aiguës et spatulées des quatre doigts de la main et des cinq doigts du pied, lui permettaient de s'accrocher aux parois des roches et de ramper sur leur surface verticale, tout comme les lézards, mais certainement avec moins de grâce et de vivacité. Cependant la forme et la dimension des os du bassin permettent de supposer que le *ptérodactyle* pouvait s'asseoir sur son séant.

« Tu me demanderas peut-être où je veux en venir avec ces explications à propos d'animaux bizarres? Simplement à ceci: c'est que la nature, elle aussi, a cherché, essayé toutes sortes de formes. Elle y met le temps, car rien ne la presse; mais ayant adopté un principe, elle tente d'en tirer toutes sortes de conséquences. Ainsi, prenons ta main, par exemple. Eh bien, avant d'arriver à construire la main de l'homme, cet outil merveilleux, que de tentatives n'a-t-elle pas faites! Les grands sauriens des époques primitives que l'on trouve dans les lias, terrains déposés des milliers de siècles avant l'apparition de l'homme, ces grands sauriens ressemblent plus ou moins au lézard ou au crocodile. Vivant dans l'eau, ils ont, à la place de bras et de jambes, des nageoires en façon d'avirons, mais ces membres n'en sont pas moins terminés par une réunion de cinq doigts enveloppés dans une peau. Voici le *ptérodactyle* qui a aussi ses cinq doigts; mais l'un d'eux, le dernier, s'allonge démesurément pour servir de nerf à une membrane permettant à l'animal de voler.

« Les oiseaux ont leur *humérus*, leur *cubitus* et leur *radius* et des doigts enveloppés d'une membrane qui servent à fixer les plumes principales des ailes. La chauve-souris possède un pouce qui lui tient lieu de crochet pour se suspendre, et les quatre autres doigts s'allongent énormément pour servir de nerfs articulés à une membrane.

« Voici le cheval qui marche sur un seul doigt dont le sabot est l'ongle; mais les quatre autres doigts, qui d'ailleurs lui sont inutiles, sont atrophiés et cachés sous la peau. Le bœuf, la chèvre, marchent sur deux doigts, mais les trois autres n'en existent pas moins cachés. Les félins, comme le tigre, comme le chat, essayent déjà de saisir avec quatre de leurs doigts et y parviennent, grâce à leurs ongles qui sont contractiles, c'est-à-dire qui sont mobiles; quant au pouce, il existe, mais sans que l'animal puisse l'utiliser pour prendre un objet.

« Le singe commence à se servir de la main comme nous nous en servons; le pouce, toutefois, est incomplètement opposé ou ne l'est pas du tout aux quatre autres doigts. Enfin se façonne la main humaine qui te permet de dessiner.

« Pour obtenir cette conformation supérieure, il s'agissait simplement d'allonger le pouce et de l'opposer aux autres doigts. Que de temps, que d'essais, que d'emplois divers donnés à ces cinq doigts pour en arriver là! Toutefois, on les retrouve toujours, ces cinq doigts, même quand un ou plusieurs d'entre eux ne sont point utilisés par l'animal.

« Il est assez ridicule, tu l'avoueras, qu'on ne sache pas comment est fait l'outil dont on se sert à chaque instant. L'homme doit donc savoir comment est faite sa main, non qu'il soit en son pouvoir de modifier l'instrument, mais parce que, le connaissant bien, il peut arriver qu'il en tire un meilleur parti et ne lui demande pas un service que ce membre ne pourrait rendre. »

Prenant dans ses cartons le dessin du squelette d'une

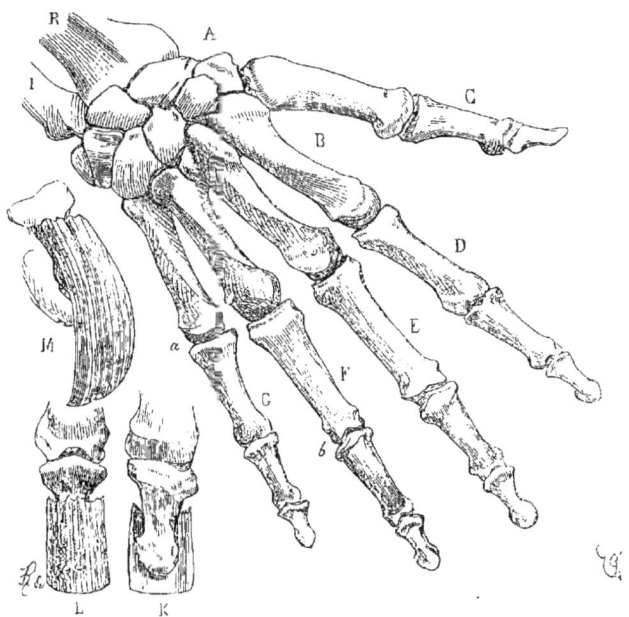

Fig. 53. — La main de l'homme, squelette.

main droite d'homme (fig. 53), M. Majorin continua ainsi : « Ceci te représente le *dos* — comme on dit vulgairement — de la main dépouillée de sa peau, de ses muscles, de ses tendons et ligaments. Il est bon d'abord que tu saches le nom des différentes parties de ce membre. Cette réunion de petits os que tu vois en A, c'est ce qu'on appelle le *carpe* (première et deuxième rangées); les os longs qui viennent à la suite B, ce sont les os du *métacarpe*. Ce sont eux qui forment le pouce et le dos de la main, tandis que les os du *carpe* composent le poignet. En C est le *pouce;* en D, l'*indicateur;* en E, le *médius;* en F, l'*annulaire,* et en G, le *petit doigt.* Chacun de ces doigts possède trois phalanges, sauf le pouce qui n'en a que deux. En R est le *radius* et en I le *cubitus,* auxquels s'adaptent les os du carpe, disposés de telle sorte que le poignet peut se mouvoir dans tous les sens, et faire sur lui-même un demi-tour complet, grâce à ces deux os R et I, qui peuvent passer l'un devant l'autre. Tu observeras que les premières phalanges ont leurs extrémités à peu près plates, *a,* très légèrement concaves, tandis que les têtes des os du métacarpe sont arrondies en demi-sphères. C'est ce qui permet aux doigts de se mouvoir en tous sens à leur base, comme tu peux l'éprouver toi-même.

« Il n'en est pas ainsi des articulations des deuxièmes phalanges avec les premières. Les articulations sont à *gouttières,* de telle sorte que si les doigts peuvent se plier dans le sens antéro-postérieur, ils ne peuvent s'infléchir à droite ou à gauche. Les dernières phalanges des doigts, dites phalanges *unguifères,* c'est-à-dire qui portent les ongles, sont terminées en manière de spatule, comme te l'indique le tracé K, qui représente le bout antérieur d'une de ces phalanges, grandeur naturelle, avec l'ongle, et le tracé L, qui donne cette même phalange, face postérieure, dont l'extrémité est cachée par cet ongle.

« Mais ces ongles sont supposés coupés comme il convient à des mains civilisées; quand l'homme laisse pousser ces appendices cornés, ils prennent la forme indiquée en M.

Tout cela n'est pas évidemment mal entendu ; mais il convient d'attacher ensemble tous ces osselets sans cependant gêner leurs mouvements.

« Il faut te dire d'abord que tous ces os sont revêtus d'une enveloppe fibreuse très fine qu'on appelle le *périoste*. Examinons maintenant comment ces os de la main sont joints de telle sorte cependant que tous leurs mouvements soient parfaitement libres (fig. 54)

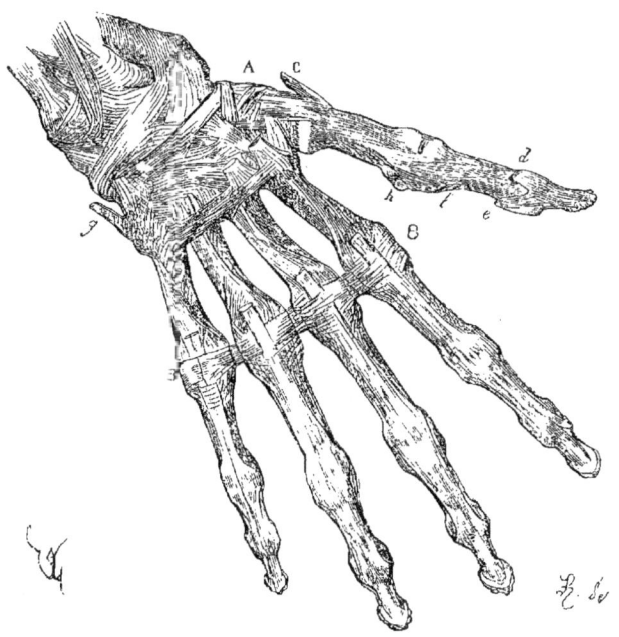

Fig. 54. — La main de l'homme, ligaments et tendons.

« Il s'agit toujours du *dos* de la main (face postérieure). C'est à l'aide de ligaments fins, soyeux, nacrés, qui s'enchevêtrent, se croisent, passent les uns sur les autres, que les os du carpe sont maintenus, réunis en A entre eux et aux *radius* et *cubitus*.

« Les os du métacarpe et des phalanges sont de même réunis par des ligaments latéraux et par ce qu'on appelle le ligament *métacarpien-traverse*, en B ; de plus, des tendons *extenseurs* suivent longitudinalement le dos des doigts, et d'autres tendons dits *fléchisseurs* suivent de même, longitudinalement, la partie antérieure des doigts. Ces tendons sont bridés par le *métacarpien-traverse*. Ils sont figurés coupés après les jointures du *métacarpe* avec les premières phalanges, pour laisser voir les ligaments du *carpe :* car ils viennent passer sur ces ligaments et sont retenus au poignet par un véritable bracelet ligamenteux. Ces tendons postérieurs (ceux que tu vois ici) sont dits *extenseurs*, parce qu'ils servent à ouvrir et à allonger les doigts, tandis que ceux antérieurs, c'est-à-dire placés en dedans des doigts, sont dits *fléchisseurs*, parce qu'ils servent à fermer les doigts. En C, tu vois le tendon (coupé) du *long abducteur* du pouce. Tu peux le sentir sous la peau. Ce tendon joue un rôle important. C'est lui qui donne au pouce ces mouvements d'ouverture très prononcés, au moyen desquels la main humaine peut saisir de très gros objets. Quant au tendon *extenseur* du pouce, il est coupé en *d*, comme son tendon *fléchisseur* est coupé en *e* pour laisser voir les ligaments latéraux d'articulation des deux phalanges en *f*. En *g* est ce qu'on appelle l'*os crochu*, lequel est un petit os pris par les ligaments, mais non articulé, et qui sert à donner plus de force à ces ligaments au poignet, à la base de l'os *métacarpien* du petit doigt. Cet os est d'un grand secours lorsqu'il s'agit de soulever un lourd fardeau.

« De même y a-t-il de petits osselets supplémentaires sous l'articulation du pouce en *h* ; ces osselets sont appelés *os sésamoïdes*, parce qu'ils ressemblent à une graine de sésame. Ils servent également de points d'appui supplémentaires au tendon *fléchisseur* antérieur du pouce. Tu n'es pas sans t'apercevoir que le pouce, tout court qu'il est, a une puissance de préhension considérable. Eh bien, ces os *sésamoïdes* font l'office d'un *sous-tendeur* pour donner plus de force au *tendon fléchisseur*; aussi sont-ils plus développés chez les personnes qui se livrent à des travaux de force et n'existent-ils pas chez les enfants ni parfois chez les femmes. Ils se forment, avec l'âge et l'exercice, sous les tendons. Je te ferai grâce des noms de tous ces ligaments, tu apprendras cela plus tard. Ce que je tenais à te faire connaître d'une façon sommaire, c'est comment est faite la main dont tu te sers, et combien il a fallu de temps à la nature pour perfectionner cet outil, puisque tant d'animaux ont déjà leurs cinq doigts et qu'il n'y a que l'homme qui puisse les utiliser complètement. »

Pendant cette leçon, qui intéressait vivement petit Jean, il regardait et tâtait sa main pour tâcher de retrouver et les os et les tendons ; mais cette main n'était pas encore assez formée pour qu'il pût sentir tout cela.

Il n'en était pas de même de la main de M. Majorin, longue, sèche et robuste ; aussi le maître, reprenant la leçon, fit tâter facilement à son élève et les os et les tendons qu'il venait de décrire sur des dessins, fidèlement copiés. Et la grande main de M. Majorin s'ouvrait, se fermait, s'étendait si bien, qu'à la lumière de la lampe apparaissait tout le mécanisme de l'outil.

« Mais, hasarda petit Jean, qui fait mouvoir tout cela ?...

— Ah, petit, tu n'es pas dégoûté ! reprit M. Majorin ; tu veux savoir qui fait mouvoir tout cela ? tu veux savoir où est le moteur ? Le moteur, mon ami, c'est ta tête, ton cerveau. Ta tête est remplie d'une substance blanche et grise qui s'étend tout le long de la colonne vertébrale ; de cette substance partent des milliers de fils, comme des fils télégraphiques, qu'on appelle des nerfs, et ces nerfs sont chargés de transmettre ta volonté à tes membres, lesquels sont garnis de muscles, de tendons contractiles, c'est-à-dire ayant la propriété de s'allonger et de se retirer comme le feraient des fibres de caoutchouc, et ces braves muscles avec leurs tendons obéissent instantanément à l'ordre que leur transmet ton cerveau, à l'aide de tous ces nerfs. Et encore ces nerfs, qui ont la faculté d'être impressionnés par l'attouchement, par le froid, par le chaud, par l'ouïe, par la vue, transmettent à ton cerveau l'impression qu'ils reçoivent. Ainsi, tu mets la main sur un fer chaud, les nerfs envoient une dépêche à ton cerveau pour lui faire savoir que ça brûle, et ton cerveau renvoie une dépêche pour dire aux nerfs de commander aux muscles de la main de faire une prompte retraite. C'est un service télégraphique bien fait, puisqu'il ne se passe pas un centième de seconde entre l'impression reçue par le nerf et l'exécution de l'ordre donné par ton cerveau de se retirer ou de parer un coup. Bien mieux, tous ces services télégraphiques sont solidaires. Ton œil voit une balle arriver sur toi, il transmet à ton cerveau le fait, lequel cerveau transmet aux nerfs de ton bras et de ta main l'ordre de faire agir les muscles de telle sorte que cette main se porte devant la balle, de la repousser en avant à droite ou à gauche, de la saisir; ce qu'elle fait sans hésiter.

« Ton oreille entend une voix qui te dit : « En avant ! marche ! » Elle fait savoir la nouvelle à ton cerveau, qui, sans tarder, envoie aux nerfs de tes jambes l'ordre de faire agir tes muscles qui te permettent de marcher. Et cela n'est pas particulier à l'homme : les animaux ont, tout comme nous, leur système nerveux et leur centre nerveux qui reçoit les impressions et transmet les ordres aux membres.

« Cependant, les choses sont arrangées de telle façon que si nous sommes les maîtres de mouvoir nos membres comme bon nous semble, nous ne sommes pas les maîtres de faire battre ou d'empêcher de battre notre cœur, d'arrêter ou d'activer la circulation du sang, de digérer nos aliments ou de ne pas les digérer. Cela se fait malgré nous, sans que nous ayons à nous en occuper, pendant la veille comme pendant le sommeil. Mais il est temps d'aller se mettre au lit, petit Jean. »

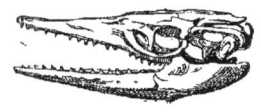

CHAPITRE X

DEUXIÈME LEÇON D'ANATOMIE COMPARÉE.

M. Majorin ne s'en tenait pas à ces explications orales et à ces exhibitions de modèles ou de dessins. Il fallait que petit Jean prît des notes, les mît au net et joignît des croquis à ces notes qui étaient corrigées par le maître.

Petit Jean ne se souvenait pas des termes techniques, il fallait les lui rappeler et les faire inscrire en regard des croquis.

Aussi M. Majorin laissait-il entre ces leçons bien remplies un intervalle assez long pour que son élève eût le temps de les digérer et de se les assimiler.

On y revenait pendant plusieurs jours, et les occasions ne manquaient pas.

A table, petit Jean examinait attentivement les os de poulet ou de lapin, depuis que lui avait été donnée la première leçon d'anatomie comparée, et M. Majorin profitait des observations de son élève pour recommencer ou étendre ses explications. Quand le maître put supposer, aux observations faites par petit Jean, que la leçon précédente était suffisamment comprise, il essaya d'aller plus avant.

M. Majorin possédait d'excellentes études anatomiques faites sur la nature ; il commença donc sa deuxième leçon en mettant sous les yeux de petit Jean un dessin de grande dimension représentant un squelette humain de profil

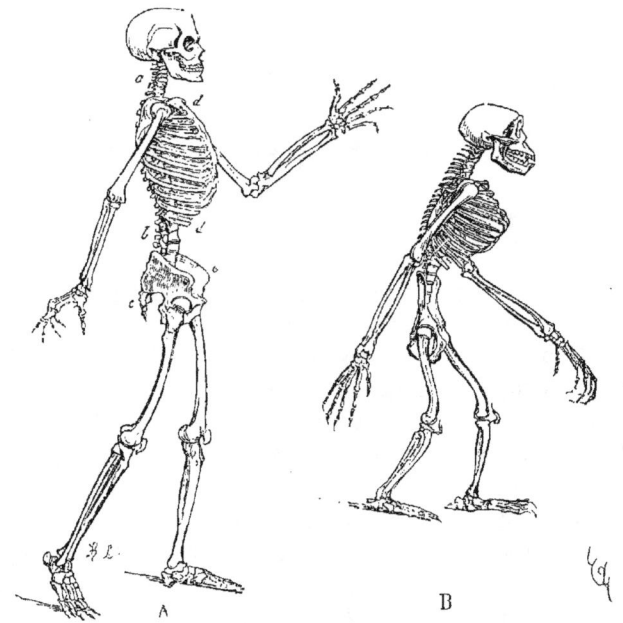

Fig. 55. — Squelette d'homme, squelette de chimpanzé.

(fig. 55) en **A**, et, en regard, une copie d'un squelette de chimpanzé, en **B**.

« Examine attentivement, lui dit-il, ces deux individus ; tous deux ont le même nombre d'os, et la différence entre l'homme et le chimpanzé, qui est un singe, consiste seulement dans la forme et la dimension de ces os. Tu remarqueras que la colonne vertébrale du chimpanzé est tracée suivant une seule courbure, tandis que celle de l'homme a la forme d'un S ; que les bras du chimpanzé sont si longs qu'il risquerait, en montant un escalier, de marcher sur ses mains ; que les jambes de cet animal sont courtes et que leurs os sont courbés de manière à ce que ces jambes ne puissent suivre une ligne droite. Bien que le chimpanzé se tienne habituellement debout, il a encore conservé la tradition des bêtes qui marchent à quatre pattes; l'attitude debout est un progrès qui n'a point encore atteint tout son développement. Le pouce de la main est court et ne lui sert pas à grand'chose, n'étant que très-imparfaitement opposé aux autres doigts.

« Les os du bassin sont peu développés de l'avant à l'arrière ; le crâne est relativement petit, fuyant, et la mâchoire énorme.

« Chez l'homme, la station debout est devenue habituelle, les bras sont proportionnés, la tête est forte et le crâne puissant.

« Mais il faut te dire le nom des os principaux qui composent le squelette humain. Ne nous occupons pas de la tête, à laquelle nous reviendrons tout à l'heure. En *a* sont les *vertèbres cervicales ;* en *b*, les cinq *vertèbres lombaires ;* en *c*, le *sacrum* ou coccyx ; de *d* en *d*, les douze côtes ; en *e*, les os du *bassin* ou des *îles*.

« Voyons le torse de ce personnage de face, en **A** (fig. 56), et de dos, en **B**. En *a* sont les *clavicules*, fort utiles pour permettre d'ouvrir les bras ; en *b*, le *sternum*, épais cartilage auquel viennent se souder les côtes, sauf les deux dernières, appelées les *fausses côtes ;* en *c*, l'*os des îles* ou *bassin ;* en *d*, l'*humérus ;* en *e*, le *radius ;* en *f*, le *cubitus ;* en *g*, les *omoplates ;* en *h*, la première rangée des os

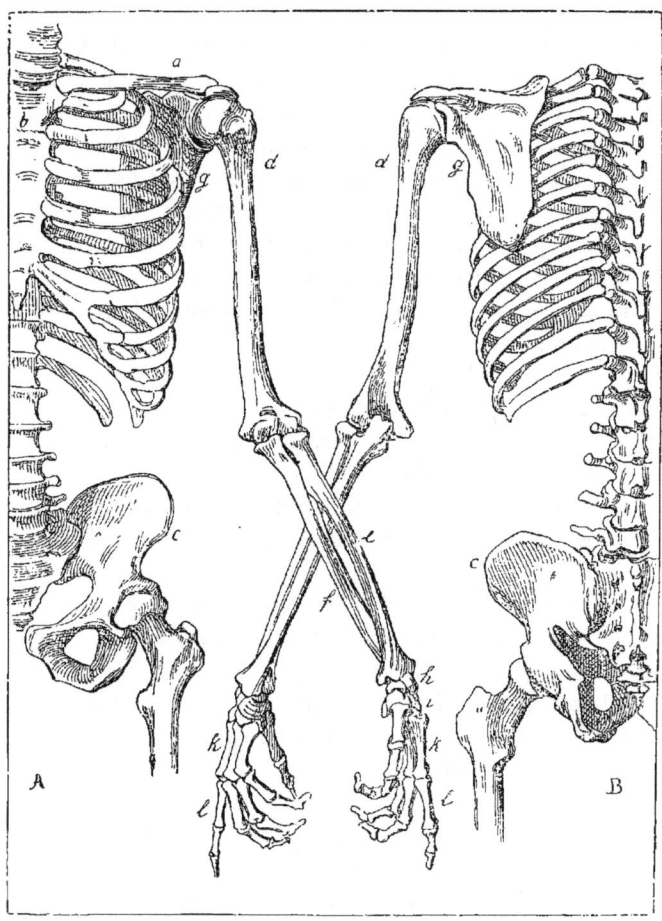

Fig. 56. — Squelette d'homme : partie antérieure et postérieure.

du *carpe*; en *i*, la deuxième rangée; en *k*, les os du *métacarpe*; et en *l*, les *phalanges*.

« Continuons par l'examen des jambes (fig. 57). Celle A est présentée du côté antérieur, c'est-à-dire de face, et

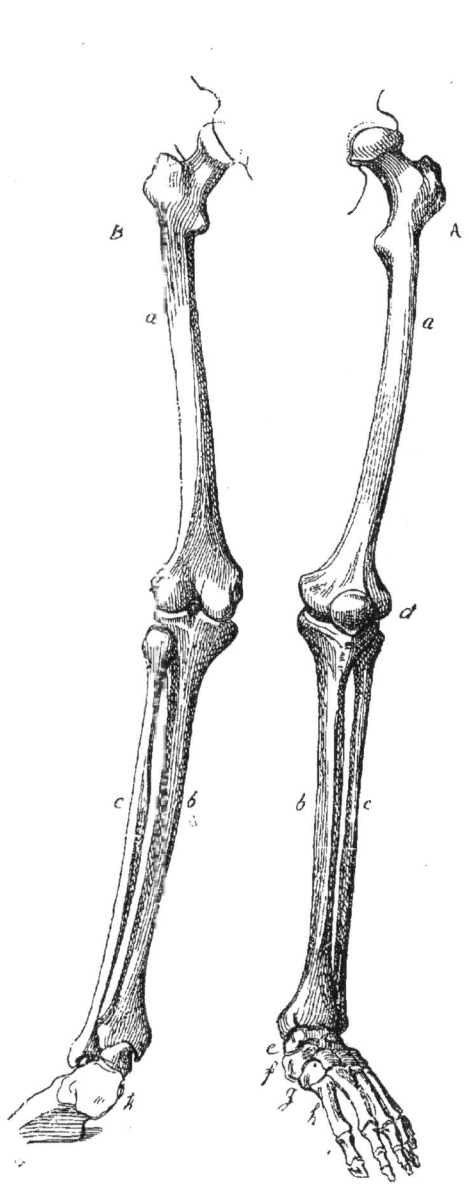

Fig. 37. — Os de la jambe de l'homme.

celle B du côté postérieur, c'est-à-dire du côté des talons. Le grand os *a* est le *fémur* ; *b*, le *tibia* ; *c*, le *péroné* ; *d*, la *rotule*, petit os en forme de lentille qui est détaché et est fort nécessaire pour permettre le mouvement du genou quand on veut marcher et surtout monter ; *e*, l'*astragale* ; *f*, l'os *scaphoïde* ; *g*, les os *cunéiformes* ; *h*, les os du *métatarse* ; *i*, les *phalanges* ; *k*, le *calcanéum* ou l'os du talon.

« Sauf la tête, tu sais à peu près maintenant de quoi se compose ta charpente ; car c'est une véritable charpente destinée à recevoir les muscles qui permettent de faire marcher la mécanique et les nerfs chargés, comme je te l'ai dit, de transmettre les ordres partout et de te rendre compte des sensations.

« Ces dessins te font voir à peu près comment ces os sont réunis de manière à permettre les mouvements.

« Dans toutes les parties en contact, dans les articulations, ils sont garnis d'une substance blanche, douce, un peu souple et toujours graissée par un liquide qu'on appelle *synovie*, comme tu vois les mécaniciens entretenir sans cesse de l'huile sur les parties des machines qui glissent ou frottent les unes sur les autres.

« Ces articulations sont maintenues par des ligaments souples comme ceux que je t'ai montrés lorsque nous nous sommes occupés de la main, ligaments auxquels viennent s'attacher les tendons qui aboutissent aux muscles, lesquels sont comme autant de paquets de fibres pourvues de la faculté de s'étendre et de se contracter, et par conséquent de faire mouvoir la charpente dans les jointures.

« Ces muscles sont entretenus en bon état et nourris par la circulation du sang qui, divisé en milliers de canaux, va porter partout et toujours, — jusqu'à la mort s'entend, — la santé et l'activité.

« C'est également le sang qui se charge de faire grandir

tes os et tes muscles; aussi faut-il lui donner tout ce qu'il demande pour remplir son office, savoir : air, nourriture, travail et sommeil.

« Mais admire comme ces os de la jambe (fig. 57) sont bien faits pour porter. Le *fémur* s'emboîte dans une cavité de l'*os des îles*, qui lui permet le mouvement de balancier d'arrière à l'avant, nécessaire à la marche. Le *fémur* est courbé pour reporter la charge du corps sur le genou ; là le *tibia* possède une tête large, renforcée, munie de deux cavités qui reçoivent les deux parties arrondies du *fémur*, afin d'assurer la raideur de la jambe dans le sens latéral. Nos bielles de machines ne sont pas faites autrement. Le petit os appelé la *rotule* donne un levier aux muscles et empêche en même temps le genou de se plier de l'avant à l'arrière. Puis le *tibia* est droit, posé *de champ*, c'est-à-dire de façon à présenter sa résistance dans le sens du mouvement de la marche; il est renforcé par le *péroné*, sorte d'étai qui empêche la flexion dans le sens latéral. La base du *tibia*, large aussi, porte sur un os intermédiaire, l'*astragale*, qui permet le mouvement du pied, et cet os intermédiaire porte lui-même sur un os robuste, le talon ou *calcanéum*, qui sert de levier et de cale... Les os du *métatarse* sont courbés comme une voûte, afin que la jambe, portant sur le talon, trouve à distance, antérieurement, un appui, un étai. Aussi l'homme, de tous les animaux, est-il le seul qui marche debout, posé verticalement, tandis que les singes, qui se tiennent sur leurs membres inférieurs, ont plus ou moins la position que te donne la figure 55, courbés en avant et prêts au besoin à se servir de leurs longs bras pour ne point tomber sur le nez.

« Il ne faut pas être plus fiers pour cela, cependant : car cette merveilleuse machine humaine fait de lourdes sottises, quand la tête chargée de la gouverner n'est pas bien équilibrée ou n'a pas su perfectionner son cerveau par une bonne instruction et une appréciation juste des choses de ce monde.

« Si tes jambes sont bien faites pour marcher, les bras de l'homme ne sont pas moins bien combinés pour prendre. Les jambes ne se meuvent guère que dans un sens, d'avant à l'arrière, et le pied ne peut guère décrire sur le sol qu'un angle droit, à moins de tourner l'*os des îles*; il n'en est pas de même du bras, il se meut en tous sens, et la main peut faire sur elle-même un tour presque entier. C'est grâce à la disposition de la *clavicule* et de l'*omoplate* que l'*humérus* se meut en tous sens, et à la disposition du *radius* et du *cubitus* que la main peut faire ce tour sur elle-même. En effet, ces deux os, le *radius* et le *cubitus*, passent l'un de-

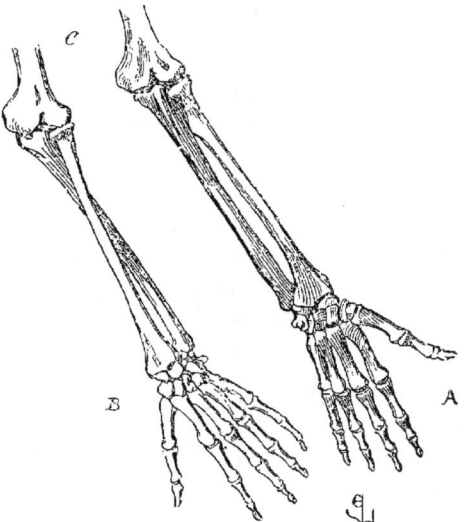

Fig. 58. — Os du bras de l'homme.

vant l'autre en pivotant dans les alvéoles de l'*humérus*, quand tu veux tourner la main, ainsi que te le montre la figure 58. — En A, la main gauche vue du côté antérieur, c'est-à-dire en dedans ; et en B, du côté postérieur, c'est-à-dire du côté du dos ; l'*humérus* C n'ayant pas d'ailleurs changé de position.

« Cette faculté et l'opposition du pouce aux quatre autres doigts constituent la main humaine.

« Quand tu auras étudié et compris ces éléments anatomiques, tu examineras avec bien plus d'intérêt et de connaissance les machines de l'usine : car l'homme, dans l'art de la mécanique, ne fait guère autre chose que d'appliquer ces éléments.

« Seulement, n'ayant ni les ligaments souples et solides qui attachent les articulations des os, ni les tendons et muscles contractiles, il remplace ces belles inventions par des boulons, des tourillons, des excentriques ; mais, au total, les organes de ses meilleures machines sont faits en conformité des principes qui permettent à sa propre machine de se mouvoir.

« En voici un exemple sensible (fig. 59) : En A, tu vois l'extrémité inférieure du *fémur*, ce qu'on appelle les *condyles*, avec l'échancrure qui les sépare et dans laquelle vient s'emboîter l'épine du *tibia a* et les surfaces articulaires concaves *b*. Les ligaments qui réunissent ces deux extrémités des os de la cuisse et de la jambe et qui s'attachent aux parties rugueuses latérales et percées de petits trous permettent aux *condyles*, faits en manière de demi-sphères, de tourner dans les deux cavités *b*. Que fait le mécanicien pour obtenir un résultat analogue ? la jointure de deux pièces à *tête de compas*, c'est-à-dire pouvant tourner dans un sens, mais étant arrêtée dans l'autre.

« Il façonne les deux pièces B et C et les réunit par un boulon central ; la tête *a'*, qui remplace l'épine du *tibia*, vient s'emboîter dans la rainure *d* ; les jouées *e* tournent sur les repos *f*, et les tiges cylindriques sont renforcées aux jointures tout comme les os.

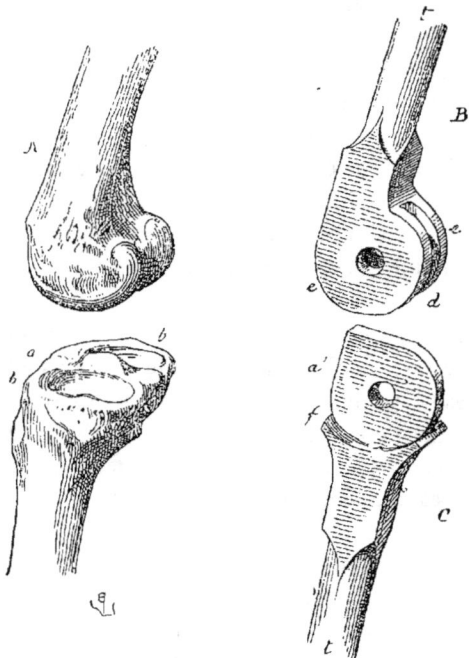

Fig. 80. — Application des jointures des os à la mécanique.

« Il y a, entre la machine animale et celles que nous fabriquons, un écart immense toutefois. Nous, nous pouvons plus ou moins bien façonner les pièces, les organes de nos machines à l'instar des os, des tendons, des muscles; mais à toutes ces pièces, il faut communiquer le mouvement par une force indépendante d'elles : un courant d'eau, d'air, la vapeur, un cheval; ce qu'on appelle une force motrice. La machine animale n'a pas besoin d'être sollicitée par une force qui lui soit indépendante, elle porte son moteur dans chacun de ses organes. Il serait fort commode de découvrir une matière ou une combinaison d'éléments qui posséderaient la faculté qu'ont les tendons et les muscles de se distendre ou de se contracter. Cela nous éviterait bien des pièces de machines fort compliquées ; mais nous n'en sommes pas là, et il faut nous contenter jusqu'à présent d'étudier le mécanisme animal pour lui emprunter tout ce que nous pouvons lui prendre, c'est-à-dire les formes appropriées à l'objet.

« Je vais te montrer, par exemple, comment on peut appliquer certaines formes animales à un mécanisme. Voici (fig. 60) la jambe de derrière d'un cerf ou d'un renne, ou

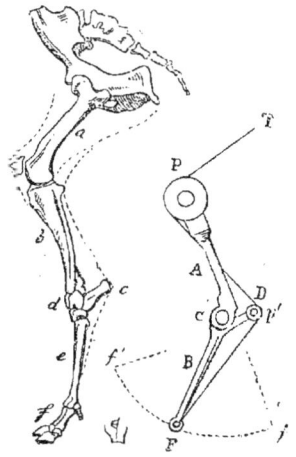

Fig. 60. — Application du jeu des muscles et tendons à la mécanique.

d'un élan, ou d'un grand cerf antédiluvien ; la disposition des os étant à peu près semblable chez ces animaux coureurs et dont les membres inférieurs sont doués d'une élasticité telle qu'elle leur permet de franchir des obstacles considérables. Le *fémur* a est court, très fort ; le *tibia* b est de même, très puissant à la tête, et son champ est large. Mais voici le *calcanéum c*, le talon, qui chez nous dépasse à peine la jointure du *tibia* et du *péroné*, et qui prend ici une saillie considérable. Puis, viennent les os, l'*astragale*, le *cuboïde*, etc., *d* ; puis les os du *métatarse e* très longs, tandis qu'ils sont si courts dans le pied humain ; puis, enfin les *phalanges f*, dont deux seulement servent à la marche.

« Pourquoi ce *calcanéum* est-il si saillant ? C'est pour donner un levier aux tendons et muscles chargés de faire mouvoir le membre.

« Suppose que nous voulions faire une pièce de machine par des procédés analogues, douée d'une faculté d'extension puissante et rapide : nous aurions en A une tige munie d'une poulie P à sa tête ; une seconde tige B avec jointure C et appendice saillant D, portant aussi une poulie à son extrémité p'. En attachant un fil en F à un point fixe, faisant passer ce fil dans les gorges des deux poulies p' et P et tirant vivement sur ce fil, en T, nous provoquerions un mouvement brusque d'extension des deux tiges, lesquelles viendraient se poser sur une ligne droite P *f*, car, tirant sur le fil à son extrémité T, nous avons raccourci la ligne brisée P p' F. Le point *f* serait-il posé en *f'*, ce que l'animal peut obtenir sans difficulté, nous aurions fait décrire à ce point *f'* brusquement, en tirant sur le fil, le quart du cercle *f' f* et produit ainsi un mouvement très rapide du point P en avant, en supposant ce point *f'* appuyé sur le sol. Pour nous, il nous faut tirer sur un fil en T, pour faire marcher notre membre mécanique. Ce sont les tendons de l'animal lui-même qui, se raccourcissant ou s'étendant à volonté, produisent l'effet obtenu par notre fil et lui permettent non seulement d'obtenir le mouvement que nous faisons faire à notre pièce de mécanique, mais de remettre le membre dans sa première position, ce que nous ne saurions faire qu'à l'aide d'un autre procédé que celui indiqué dans notre figure. Tu vois que, si le *calcanéum* nous est utile pour la marche et nous permet de courir, de danser, de sauter à la corde, bien autrement développé chez le cerf, il l'aide à franchir les fossés et tous les obstacles accumulés dans les forêts.

« Si jamais tu deviens constructeur de machines, rappelle-toi que, pour fabriquer les organes de ces machines, il n'est point inutile de posséder des connaissances anatomiques et de savoir comment les os sont faits, pourquoi ils se sont renforcés sur tel point, pourquoi ils ont adopté telle courbure.

« Il y aurait tout un traité de mécanique à faire, rien que sur la courbure qu'affectent les os. Mais, s'il faut étudier au moins les éléments de l'anatomie comparée, il faut dessiner beaucoup pour graver dans l'esprit ces formes si bien appropriées à l'objet, au service réclamé par l'animal.

« Mais nous nous sommes occupés jusqu'à présent des muscles des animaux et de l'homme, non de la tête de cet homme, laquelle mérite cependant notre examen. »

M. Majorin alla donc prendre dans une armoire une tête humaine disséquée qu'il posa sur la table, et il se mit à en décrire les diverses parties à petit Jean. Au premier moment, l'apparition de ce crâne humain, jauni, lui causa une impression peu agréable; mais bientôt les explications de M. Marjorin l'intéressèrent assez pour qu'il ne songeât plus qu'à écouter.

Cette boîte osseuse, dit M. Majorin, n'est point d'un seul morceau, mais composée au moins de sept pièces principales, sans compter les pièces accessoires et la mâchoire inférieure, et tu remarqueras comme ces pièces sont assemblées les unes avec les autres par des sutures très finement emboîtées.

« Voici les noms des pièces principales : l'os du front s'appelle *coronal*; les deux latéraux, *temporaux;* les os des pommettes; l'*os maxillaire supérieur*, le *maxillaire inférieur;* les os propres du nez; *l'occiput;* l'*os pariétal.*

« Avant de te dire quelques mots touchant la partie principale de la tête, le crâne, qui renferme le cerveau, occupons-nous d'abord d'une chose importante, de la mâchoire qui permet de mâcher et d'envoyer à l'estomac les aliments convenablement broyés. Tu sais que ton *maxillaire supérieur* et ton *maxillaire inférieur* sont garnis de dents qui sont en haut comme en bas: les *incisives*, au nombre de huit; les *canines* qui viennent ensuite, au nombre de quatre; les *petites molaires*, au nombre de huit, et les *grosses molaires*, au nombre de douze; total, trente-deux. Il t'en manque encore quatre, qui sont les dernières *grosses molaires* et qu'on appelle les dents de sagesse, parce qu'elles ne poussent guère qu'entre dix-huit et vingt-cinq ans, mais qui ne prouvent pas toujours cependant, quand on les possède, qu'on soit très sage.... Les quatre *canines* sont une dernière tradition de ces crocs terribles que possèdent les carnassiers, les loups, les hyènes, les tigres, les chiens, les chats, etc. Avec les huit dents de devant et les *canines*, on saisit la proie, on la coupe, on la déchire; puis, quand elle est ainsi préparée, on l'envoie aux *molaires* pour la broyer et la mettre en pâte, afin qu'on la puisse avaler facilement et qu'étant mélangée avec la salive, elle soit digérée. Tu as lu l'*Histoire d'une bouchée de pain*, de M. Macé; je n'ai donc pas besoin de te dire comment ces choses se passent.

« C'est à peine si, chez l'homme civilisé, les canines se distinguent des incisives; elles sont seulement un peu plus aiguës et plus fortes; mais chez les peuplades sauvages et surtout chez celles qui mangent volontiers de la viande crue et même leurs semblables, ces canines sont plus apparentes. Chez le chimpanzé, par exemple (fig. 55), ces canines sont passablement développées; de même aussi, la mâchoire présente moins de saillie, moins de force chez les races civilisées que chez les races demeurées à l'état sauvage; mais, par compensation, le crâne, la boîte qui contient la cervelle, est plus développé chez nous que chez ces sauvages.

« La mâchoire inférieure des carnassiers, surtout celle de l'homme, présente une particularité curieuse.

« Tu vois comme les tourillons sur lesquels roule l'*os maxillaire* inférieur, qu'on appelle les *condyles*, permettent à la mâchoire de s'ouvrir et de se fermer ; à côté, l'articulation *jugo-temporale*, placée au-dessous de la cavité de l'*os temporal*, est attachée par un muscle puissant logé dans cette cavité, appelée *fosse temporale*. C'est à l'aide de ce muscle que la mâchoire peut effectuer ce mouvement prolongé qui produit la trituration des aliments ; mais les *condyles*, les tourillons de la mâchoire sont assez *gais* dans leurs alvéoles pour que l'os maxillaire inférieur puisse effectuer un mouvement très prononcé à gauche et à droite, lequel permet aux *molaires* de broyer les aliments.

« Ce mouvement s'effectue chez tous les carnassiers, mais plus complètement chez l'homme ; tandis qu'au contraire chez les reptiles, par exemple, qui n'ont que des dents *coniques* et point de *molaires*, l'*os maxillaire inférieur* ne peut que produire un mouvement de charnière. Ces animaux ne sauraient broyer leurs aliments ; ils les happent, les compriment, les piquent avec leurs dents et sont obligés de les avaler après cette mastication imparfaite.

« La mâchoire humaine est donc très perfectionnée. Son crâne ne l'est pas moins. Il présente, relativement à sa taille, un volume notablement plus considérable que celui des autres carnassiers, et l'*os coronal*, au lieu de fuir et d'être déprimé à partir de l'arcade sourcilière, comme chez ces carnassiers et même chez les singes, s'élève presque verticalement. Aussi peut-on reconnaître, jusqu'à un certain point, les aptitudes intellectuelles d'un homme à l'élévation de cet *os coronal*.

« L'homme, dans le classement scientifique, n'est qu'un mammifère; mais ses facultés intellectuelles, dues à sa conformation, au volume de son cerveau, le mettent bien au-dessus de tous les animaux terrestres.

« Seul, entre tous, il possède la parole à l'aide de laquelle il communique ses pensées; seul, il est susceptible de perfectionnement, car il ne bâtit pas aujourd'hui ses maisons comme les élevaient ses premiers aïeux qui habitaient des huttes de boue ou des grottes; il accumule, à l'aide de l'écriture, toutes les connaissances amassées par les générations qui l'ont précédé. Les animaux les plus intelligents ne modifient pas leurs habitudes, à moins qu'ils ne se trouvent en contact avec l'homme et qu'ils ne soient aptes à la domesticité. Les hirondelles bâtissent aujourd'hui leurs nids, les castors élèvent leurs huttes, les lapins creusent leurs terriers, comme du temps des Pharaons.

« Il ne paraît guère que les singes, dont la conformation se rapproche le plus de celle de l'homme, comme le le gorille, comme le chimpanzé, aient modifié leurs habitudes depuis qu'on les connaît. Le cerveau humain, siège de l'intelligence, des sensations, des désirs, de la mémoire, de la prévision, est donc ce que la nature a créé, jusqu'à présent, de plus parfait; mais il faut dire qu'elle a mis bien du temps à combiner cette tête humaine qui essaye de découvrir les mystères dont elle enveloppe son perpétuel labeur.

« L'homme doit-il tirer vanité de cette supériorité et se considérer, ainsi qu'on le proclame parfois, comme le roi de la nature? Hélas! non : car, plus il développe son intelligence par l'observation des phénomènes qui se passent sous ses yeux, plus il pénètre les secrets de la nature, plus il est conduit à constater son impuissance à découvrir les lois qui président à l'ordre universel. En étendant le champ de ses connaissances, il voit les limites s'éloigner de lui. C'est pourquoi les véritables savants, c'est-à-dire ceux qui ont pénétré aussi loin que possible dans le domaine de l'observation, viennent dire : « Ce que je crois savoir est à ce que « j'ignore ce qu'un grain de sable est aux plages de la mer. »

« Mais n'est-ce pas la marque du génie humain que la conscience même de son impuissance ? Puisqu'il avoue qu'il ignore, c'est qu'il sait qu'au delà de ses connaissances bornées, il y a des mystères infinis que jamais il ne pourra pénétrer. »

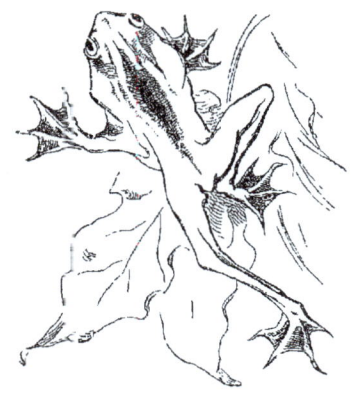

CHAPITRE XI

PROMENADES ET OPÉRATIONS SUR LE TERRAIN.

Un jeudi, dans l'après-midi, les deux amis, munis de deux doubles mètres, dont l'un était garni d'un niveau à bulle d'air et d'un fil à plomb, s'en allèrent du côté de la Bièvre ; les arbres commençaient à verdoyer, et cependant leur tendre feuillage laissait encore voir toutes les branches, rougissantes de sève nouvelle.

Pas un souffle d'air ne troublait l'herbe naissante, et la campagne semblait recueillie dans son travail printanier.

« Bon temps pour faire des opérations élémentaires, » dit M. Majorin, quand on fut sur le bord de l'eau.

« Sais-tu quelle est la largeur de la rivière sur ce point où nous sommes? poursuivit le maître.

— Non, bon ami.

— Mais, à peu près?

— Ça pourrait bien avoir six mètres.

— Veux-tu connaître exactement cette largeur, à quelques centimètres près et sans passer la rivière à gué?

— Comment cela ?

— Admets que tu es en campagne et que ce cours d'eau est trop profond pour risquer de le passer et, cependant, qu'il te faille faire une passerelle pour atteindre l'autre rive, comment t'y prendrais-tu pour connaître la largeur de la rivière sur un point donné ?

— Je ne sais pas.

— Tu vas voir que la chose n'est pas malaisée. Voici justement une petite laisse de sable, presque au niveau de l'eau. Plante un des doubles mètres tout près du bord.... là ; mais bien vertical, ce que tu peux obtenir avec ce fil à plomb. Bon ; maintenant, mesure quatre mètres en arrière et plante

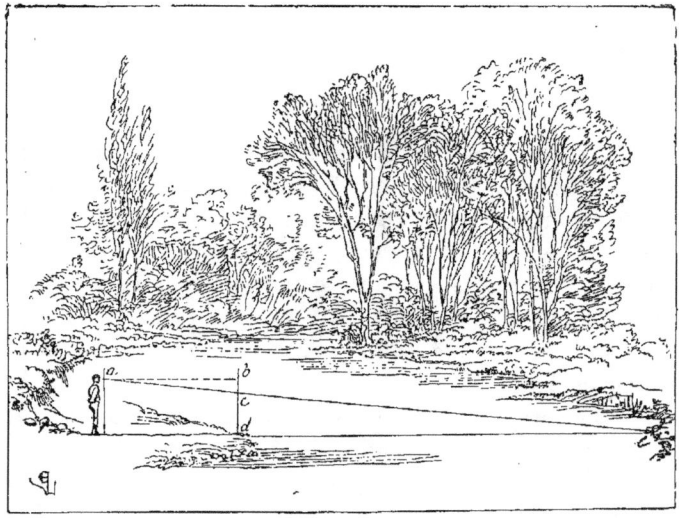

Fig. 61. — Première opération sur le terrain.

de même le deuxième double mètre qui est garni d'un niveau à coulisse (fig. 61).

« Voilà qui est bien. Fais glisser le niveau à la hauteur de ton œil et, par la mire, quand la bulle d'air va être au milieu du tube, vise l'autre mètre.... Vois-tu le point?

— Oui; il tombe à la cote $1^m,80\ b$.

— Regarde de combien ce premier double mètre est enterré.

— De $0^m,20$.

— Donc, il reste entre le sol et le point visé $1^m,60$, n'est-ce pas?

— Oui.

— Il te faut alors retourner au deuxième double mètre et, du point où est placé le niveau, viser un objet sur l'autre rive: un caillou, un piquet, n'importe, un peu au-dessus du niveau de l'eau. Vois-tu quelque chose?

— Oui, voilà une petite pierre blanche.

— Eh bien, en visant le sommet de cette petite pierre qui, en effet, est à très peu près au niveau de notre laisse de sable, où ce sommet vient-il toucher le premier double mètre?

— A la cote $1^m,50$.

— Donc, entre ton premier point b et celui-ci c, il y a $0^m,30$, et entre ce point c et le sol, il y a $1^m,30$, puisque la règle est enterrée de $0^m,20$.... c'est bien cela? Traçons sur un morceau de papier.

« Voici les deux piquets, le point a qui est à la hauteur de ton œil, la ligne $a\ b$ qui est horizontale et perpendiculaire, par conséquent, à la ligne $b\ d$ qui est verticale, et le point c, marque de la rencontre du caillou visé avec ce premier piquet $b\ d$. Donc tu as un triangle $a\ b\ c$ dont un côté $a\ b$ a deux mètres et la base $b\ c$, $0^m,30$ centimètres; puis un autre triangle $c\ d\ e$ semblable au triangle $a\ b\ c$. Tu sais que cette base $c\ d$ a $1^m,30$; donc, les triangles étant semblables, le côté $d\ e$ est à la base $c\ d$, comme le côté $a\ b$ est à la base $b\ c$. Tu n'as plus qu'à faire une règle de proportion et tu connaîtras la longueur du côté $d\ e$, largeur de la rivière —

$0^m,30$ sont à 2 mètres comme $1^m,30$ sont à $8^m,56$, je néglige les fractions. Donc, la rivière a $8^m,50$ et quelques centimètres de largeur, et tu peux établir ton pont en toute assurance. Viens faire l'opération tout seul sur un autre point. »

Petit Jean recommença, en effet, sans les avis du maître et s'en tira à son honneur; ce dont il fut très fier.

Après cette première expérience, les deux amis s'en allaient vers Frêne, quand M. Majorin avisa un poteau indicateur au croisement de trois voies.

« Eh! petit? sais-tu, dit-il, quelle est la hauteur de ce poteau? »

Petit Jean se mit à tenter de le mesurer avec son double mètre ; mais il n'arrivait pas au sommet.

« Bon, reprit M. Majorin, tu n'y arriveras pas ; mais on peut avoir cette hauteur sans essayer de la prendre avec un mètre. Suppose, d'ailleurs, que ce poteau est trois fois plus long. Tiens, tu vois là-bas, à quelque distance, une petite flaque d'eau. Mesure la distance qu'il y a entre le poteau et le milieu de cette flaque d'eau. Combien?

— Sept mètres.

— Marque le point avec une brindille de bois plantée tout doucement dans l'eau, sans la troubler.... c'est cela. Maintenant, va-t'en à reculons bien dans l'alignement que tu viens de tracer, jusqu'à ce que tu voies la tête du poteau se refléter dans l'eau, au point où est ton petit bâton. Ça y est?... Tiens-toi bien droit, voici le double mètre; mets-le devant toi, tout contre ta poitrine, trace le pied sur le sable et marque le point où arrive ton œil; quelle est la cote de hauteur?

— $1^m,25$.

— Du pied du double mètre qui est la verticale abaissée de ton œil sur le sol, combien y a-t-il jusqu'au petit piquet de la flaque d'eau?

— $1^m,75$.

— Eh bien (fig. 62), tu as maintenant la hauteur du

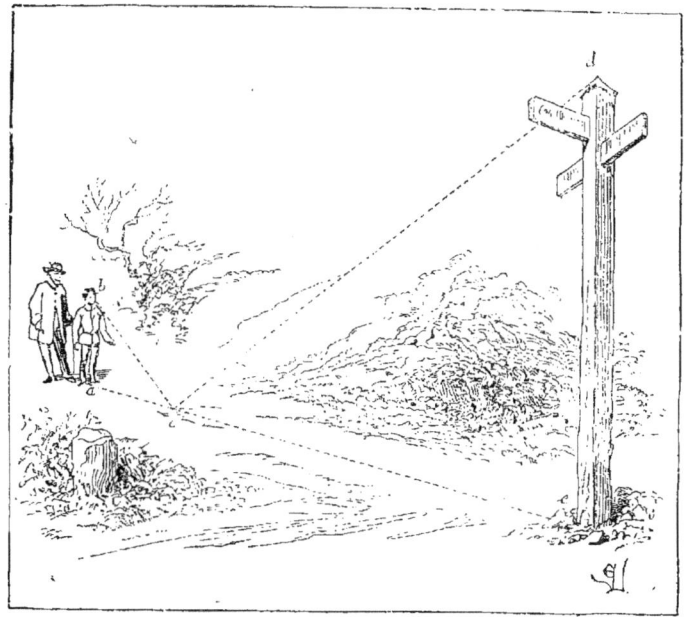

Fig. 32. — Deuxième opération sur le terrain.

poteau. La réflexion dans l'eau en c fait un angle d'incidence qui donne avec l'horizontale $a\,e$ deux angles égaux $b\,c\,a$, $d\,c\,e$; tu as la hauteur $a\,b$, la base $a\,c$, puis la base $c\,e$; les deux triangles $b\,a\,c$, $d\,e\,c$ étant semblables, la base ac est au côté $a\,b$ comme la base $e\,c$ est au côté $e\,d$.

« Or, $1^m, 75$ centimètres est à $1^m, 25$ centimètres comme sept à cinq. La distance du point c au poteau étant de sept mètres, as-tu dit, le poteau a cinq mètres de hauteur. Est-ce bien clair pour toi?

— Mais je crois que oui, bon ami.

— Alors explique-moi l'opération. »

Petit Jean ne s'en tira pas encore trop mal cette fois.

Bientôt M. Majorin avisa un vieux puits abandonné à quelque distance du chemin :

« Eh ! dit-il, le hasard nous sert bien aujourd'hui. Tu connais maintenant un des moyens de prendre la hauteur d'un poteau, d'une colonne, d'un arbre : car, à défaut d'une flaque d'eau, tu peux placer à terre un miroir ou un seau d'eau qui te donnera l'angle d'incidence voulu. Comment t'y prendrais-tu pour connaître la profondeur d'un puits, de la margelle au niveau de la nappe d'eau ? »

Après avoir réfléchi un instant, petit Jean dit :

« J'attacherais un caillou à une ficelle, je laisserais filer le caillou jusqu'à l'eau; puis, retirant la ficelle, je la mesurerais.

— Oui, c'est un moyen ; mais si tu n'as pas de ficelle et seulement les deux règles que voici, comment feras-tu ?... tu ne le sais pas ? Eh bien, voici un moyen (fig. 63). Place une de tes règles sur la margelle et, suivant le diamètre du cercle, enfonce la deuxième règle de moitié dans le puits le long de la paroi qui est verticale; maintiens cette règle et approche ton œil de son extrémité en visant le bord opposé de l'eau. Si tu ne vois pas nettement ce bord, jette un petit caillou, il se fera à la surface de l'eau des cercles qui, s'élargissant, iront mourir contre la paroi du cylindre creux en traçant une ligne brillante à la rencontre de l'eau avec cette paroi. Est-ce fait ?

— Oui.

— Eh bien, vise le point de la règle horizontale que cette ligne du bord de l'eau vient toucher; quelle cote ?

— $0^m,30$.

— Mais comme ta règle porte de $0^m,05$ sur la margelle, ce n'est que $0^m,25$, n'est-ce pas ?

— Oui.

PROMENADES ET OPÉRATIONS SUR LE TERRAIN. 147

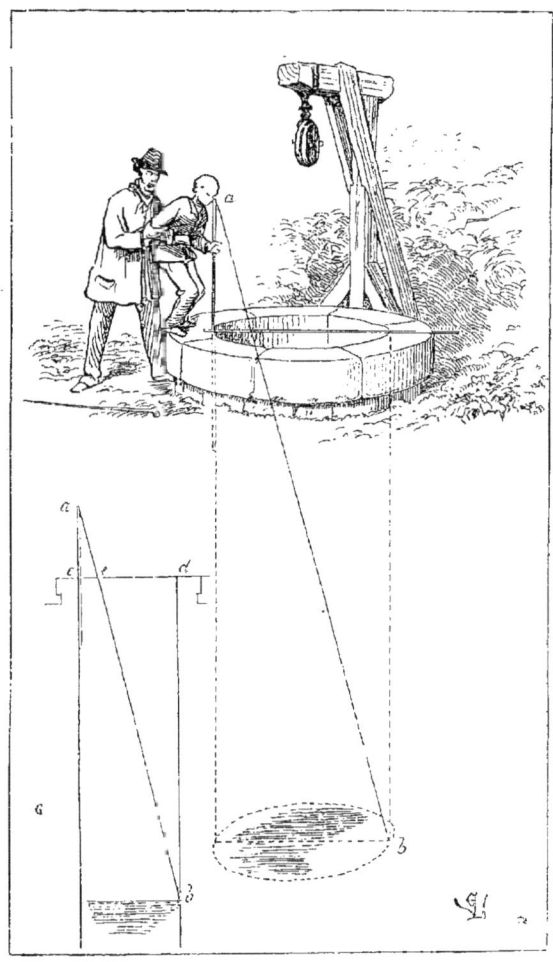

Fig. 63. — Troisième opération sur le terrain.

— L'opération est faite, et ce croquis va te l'expliquer. En b est le niveau de la nappe d'eau ; $c\,d$, le diamètre intérieur du puits qui est de $1^m,40$; $a\,c$, la règle verticale qui a un mètre, et la base $c\,e$ qui a $0^m,25$; ce qui fait que de e en d il reste $1^m,15$. Partant du même principe appliqué sur le bord de l'eau tout à l'heure, nous disons : Les deux triangles $a\,c\,e$, $b\,d\,e$ étant semblables, la base $c\,e$ est au côté $a\,c$ comme la base $d\,e$ est au côté $d\,b$; donc, puisque tu connais les longueurs $c\,e$, $a\,c$, et la longueur $e\,d$, tu as la profondeur du puits jusqu'à l'eau, laquelle profondeur est la longueur de la ligne $d\,b$, et nous disons : $0^m,25$ sont à un mètre comme $1^m,15$ sont à $4^m,60$. Donc, de la margelle au niveau de l'eau, il y a $4^m,60$. »

Tout en continuant leur promenade, les deux amis devisaient.

« Alors, dit petit Jean, quand on veut avoir la hauteur d'une montagne ou la profondeur d'un grand, grand trou, c'est comme ça qu'on fait ?

— Mon petit, ces moyens que je viens de t'indiquer là, sont tout à fait primitifs, élémentaires, et n'ont pas une précision suffisante pour permettre de grandes opérations. Pour opérer d'une manière rigoureuse, on se sert d'instruments dont je t'expliquerai l'emploi, un peu plus tard. Quant à la hauteur des montagnes, comme il est bien difficile d'avoir très rigoureusement le point sur lequel tomberait une verticale abaissée du sommet sur un plan niveau passant par le point où on opère et, par conséquent, la base du triangle qui permettrait de connaître très exactement la distance qui sépare l'opérateur de la projection horizontale de ce sommet, on n'a qu'approximativement le côté vertical de ce triangle, c'est-à-dire la hauteur de la montagne, et l'opération ne peut être d'une rigueur absolue.

« En d'autres termes (fig. 64), si tu es en a, comme je te l'indique, et que tu aies devant toi le sommet s, pour savoir très exactement la hauteur de ce sommet, par rapport au plan niveau $a\,c$ sur lequel tu es placé, il faudrait d'abord connaître très exactement la distance de ton œil à ce point c,

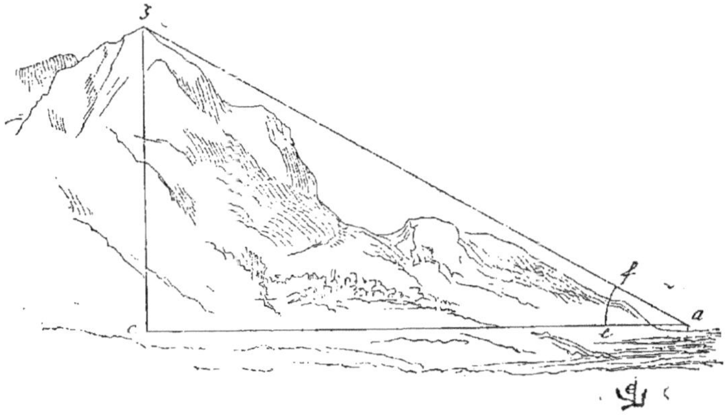

Fig. 51. — Moyen de mesurer les hauteurs.

projection horizontale du point *s*; puis, à l'aide d'un quart de cercle gradué, tu prendrais l'angle *ef*, et alors l'hypoténuse *a s* te donnerait la hauteur exacte *s c*. Mais, encore une fois, la difficulté, c'est de mesurer exactement la longueur *a c* sur un plan horizontal qui n'existe pas, puisque pour le mesurer avec des règles il faudrait percer un tunnel de niveau de *a* en *c* et un puits parfaitement vertical en *s c*.

« Pour mesurer la hauteur des montagnes, on dispose d'autres moyens plus sûrs ; on opère à l'aide du baromètre. L'air étant plus léger à mesure qu'on s'élève dans l'atmosphère, la colonne de mercure introduite dans le tube en verre, moins chargée dans son récipient, descend dans ce tube et indique ainsi, par son abaissement, la hauteur à laquelle on est arrivé. Mais il faut qu'on fasse faire, du point d'où on est parti, une observation barométrique à la même heure, car tu sais que la colonne de mercure varie sans cesse suivant que l'atmosphère exerce sur elle une pression plus ou moins forte ; réunissant les deux observations simultanées et tenant compte de la chaleur de l'air, on atteint une précision à peu près complète. Mais il faut répéter ces observations et prendre une moyenne entre toutes.

— Vous m'avez expliqué, bon ami, comment on peut faire des cartes avec des triangles quand on a mesuré une base ; mais comment fait-on pour marquer sur une carte les montagnes ?

— Toute opération topographique consiste à marquer d'abord tous les points qu'il s'agit de signaler sur un plan, comme s'ils étaient posés sur une table de niveau. Cela est donc la projection horizontale de tous ces points, quelle que soit leur altitude.

— Mais si une montagne est bien haute ?

— Ton observation me fait connaître que tu ne te rends pas bien compte de cette projection horizontale fictive et que tu n'es pas encore familiarisé avec ces questions de projections et de plans dans l'espace. Ce n'est pas un reproche que je t'adresse, il faut du temps pour que ces opérations pénètrent dans l'esprit. Mais asseyons-nous, et je vais, devant le paysage que nous avons là sous les yeux, te faire comprendre comment on procède (fig. 65). Voici, là, au point A, notre cercle gradué, dont je t'ai expliqué l'emploi. Voici, en B, l'arbre que nous avons un peu sur notre droite beaucoup au-dessus de notre point d'observation. En C est, sur notre gauche, cette petite bicoque, un peu au-dessus de notre niveau, et là, derrière nous, cette borne D plantée le long du chemin creux, au-dessous de notre niveau.

« Admets que par ce point A, qui est notre cercle gradué, passe un plan horizontal, devant nous, il pénétrera sous le coteau et, derrière nous, passera beaucoup au-dessus du chemin creux.... Tu as bien compris ?

— Oui.

— Maintenant, par les points A et B nous faisons passer un plan vertical.... je te le marque.... Il coupera l'arbre et tout le terrain compris entre lui et nous, ainsi que je trace,

PROMENADES ET OPÉRATIONS SUR LE TERRAIN. 151

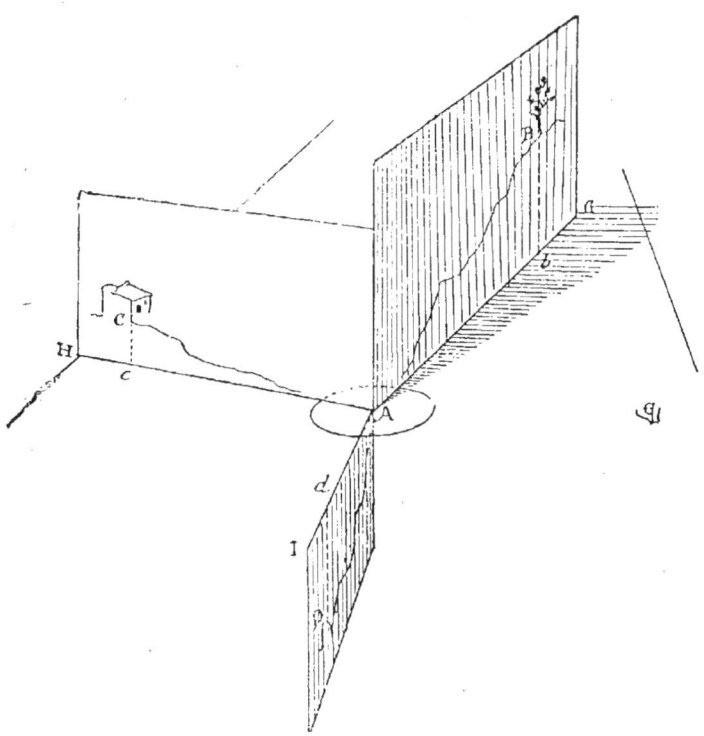

Fig. 65. — Trigonométrie.

et viendra (ce plan vertical) couper notre cercle et le plan horizontal suivant la ligne A G.

« Procédons de même à l'égard de la bicoque C; nous aurons un second plan vertical, dont la trace sur plan horizontal donnera avec le premier un angle quelconque sur notre cercle gradué. Pour la borne, faisons de même ; seulement, le plan vertical qui passera par le centre de notre cercle et ce point D sera au-dessous et non au-dessus de notre plan horizontal. Sa trace A I, sur ce plan horizontal, ne formera pas moins avec les lignes A G et A H deux an-

gles quelconques sur notre cercle gradué.... C'est compris ?
— Oui.
— Eh bien, faisons tomber les points B C D sur ce plan horizontal par des verticales, nous aurons les points $b\,c\,d$, projections horizontales de cet arbre, de cette bicoque et de cette borne exactement à leur plan, bien qu'ils soient au-dessus ou au-dessous du niveau de notre cercle. Alors, si nous voulons, sur notre carte, indiquer le niveau de chacun de ces points au-dessus d'un plan horizontal, et afin que les hommes puissent dans tous les pays lire les cartes, on convient de prendre la mer pour ce plan horizontal.

« Nous supposons une succession de plans horizontaux parallèles, par conséquent, et espacés régulièrement les uns des autres, soit de cinq, dix ou vingt mètres, ou plus. Ces plans horizontaux viennent couper les terrains, et on marque cette ligne de coupure, ce qui donne une altitude égale tout le long de cette tranche. C'est ce qu'on appelle *courbes de niveau*.

— Je n'ai pas vu ces courbes sur les cartes qu'on nous montre à l'école.

— A l'école, on vous présente des cartes faites surtout pour graver dans votre mémoire les délimitations des continents, des États, le cours des fleuves, la place des villes, la situation des chaînes ou massifs de montagnes, le parcours des grandes voies; mais ces cartes sont à une trop petite échelle pour qu'il soit possible d'y tracer les courbes indiquant le niveau des altitudes : car, quelle est la hauteur de la plus haute montagne de l'Europe, par exemple, le Mont-Blanc? 4880 mètres, pas tout à fait cinq kilomètres; c'est bien peu de chose, relativement à la surface des continents, et sur une carte de la France, laquelle a environ 900 kilomètres de Dunkerque à Marseille, à vol d'oiseau, tu peux supposer ce que représente cette altitude de 4880 mètres : un léger pli.

« Ces courbes de niveau ne sont donc applicables qu'aux cartes dressées à une grande échelle, au cinquante-millième par exemple, ou, si tu l'aimes mieux, à des cartes qui sont cinquante mille fois plus petites que la contrée figurée.

« Mais, j'en reviens aux courbes de niveau. Suppose que tu as devant toi une colline et que tu puisses la couper par tranches horizontales, ayant chacune dix mètres d'épaisseur, ainsi que te le montre le croquis (fig. 66) en A. Les tranches seront marquées par les points a, b, c, d, e, f, etc.

« Il est entendu que l'on part toujours du niveau de la mer NO. Le pied de la colline d'où part la première tranche a est à vingt mètres; la seconde b, à trente mètres; la troisième c, à quarante mètres, etc., au-dessus de ce niveau NO. Mais, au lieu de regarder la coupe de cette colline, considérons-la sur plan horizontal en B. Notre coupe étant figurée par la ligne ponctuée, les tranches sont représentées par les courbes a', b', c', d', e', f' avec les cotes d'altitude à chacune d'elles.

« En examinant une carte ainsi dressée, nous avons donc exactement la configuration des localités, non seulement au point de vue des distances, mais au point de vue des altitudes relatives. Ainsi, nous savons que le château V qui est bâti à la cote de quarante mètres, est en contrebas de trente-huit mètres de la tour X, bâtie à la cote de soixante-dix-huit. Nous savons que si nous voulons monter au sommet X, sur lequel cette tour est établie, par la route R, nous trouverons des pentes de dix centimètres environ par mètre, puisque entre une courbe de niveau et l'autre, d'après l'échelle de notre carte, nous avons environ cent mètres à parcourir.

« Quand tu seras soldat, si tu sers dans l'artillerie ou le génie, tu reconnaîtras l'importance des cartes à courbes de niveau.

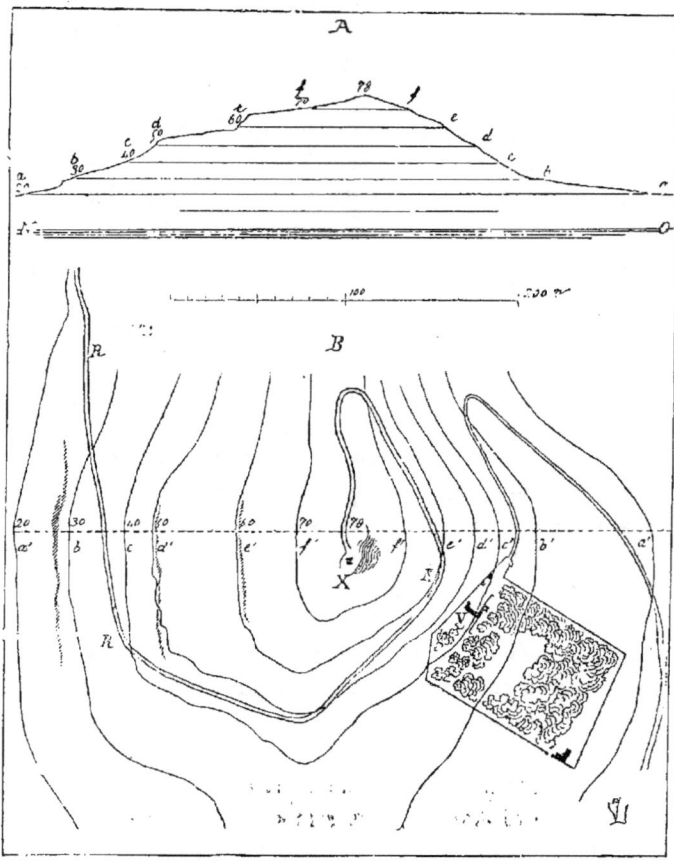

Fig. 66. — Courbes de niveau.

« Sur les anciennes cartes, il y avait parfois des cotes d'altitude. Ici, par exemple, il y aurait eu les cotes : vingt mètres au bas de la colline, soixante-dix-huit mètres au sommet et l'indication d'une route; mais comment savoir si cette route, pour s'élever à cette altitude de cinquante-huit mètres, est tracée suivant une pente uniforme; si, sur certains points, elle ne donne point des pentes trop raides pour les gros charrois?

« Avec les courbes de niveau, cette incertitude ne peut plus exister et, à la manière dont est tracée une voie par rapport à ces courbes, on sait qu'elle donne telle ou telle pente. Et, si ton chef de corps t'ordonne de faire arriver une batterie au point X, eh bien, en examinant la carte à courbes de niveau, tu constateras que la chose peut se faire sans difficultés, puisque tu n'as que des pentes de dix centimètres par mètre à monter, pendant un parcours de six cent cinquante mètres environ. »

Et comme les deux amis étaient assis près d'une sablonnière exploitée, ils avisèrent un tas de sable humide laissé là par les charretiers. Petit Jean essaya alors de tracer avec un petit bâton les lignes de niveau le long de ce tas; mais il n'y arrivait pas, et les lignes montaient et descendaient.

Alors, M. Majorin, prenant le double mètre, y attacha, avec un bout de ficelle, un bâton appointé à dix centimètres du bout de la règle et à angle droit; puis, ayant nivelé passablement le tour du tas de sable, il montra à petit Jean comment la pointe du bâton en potence marquait une ligne de niveau à dix centimètres, sur ce tas, au-dessus du sol nivelé, en faisant tourner la règle verticalement autour du tas.

Cette première tranche horizontale marquée, le bâton en potence fut rattaché à vingt centimètres de l'extrémité inférieure de la règle, et la deuxième tranche fut obtenue; et ainsi, jusqu'au sommet du tas (fig. 67).

Cette opération acheva de faire comprendre à petit Jean la manière d'obtenir les courbes de niveau sur les terrains plus ou moins inclinés. Mais, comme on ne peut se promener avec une règle de cent mètres de hauteur autour de Montmartre et trouver, au pied de la colline, un chemin de ni-

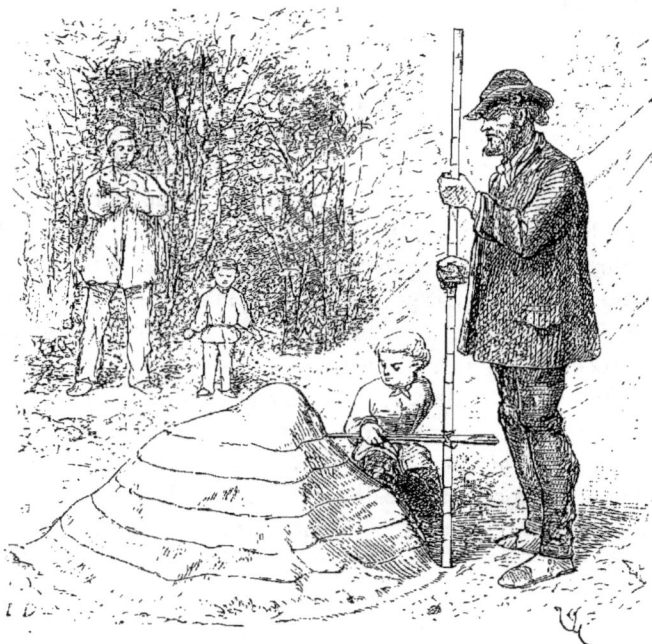

Fig. 67. — Leçon pratique.

veau, M. Majorin expliqua à petit Jean comment on obtenait le même résultat avec un niveau à lunette et promit de lui apprendre à se servir de cet instrument.

L'occupation à laquelle le maître et l'élève s'étaient livrés avait paru fort intriguer un bonhomme qui passait par là avec un bambin. Tous deux s'étaient arrêtés et regardaient à distance, bouche béante, comment ce bourgeois et son petit traçaient attentivement des lignes horizontales le long d'un tas de sable. Quand ce fut fini, le paysan s'approcha, regarda, et voyant son attitude perplexe, M. Majorin lui dit simplement :

« Mon brave ! ça vous surprend, ce que nous faisons

là.... J'apprends à cet enfant à prendre des niveaux sur des terrains. Soyez tranquille, si c'est à vous qu'appartient la sablonnière, nous n'avons pas envie de vous faire tort de ce demi-mètre cube de sable.

— Faites excuse, m'sieur, ne vous dérangez pas; j'sais ben que vous n'avez pas de mauvaise idée. »

Et alors le paysan tournait toujours autour du tas, les mains derrière le dos.

« Allons! dit M. Majorin, explique à monsieur et au moutard ce que nous venons de faire. »

Petit Jean rougissait jusqu'aux yeux, se grattait la tête, regardait M. Majorin, les règles et le tas, et ne commençait pas.

« Allons, allons! répéta M. Majorin, si tu as bien compris (et tu as compris), tu dois pouvoir t'expliquer. »

Et, la première émotion passée, petit Jean ne s'en tira pas trop mal. Quand la démonstration fut finie, le bonhomme dit :

« Tout de même, on apprend aujourd'hui de belles choses aux enfants; c'était pas comme ça, d' not' temps; aussi nous ne savons rien de rien.... mais ces enfants-là, ça saura.... Excusez, m'sieur, de vous avoir dérangés.... Si ça vous faisait plaisir d' vous rafraîchir un brin, j' demeure là à trente pas, et le petit doit avoir soif d'avoir parlé comme un instituteur.

— Avec plaisir, mon brave; allons chez vous boire un coup à votre santé et à celle des écoles. Le moutard que voilà, y va-t-il à l'école?

— Oui, oui, m'sieur, y va à l'école ; mais il n'est pas encore ben gros; c'est mon petit-fils.

— Et il aime à se promener avec le grand-père?

— Eh oui, quand les parents sont aux champs et qu'y n'y a pas de classe, y vient chez l' grand-père.... mais moi, j' peux rien l'y apprendre, » ajouta le bonhomme avec un soupir.

On fut bientôt à la maison, et le vieux alla chercher une bonne bouteille de vin dans son caveau.

Lorsque les deux amis eurent pris congé de leur hôte, avec promesse de revenir, M. Majorin ne put se tenir de faire tout haut les réflexions suivantes :

« Quand ce vieux paysan avait l'âge de son petit-fils, si son grand-père eût vu des bourgeois occupés comme nous l'étions autour d'un tas de sable, celui-ci nous eût regardés avec défiance, et l'enfant nous eût jeté des pierres.

— Ah ! et pourquoi donc, bon ami?

— Parce que l'ignorance était telle alors dans les campagnes, et même aux environs des grandes villes, que le peuple était prêt à considérer comme dangereux pour ses intérêts ou sa sécurité tout acte qu'il ne comprenait pas. Il ne voyait dans tout homme vêtu en bourgeois, muni d'un instrument propre à faire des opérations sur le terrain ou d'un carnet et d'un crayon, qu'un exacteur, qu'un agent du fisc, qu'un employé chargé de grever d'impôts nouveaux sa propriété, ou peut-être de la lui enlever.... Ce n'était pas sans causes que le paysan avait appris à se défier de tout ce qui était au-dessus de lui, et l'ignorance, les préjugés, les superstitions même aidant, il ne montrait que de l'hostilité envers toute personne se livrant à une observation quelconque, dans le voisinage de son champ ou de son village.

« Étant très jeune, — j'avais alors dix-huit ou vingt ans, — il m'arriva, dans un hameau de la Bourgogne, de dessiner une ou deux maisons dont la construction toute primitive m'intéressait. Je ne prenais pas garde à l'attitude malveillante de quelques indigènes. Bientôt l'un d'eux, s'approchant de moi, me demanda brusquement ce que je faisais là. « Vous le voyez, lui répondis-je, je dessine cette maison. — — Est-ce qu'on veut la démolir ? — Je ne sache pas, et en tout cas ce n'est pas en la dessinant que je la démolirais. — C'est pour y mettre le feu, peut-être ? » Le cercle des habitants, hommes, femmes et enfants, s'était resserré autour de moi pendant ce dialogue. « Il faut le mener chez le maire, c'est un incendiaire ! c'est un agent des droits réunis !.. » Ces bonnes gens devenaient menaçants et s'animaient en criant tous ensemble.

« Je fus assez brutalement conduit chez le maire, lequel demeurait à plus de deux kilomètres. A la vue de mes papiers (car alors il était prudent d'avoir un passeport en bonne forme sur soi), le magistrat municipal me laissa libre de continuer mon chemin, mais en m'engageant à ne pas m'arrêter à trop considérer des maisons auxquelles je n'avais rien à voir, du moment que mes intentions n'étaient pas mauvaises.

« Et quand, plus tard, attachés aux études d'un tracé de chemin de fer, il nous fallait aller planter des piquets dans les champs, Dieu sait les avanies que parfois nous eûmes à subir, en dépit des pièces officielles dont nous étions munis et de la protection des autorités. Les premiers ballons qui tombèrent dans la campagne ne furent-ils pas mis en pièces par les paysans, et les voyageurs aériens souvent maltraités comme sorciers ou agents diaboliques? Heureusement, les choses ont bien changé, et partout en France les topographes, les hommes de science, les chercheurs, botanistes, géologues, ingénieurs, les aéronautes trouvent chez la population accueil bienveillant, aide et protection ; et si l'instruction n'est encore qu'insuffisamment répartie, du moins ces populations ont-elles appris à la respecter et à reconnaître son action bienfaisante. Aussi faut-il s'instruire et enseigner chaque fois que l'occasion s'en présente.

« Dans un pays policé, nul n'a le droit de garder pour lui seul ce qu'il sait, ce qu'il a appris, et on est aussi coupable de se montrer avare de son savoir que de son avoir.

« C'est pourquoi, chaque fois que l'occasion se présente

d'instruire son semblable, il ne faut pas la laisser échapper. Qui sait si la leçon élémentaire de nivellements que tu viens de donner à ce bonhomme et à son petit-fils ne développera pas chez ce dernier l'envie d'en savoir davantage et ne sera pas pour lui la première semence jetée dans la tête d'un savant futur ? »

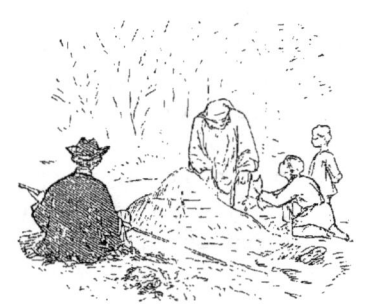

CHAPITRE XII

UN CONTRAT.

Chaque jour, M. Majorin faisait entrevoir ainsi à son élève un champ nouveau d'étude.

Sa méthode consistait à semer dans ce jeune cerveau tous les éléments des connaissances auxquelles la pratique du dessin est nécessaire, afin de lui faire saisir l'utilité de ce langage, considéré à tort, trop souvent, comme un art spécial, tandis qu'au contraire, le dessin est un art complémentaire, comme est l'art d'écrire et de parler.

Tenant compte des dispositions naturelles de son élève pour le dessin, et redoutant la facilité avec laquelle les organisations ainsi douées se jettent dans les carrières qui n'ont pour objet que la production purement artistique, il tenait à rattacher toujours l'application du dessin à un objet positif, à l'étude d'une science ou à l'exercice d'un état.

Les six mois, après lesquels M. Majorin avait promis au père Loupeau de prendre une décision définitive relativement à son fils, étaient expirés. Le maître s'attachait à l'élève et avait l'intention bien arrêtée de le garder près de lui ; mais, scrupuleux en toutes choses, M. Majorin ne crut pas devoir prendre cet engagement définitif sans avoir consulté l'enfant, quoiqu'il ne doutât guère de son adhésion.

Il ne croyait pas pouvoir disposer ainsi, même d'un mineur, fût-ce avec l'assentiment de ses tuteurs naturels, sans avoir obtenu son plein consentement.

Un soir donc, au moment de se retirer, M. Majorin parla ainsi à petit Jean :

« Mon ami, il a été convenu avec ton père et ta mère qu'au bout de six mois passés ici, je serais libre de te rendre à ta famille si tu ne répondais pas à ce que j'attendais de toi, ou s'il te plaisait de retourner près d'elle ; les six mois sont révolus ; pour moi, je désire continuer à t'instruire et à te faire instruire de mon mieux ; mais tu es libre de prendre un autre parti si bon te semble et de retourner à Boissy-Saint-Léger. Il va sans dire que cet engagement que je prendrais ne peut, en aucune façon, lier tes parents qui sont toujours les maîtres de te reprendre près d'eux ; cet engagement ne lie que moi, et cela dans une certaine mesure ; mais je dois te demander, avant de le prendre, si tu y souscris sans arrière-pensée. Prends le temps de réfléchir sur cette proposition, je ne te demande pas une réponse aujourd'hui ; mais il est nécessaire que je connaisse le fond de ta pensée à ce sujet. Consulte-toi donc. »

Petit Jean avait ouvert de grands yeux dès le commencement de ce discours, et voyant son émotion, M. Majorin continua :

« Il ne faut pas te méprendre sur mes paroles. Je désire te garder près de moi ; mais je dois te laisser la liberté de choisir, bien qu'à ton âge tu ne puisses disposer de ta personne. Il faut que tu saches que si tes parents ne mettent pas obstacle aujourd'hui ou plus tard à ton séjour près de moi, que si, au contraire, ils adhèrent pleinement et ne cessent d'adhérer à mes projets à ton égard, tu demeures sous ma direction jusqu'à ta majorité, c'est-à-dire jusqu'à l'âge où tu prendras la responsabilité de ta personne et de tes actes. Tu comprends donc pourquoi je te parle ainsi : c'est pour ne point contraindre tes sentiments, et afin que tu ne puisses jamais me reprocher de n'avoir pas tenu compte de ces sentiments. Exprime-les donc; mais après y avoir pensé et non immédiatement.

— Mais, bon ami, répondit petit Jean, tout en larmes, vous savez bien que je veux rester avec vous !

— Je le veux croire; mais, mon ami, tu as mangé ton pain blanc le premier; pendant ces six mois, nous avons travaillé tout en nous amusant un peu. Il ne faut pas croire qu'il en sera toujours ainsi. Si tu restes avec moi, c'est pour que je fasse de toi un homme instruit et capable d'embrasser un état et d'y bien faire, un homme utile aux autres et à lui-même. Pour cela, il faut rudement travailler, approfondir plusieurs connaissances que nous n'avons fait qu'entrevoir en jouant. Te sens-tu le courage de t'astreindre pendant des années à un labeur assidu pour acquérir ces connaissances? Car, réfléchis bien à ceci : si, en prenant vis-à-vis de ta famille l'engagement de t'instruire et de faire de toi un homme en état de se tirer d'affaire et de l'aider, je ne devais pas trouver chez toi l'amour du travail qui seul peut assurer ces résultats, tu comprends quelle lourde responsabilité j'aurais acceptée, et quelle serait plus tard ma position vis-à-vis des tiens qui pourraient me reprocher, non sans motifs, de m'être chargé d'une tâche que je n'aurais pas remplie et de n'avoir fait de petit Jean qu'un monsieur inutile, incapable de se suffire à lui-même et, à plus forte raison, de venir en aide à sa famille? Donc, je le répète, réfléchis mûrement à cela. Je te connais assez pour savoir que tu es un honnête garçon; si donc tu adhères à mes projets à ton égard, je serai certain qu'en même temps tu auras pris, vis-à-vis de toi-même, l'engagement de travailler assidûment et de suivre toujours avec déférence les conseils que je te donnerai. Mais si tu ne te sentais pas assez de raison ou assez de force pour prendre cet engagement, je te crois trop honnête pour me tromper, et alors mieux vaudrait, pour nous éviter à tous deux des regrets et à moi, en particulier, une position inacceptable auprès de ta famille, me dire franchement : « Je ne suis pas sûr de « mon courage, rendez-moi à mon père et à ma mère. » Ce n'est pas en dix minutes que tu peux ainsi répondre à une question aussi sérieuse; nous en causerons demain, si tu veux. »

Petit Jean s'en alla coucher, le cœur un peu gros, et ne dormit guère. Les paroles graves de son ami lui revenaient et semblaient s'accentuer de plus en plus. Il revoyait dans la nuit le visage énergique et austère de M. Majorin, ses yeux qui le regardaient fixement pendant son discours. D'abord la pensée de petit Jean n'hésita pas; l'idée de retourner à Boissy-Saint-Léger et de se retrouver dans ce milieu agreste, besogneux, et que le père Loupeau n'illuminait jamais d'un éclair de gaieté, ne lui souriait en aucune façon; puis, peu à peu, les dernières paroles du maître, la responsabilité que ces paroles faisaient tomber sur l'élève, lui causaient une sorte d'effroi.

Il sentait bien que ce maître avait raison, et que sa réponse à lui, petit Jean, l'engageait ou le dégageait comme s'il eût signé ou refusé de signer une sorte de contrat irrévocable. Il était un peu épouvanté d'être mis en demeure de se lier ainsi, car l'esprit de l'enfant, à l'âge qu'avait petit Jean, si léger qu'on le suppose, prend toute chose au sérieux, et la conscience parle net. Un instant, la pensée lui vint de reculer devant les épreuves que M. Majorin lui avait fait entrevoir, et ce fut sur cette dernière pensée qu'il s'endormit.

Mais la nuit porte conseil, et le matin, quand dame Orphise vint réveiller petit Jean pour l'heure de l'école, les fantômes nocturnes s'étaient évanouis.

Le grand air, le travail à l'école, l'énergie naturelle à cette jeune nature avaient fait disparaître les incertitudes, et quand petit Jean revint dîner à l'usine, il n'eut d'autre pensée, le visage tout rayonnant, que d'aller se jeter dans les bras de son ami et de lui dire :

« Oui, oui, je reste près de vous, je travaillerai, je deviendrai un homme !

— Bien, petit ! se contenta de répondre M. Majorin ; mais n'oublie jamais de te rappeler cette résolution ! »

L'enseignement que pouvait fournir l'école primaire où petit Jean se rendait régulièrement ne devait bientôt plus suffire. Il y avait alors à Bourg-la-Reine une institution dirigée par un homme d'une haute intelligence ; sans abandonner les études classiques, et notamment celle du latin qu'on ne saurait négliger en ce qu'elle se rattache intimement au passé de notre nationalité, il était donné dans cette institution une large part aux mathématiques, à la physique, à la chimie avec leurs applications, à l'enseignement des *choses*.

Un vaste jardin, joint à l'établissement, permettait l'étude de la botanique, de l'arboriculture ; aussi, cette institution fournissait-elle, chaque année, un contingent très respectable à l'École centrale des arts et métiers et à d'autres écoles spéciales.

M. Majorin résolut de faire entrer son élève dans cette institution, en qualité d'externe, car il tenait à l'avoir toujours sous les yeux et à suivre ses progrès. Pendant l'été qui devait précéder l'admission de petit Jean, celui-ci fut, par le maître, plus spécialement poussé dans l'étude de la géométrie, ce qui ne l'empêcha pas de le faire dessiner d'après nature, et le plus souvent en plein air.

Et, à ce propos, M. Majorin voulut habituer son élève à dessiner dans toutes les positions; debout, latéralement au modèle, de manière à ce que le dessinateur fût obligé de tourner la tête pour reproduire l'objet. Ou bien encore, il demandait à petit Jean de copier au rebours, c'est-à-dire en plaçant à droite ce qui était à gauche et *vice versa*, ainsi que les graveurs procèdent.

Tous deux se plaçaient devant une bâtisse, devant un site aux terrains accidentés. M. Majorin faisait remarquer à son élève les points saillants, la disposition des ombres, les pentes du sol, et, le soir, petit Jean devait reproduire de mémoire cette bâtisse ou ce lieu. On allait les jours suivants contrôler sur place l'exactitude du dessin.

Petit Jean faisait ainsi des progrès très sensibles, et à la grande satisfaction du maître; déjà, quand il voulait expliquer quelque structure, la disposition d'un terrain, décrire un objet, il prenait un crayon et faisait un croquis pour aider à l'intelligence.

Jamais d'ailleurs le maître ne laissait passer ces croquis sans corriger les imperfections, les défauts de perspective ou de tracé.

M. Majorin tenait à ce que son élève fût adroit de ses mains; il lui avait fourni quelques outils et lui apprenait à s'en servir. « On ne dessine bien un objet, lui disait-il, que si on est en état de le modeler, de le tailler, de le façonner, en un mot; de telle sorte qu'on puisse suppléer à ce que le dessin ne pourrait donner qu'avec beaucoup de peine, de temps et d'explications. »

On élevait alors sur les terrains de l'usine un grand atelier en charpente et présentant une disposition particulière, en ce qu'il possédait latéralement deux galeries relevées propres à établir des transmissions.

Petit Jean profitait de toutes les occasions de suivre ce travail et était au mieux avec le *gâcheur* qui dirigeait les ouvriers. Aussi voulut-il entreprendre de faire le modèle d'une travée de cet atelier qui se composait de plusieurs fermes.

Il fallut d'abord que petit Jean relevât une de ces fermes dont la figure 68 présente une moitié, puis il mit au net ses croquis cotés, afin d'observer les dimensions relatives. Cela fait, et le gâcheur lui ayant fourni des bouts de bois équarris à l'échelle voulue, c'est-à-dire à quatre centimètres pour mètre, petit Jean, procédant comme avaient opéré les ouvriers sur le chantier et plaçant ces bois sur l'épure tracée par lui à l'échelle, les tailla successivement et les assembla non sans peine.

Ce travail l'intéressait assez pour que, de grand matin, avant l'ouverture de l'école, il voulût y consacrer deux heures. Puis, le soir, à la lampe, il dessinait les pièces assemblées sous différents aspects (fig. 69). M. Majorin lui faisait inscrire les noms de chaque pièce[1].

Quand les charpentiers mirent au levage, petit Jean dut faire un croquis de l'équipe (fig. 70), opération qui lui donna beaucoup de travail.

Petit Jean, consciencieux par nature, tenait à remplir ses engagements, d'autant que, plus il dessinait facilement, plus il essayait de réunir des matériaux. Suivant les instructions de M. Majorin, il mettait ses notes en ordre et les classait par natures.

M. Majorin lui avait fait voir ses cartons et comment étaient rangés les croquis ou notes qui les remplissaient, de telle sorte qu'il pût facilement trouver les renseignements dont il avait besoin. « Ce n'est pas tout, disait-il à son

---

1. A, poteau; B, lien; C, palier; D, filets; E, potelet; F, entretoise; G, moises; H, jambe de force; I, arbalétrier; K, sablière; L, pannes; M, poinçon; N, faîtage; O, liens; P, chevrons; R, tirant en fer; S, tige de suspension idem (figure 68); T, décharges; V, potelets; X, chantignoles (figure 69).

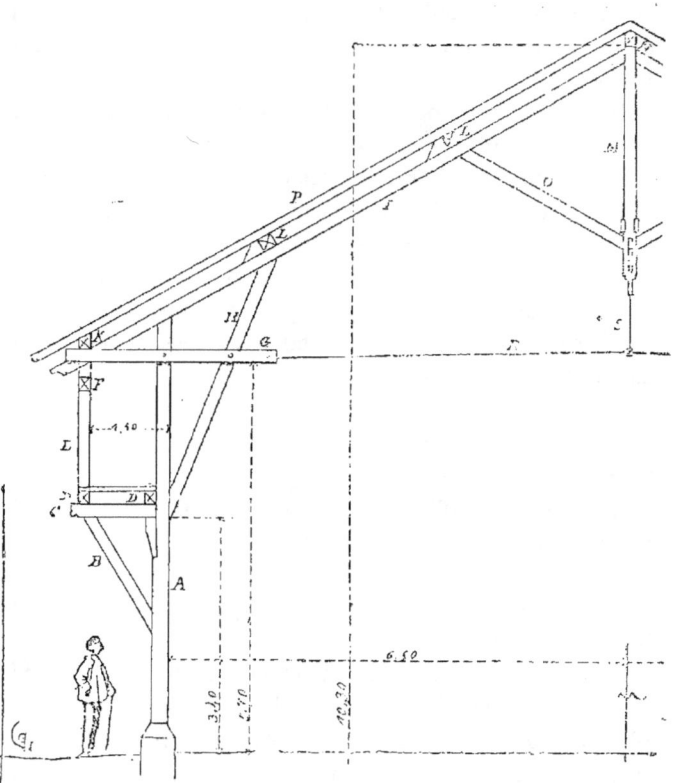

Fig 68. — Charpente.

élève, d'être riche, il faut savoir employer sa richesse. Il est quantité de personnes qui ont accumulé des notes; mais, faute de pouvoir mettre la main dessus quand besoin est, ces notes leur deviennent inutiles. L'ordre et le classement sont les conditions essentielles du travail. »

Petit Jean mettait une telle ardeur à remplir ses cartons que M. Majorin, ne le croyant pas en âge encore de se livrer à un travail trop assidu et craignant de surexciter ce jeune

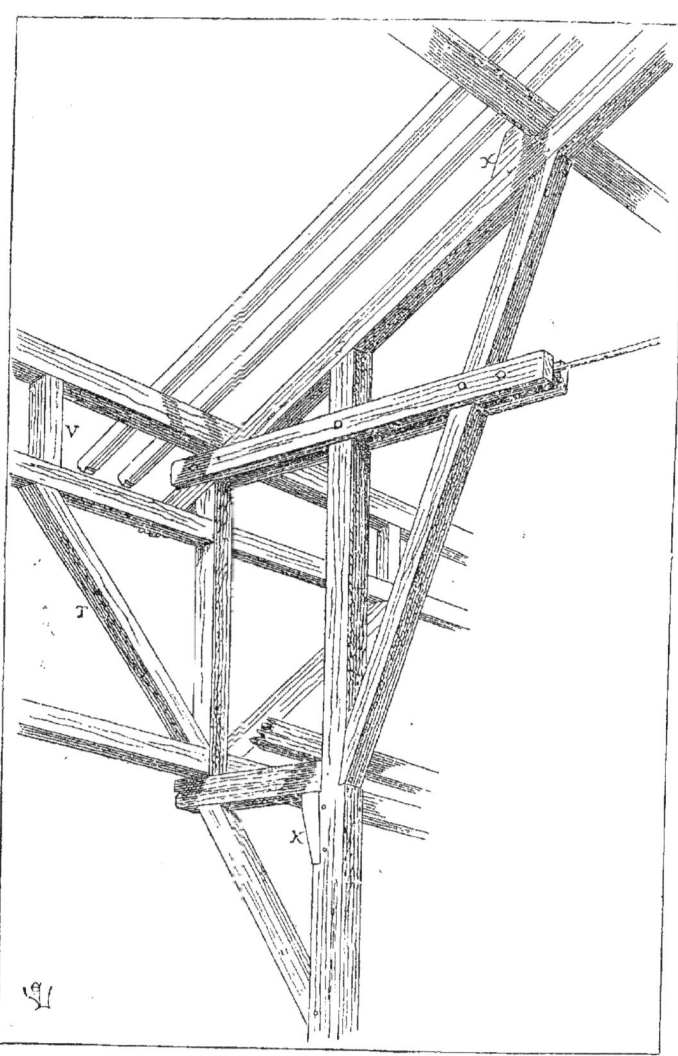

Fig. 60. — Détail de charpente.

cerveau, profita de l'époque des vacances, pendant lesquel-

170　　　HISTOIRE D'UN DESSINATEUR.

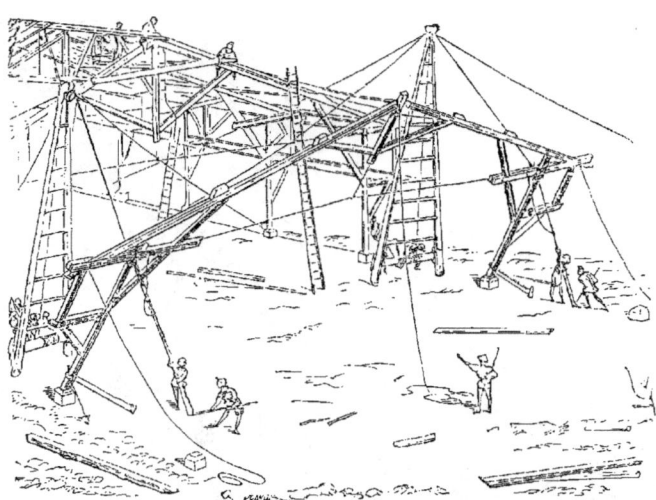

Fig. 70. — Levage de charpente, croquis d'après nature.

les lui-même pouvait quitter l'usine, pour faire faire à son élève un petit voyage.

Ce fut une grande joie pour petit Jean.

Le 2 août 18... M. Majorin et lui descendaient en gare à Dieppe à onze heures du soir.

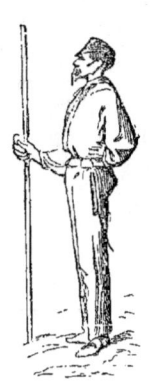

CHAPITRE XIII

DU PREMIER VOYAGE QUE FIT PETIT JEAN.

De bon matin, les deux amis étaient habillés ; M. Majorin n'avait parlé que vaguement du but de ce voyage.

Quand petit Jean vit, dans les bassins, les navires à quai, il fut fort émerveillé ; mais M. Majorin ayant pris un chemin qui monte derrière le château, la mer apparut tout à coup aux yeux des voyageurs quand ils furent sur la crête de la falaise. Le maître observait attentivement sur la physionomie de petit Jean l'impression qu'il éprouverait, afin d'en tirer des déductions. Il se rappelait qu'étant enfant, — alors on ne voyageait qu'en diligence, — son père lui avait fait faire ce même voyage. La voiture, vers le soir, montait au pas la côte du sommet de laquelle l'horizon apparaît tout à coup avec la ville de Dieppe se découpant sur la nappe liquide, et, conformément aux habitudes du temps, les hommes, descendus du véhicule, montaient cette côte à pied.

Depuis quelques instants, on entendait un murmure lointain ; puis l'immense horizon, sombre, nettement tranché sur le ciel, s'était démasqué à ses yeux. Il se souvenait de l'impression profonde qu'il avait ressentie ; c'était comme une révélation subite.

A cette époque, on n'avait pas défloré dans l'esprit des enfants ces grands spectacles par des descriptions anticipées, et le père Majorin, commerçant de la rue Saint-Denis, n'étant rien moins que poète, ne voyait dans la mer qu'une route très large, mais peu sûre, ouverte aux denrées coloniales. L'idée n'était pas venue à l'enfant de faire part à son père de ce qu'il ressentait devant ce spectacle grandiose ; il avait gardé pour lui les sentiments qui l'agitaient ; aussi avaient-ils laissé dans son souvenir une trace ineffaçable. M. Majorin s'était donc bien gardé de préparer l'esprit de son élève, pensant avec raison peut-être qu'il faut laisser aux impressions que produisent les spectacles de la nature toute leur grandeur, et se garder de les altérer par ces descriptions banales ou pompeuses devenues si fort à la mode de notre temps. Et en effet, se disait M. Majorin, ceux que ces spectacles émeuvent naturellement n'ont nul besoin qu'on décrive cette émotion ou qu'on la provoque, et les descriptions, si brillantes qu'elles soient, ne sauraient émouvoir ceux qui restent indifférents devant les splendeurs de la nature.

C'était peut-être raisonner avec trop de rigueur, mais nous avons dit que M. Majorin était un original. Il observait donc petit Jean qui, lui, s'était arrêté et regardait.

« C'est la mer ! dit-il.

— C'est la mer !

— Comme c'est grand ! asseyons-nous là.

— Non, avançons plus près du bord de la falaise. »

Petit Jean ne s'occupait pas assez du terrain sur lequel il marchait ; aussi butait-il à chaque pas dans les herbes.

On voit des enfants sauter et crier de joie devant un spectacle qui leur cause une vive émotion ; d'autres, au contraire, deviennent sérieux, semblent se concentrer en eux-mêmes et demeurent immobiles et silencieux pour ne rien laisser échapper des sensations qu'ils ressentent. Petit Jean appartenait évidemment à cette seconde catégorie, et M. Majorin s'en félicitait intérieurement; aussi, quand on eut atteint le bord de la falaise, les amis s'assirent, et tous deux gardèrent le silence pendant quelques minutes.

« Bon ami, dit enfin petit Jean, comme l'horizon est haut!

— Eh non, pas plus haut que ton œil!

— Il paraît plus haut.

— Cela tient à ce que la surface de la mer ne présentant pas une série de plans qui se découpent les uns sur les autres, tu ne te rends pas un compte exact de l'éloignement de cet horizon; mais regarde bien là, dans cette direction, ne vois-tu pas comme un petit point brumeux sur cette ligne, limite apparente de la mer?

— Ah! oui.

— C'est un navire et qui doit être assez grand; ne le perds pas de vue pendant un instant, alors tu auras acquis le sentiment de l'éloignement et de l'horizontalité. La mer ne paraîtra plus se dresser devant toi comme un mur. Regarde aussi ces *moutons*, ces petites vagues qui se couronnent d'écume; vois comme ces taches blanches diminuent de grandeur à mesure qu'elles s'éloignent du rivage: bien avant la limite de l'horizon, tu ne les distingues plus.»

Puis, après un autre silence, petit Jean reprit:

« Maintenant, je vois bien que la mer est plate.

— Horizontale, veux-tu dire?

— Oui, horizontale.

— Et au premier moment, elle ne te paraissait pas ainsi?

— Je ne savais pas..... Ça me semblait venir sur moi..... et ça m'a fait..... comme peur, d'abord. »

M. Majorin était édifié, il retrouvait dans son élève ses

premières impressions d'enfant. Il se rappelait, lui aussi, comment il avait ressenti ces terreurs inexplicables en présence d'un de ces grands spectacles de la nature s'offrant brusquement à sa vue. Il se souvenait du frisson intérieur qui l'avait saisi, le soir où pour la première fois on lui avait montré la lune à travers un télescope, quand la surface du satellite étrangement semée de boursouflures s'était peinte sur sa rétine.

« Petit Jean, se disait-il, est de l'étoffe dont sont faits les observateurs. Combien peu, parmi tant d'hommes qui voient, reçoivent une impression qui se grave dans le cerveau ! et comme il faut se garder d'altérer ces impressions premières ! »

Les deux amis étaient ainsi plongés dans leurs réflexions ; petit Jean, tout entier à celles que la vue de la mer faisait naître en lui, sans se rendre compte de ce qu'il ressentait, et M. Majorin retrouvant dans toute leur fraîcheur les sentiments éprouvés dans sa jeunesse... On se leva enfin.

« Pourquoi, bon ami, dit petit Jean, ces falaises sont-elles coupées toutes droites ?

— Verticalement, tu veux dire ; il faut toujours employer les termes exacts, il n'y a que ce moyen de s'entendre. C'est la mer qui, rongeant leur pied, a taillé cette muraille verticalement, parce que, toutefois, la nature de la craie s'y prêtait. C'eût été de l'argile, du sable, du grès ou du granit que le résultat eût été différent.

« Observe les flancs de ces falaises de craie ; ils se rongent sous forme de losanges, et cependant tu remarqueras des couches horizontales de silex espacées à peu près régulièrement (fig. 71). Ce terrain tendre, blanc, auquel on donne le nom de craie, est presque entièrement composé de débris de carapaces d'animaux microscopiques. Cette roche n'est qu'une épaisse couche calcaire formée par des animalcules, et elle atteint parfois jusqu'à près de deux cents mètres d'épais-

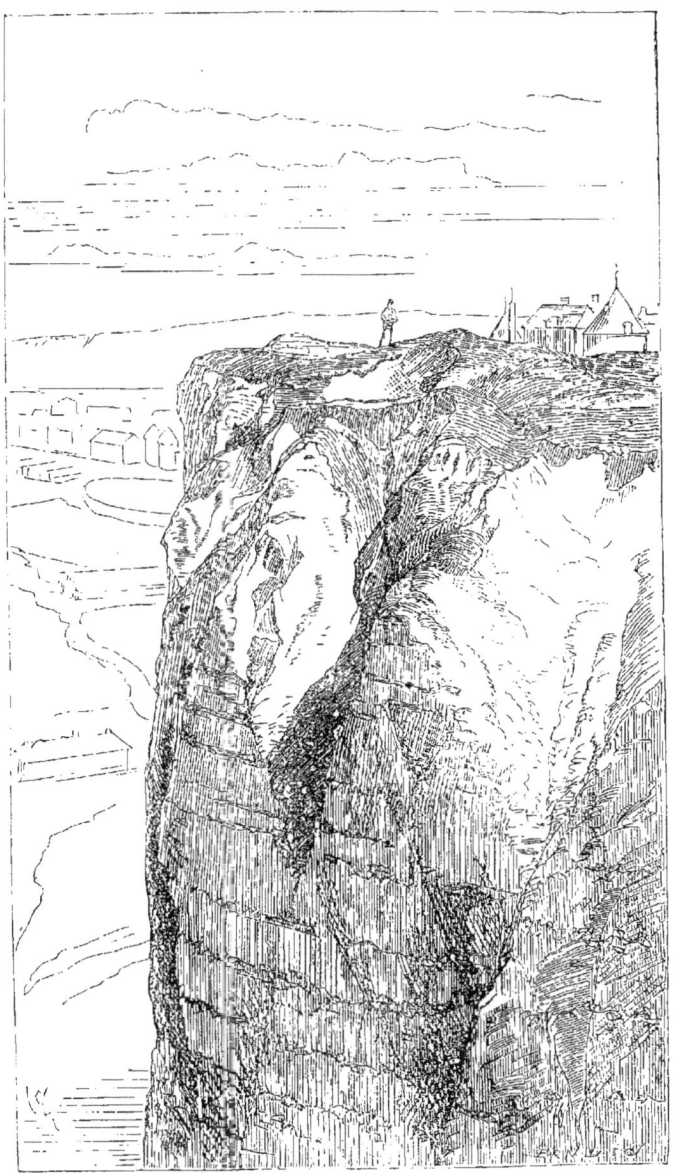

Fig. 71 — Falaise de Dieppe.

seur. On est épouvanté du temps qu'il a fallu à ces animalcules, à peine visibles à l'œil nu, pour composer des terrains aussi épais. Les strates de cailloux qui se trouvent fréquemment dans la craie, et surtout ici à Dieppe, sont des silices qui flottaient dans l'eau à l'état gélatineux, comme de la gomme, et qui se sont arrêtés par filaments ou nodules autour d'une substance organique. Ces nodules gélatineux ont été déposés dans la craie, laquelle était elle-même sous l'eau, à l'état de pâte (et il s'en forme encore dans certaines parties de l'Océan). Quand cette craie s'est séchée, s'est durcie, ces amas de silice se sont durcis de même, lentement, et la preuve c'est que tu vois que beaucoup de ces cailloux sont entourés d'une pâte de craie adhérente, pénétrée elle-même de silice.

« Pourquoi ces nodules siliceux sont-ils ainsi déposés par couches espacées régulièrement? je ne saurais te le dire. Il faut supposer que, périodiquement, et pendant la lente formation de la craie, sont intervenues des productions de silice en grande quantité. Pourquoi ? Je n'en sais rien, le fait est constant, c'est tout ce que nous pouvons affirmer.

« La mer, en faisant ébouler la craie, délaie la substance blanche et dépouille les silex; ceux-ci, très durs, sont roulés par les flots, s'arrondissent au frottement incessant qu'ils subissent et forment ces bancs de galets qui envahissent les plages.

« Tu vas comprendre pourquoi cette craie blanche offre ainsi des ruines verticales lorsqu'elle est sapée au pied par la mer. Faisons quelques pas et dépêchons-nous, car voici la marée qui monte, et nous ne pourrions plus voir, aujourd'hui du moins, ce travail de la mer. »

S'étant avancés d'une centaine de mètres environ, le long de la falaise, en tournant le dos au château, les deux amis atteignirent une large anfractuosité d'où on découvrait la partie encore émergée au bas de l'escarpement (fig. 72).

« Regarde ! reprit M. Majorin, la mer s'est chargée de te faire une coupe horizontale de ces roches, pour te montrer leur contexture. Vois ces lignes de suture entre ces grands losanges enchevêtrés. Ce sont les fentes produites dans la masse crayeuse par le retrait, par la dessication, et qui ont divisé cette masse en rhomboèdres, en prismes. La mer attaque au pied un de ces prismes et, quand elle l'a affouillé, il tombe d'un bloc en laissant intacte la paroi verticale du prisme non encore entamé. Et ainsi, peu à peu, la mer détruit la masse par tranches verticales.

— C'est aussi de la craie, ces grands losanges que la mer vient couvrir ? c'est tout noir !

— La couleur sombre qui recouvre cette coupe horizontale de la craie est due à des algues, à des plantes marines brunes et aux galets noirs qui sont arrêtés dans les anfractuosités ; mais, quand la mer sera basse, nous irons nous promener sur cette plage rocailleuse, et tu reconnaîtras que c'est de la craie qui s'enfonce encore bien au-dessous du niveau de l'eau.

— Comme la mer monte vite !

— Aussi ne fait-il pas bon l'attendre au pied de la falaise, car elle peut vous couper la retraite.

— Alors, autrefois, les falaises étaient là où sont ces losanges ?

— Oui certes, et beaucoup plus loin ; il est même à croire qu'elles joignaient celles qui sont en face, en Angleterre.

— Et où était la mer ?

— Oh ! elle avait assez de place ailleurs, car ce que nous avons devant nous n'est qu'un canal, le canal de la Manche, que la mer a ouvert en prenant le temps de l'élargir pour communiquer plus facilement du nord-est au sud-ouest, entre l'Angleterre et la France.

— Mais on ne voit pas les côtes de l'Angleterre ?

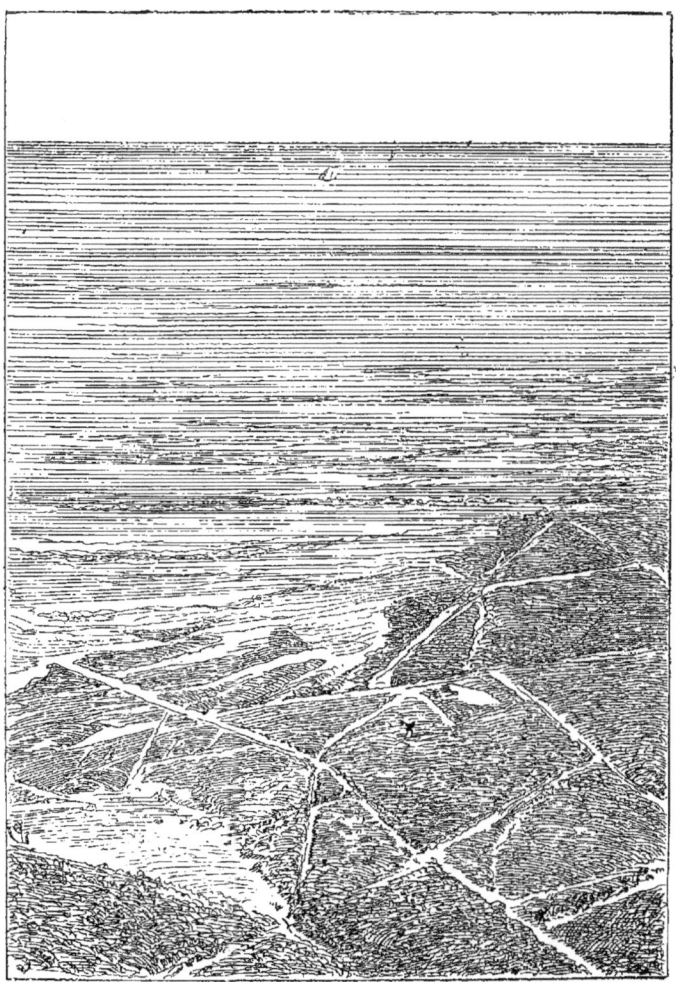

Fig. 72. — La constitution de la craie indiquée par la mer.

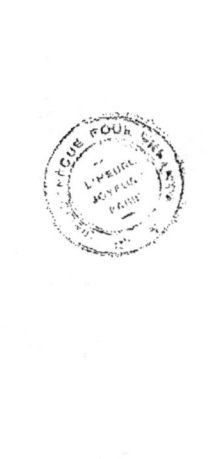

— Non, d'ici on ne peut les voir, parce que la courbure du globe nous les dérobe, ainsi que te le fera comprendre ce croquis (fig. 73). Voici en A les falaises de France, et

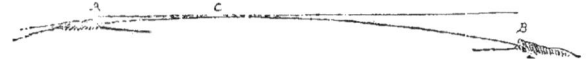

Fig. 73. — Courbure de la terre.

en B les falaises anglaises ; tu vois qu'en tirant une ligne droite tangente à l'arc que forme la mer, cette ligne passe au-dessus de ces falaises B. Pour nous l'horizon est donc au point tangent C.

« Je vois bien que cette mer bombée te chiffonne ; mais, puisqu'elle recouvre la terre qui est sphérique, il faut bien que ce que nous en voyons soit une portion de sphère. Rappelle-toi ce que je t'ai dit quand je t'ai expliqué comment l'horizon est toujours à la hauteur de l'œil (fig. 24), et tu comprendras comment il se fait qu'à l'altitude où nous sommes, on ne puisse voir les côtes d'Angleterre ; mais que, si la falaise était trois ou quatre fois plus élevée, nous les pourrions découvrir, parce que nous embrasserions une portion de sphère plus étendue, ou que, pour parler plus correctement, nous serions au sommet d'un cône dont la base serait plus large. »

Toute la journée, petit Jean se mit à faire des croquis sur les falaises, et M. Majorin qui, de son côté, se livrait à quelques recherches géologiques, corrigeait ces croquis en montrant à son élève comment ces roches, qui présentent une apparence si désordonnée, possèdent toujours cependant certaines grandes lignes résultant de leur structure et de leur formation.

« Ce sont, disait-il à petit Jean, en revoyant ses dessins, ces lignes principales qu'il faut toujours chercher quand on copie des terrains, sans tenir compte des accidents de détail. On croit, trop souvent, quand on dessine des roches, des terrains, que leurs formes, en apparence désordonnées, sont dues au hasard. Il n'en est rien, et ces masses sont soumises à des lois de formation, de stratification, de cristallisation qui sont immuables.

« Tu le verras si jamais nous avons l'occasion de visiter ensemble des contrées où ces formations géologiques sont variées et abondantes.

— Qu'est-ce que la géologie? répliqua petit Jean.

— C'est juste, j'ai omis de te dire ce qu'est cette science.

« La géologie, c'est la science qui a pour objet l'histoire naturelle de la terre, des terrains successifs qui composent la croûte terrestre, l'étude de leur âge relatif et des révolutions qui ont modifié leur position première.

— Ça doit être bien amusant.

— Certes, cette science est pleine d'attraits; elle est aussi fort utile, car elle permet de savoir, par exemple, à la vue de telle ou telle couche terrestre, si on trouvera dans cette couche du charbon ou du fer, ou du plomb, ou du cuivre, ou des matériaux propres à bâtir, à faire du mortier ou de la terre à brique, à porcelaine, à faïence, ou des ardoises pour couvrir les toits, ou du sable à mouler, ou de la terre à modeler, ou des marnes propres à améliorer les terres végétales, etc. Il n'y a guère de science qui soit plus utile et qui en même temps soit plus intéressante.

« Cependant, il n'y a pas longtemps qu'elle est pratiquée, qu'on sait que la croûte terrestre s'est formée lentement en s'épaississant peu à peu; que certains végétaux élémentaires ont commencé à couvrir cette croûte, puis des animaux d'un ordre inférieur, des mollusques primitifs, puis des poissons et des reptiles, des oiseaux, puis des mammifères.

« Tous ces animaux, tous ces végétaux ont laissé leur dépouille dans ces terrains qui leur servent de sépulture et où nous les retrouvons aujourd'hui ; ce qui a permis de classer les couches successives par époques correspondantes à un état particulier du globe.

— Et qu'y a-t-il sous cette croûte ?

— Evidemment une masse très chaude, peut-être à l'état de fusion ; masse qui se fait jour par les bouches des volcans pour se répandre sur la croûte.

— Est-ce qu'elle est très épaisse cette croûte ?

— Elle est au contraire très mince, relativement au diamètre du globe, à peu près ce qu'est la coquille d'un œuf de poule, relativement au volume de cet œuf.

— Mais si elle cassait ?

— Aussi se brise-t-elle quelquefois pour laisser passer ces matières intérieures que vomissent les volcans, ou se disloque-t-elle, ce qui produit des tremblements de terre. Aujourd'hui, cela est peu de chose parce que la croûte est assez épaisse pour ne pouvoir plus se plisser ou se casser ; mais, quand elle était plus mince et souple, cette croûte était soumise à des déformations terribles qui ont produit les grandes chaînes de montagnes et les dépressions immenses où s'est réfugié l'Océan ; si bien qu'entre le sommet des plus hautes montagnes, qui est à 8000 mètres environ au-dessus du niveau de la mer, et le fond de cette mer qu'on a pu sonder jusqu'à 9000 mètres, il y a une différence de dix-sept kilomètres. Ces dix-sept kilomètres sont toutefois bien peu de chose par rapport au diamètre de la terre. »

Ainsi devisant, les deux amis rentrèrent le soir à l'hôtel, non sans avoir vu le soleil se coucher dans l'Océan, spectacle qui ravit petit Jean.

« Pourquoi donc, bon ami, dit-il au moment où l'astre touchait l'horizon, le soleil n'est-il plus rond ? il est tout aplati.

— Par la raison que, l'atmosphère étant plus dense près de la terre qu'à sa limite supérieure, les molécules humides qu'il tient en suspension sont plus abondantes dans les couches inférieures que dans les couches supérieures, surtout lorsqu'il s'agit de la mer dont l'évaporation est considérable pendant le jour. Or, ces molécules d'eau sont autant de petites lentilles placées entre notre œil et les objets, qui les grossissent. Aussi, quand le soleil ou la lune atteignent l'horizon, ces globes paraissent-ils plus gros qu'au zénith, et s'élargissent-ils en raison de la différence qu'il y a entre la quantité de molécules d'eau dans le sens vertical ou dans le sens horizontal (fig. 74). Cette figure te fera saisir le phénomène.

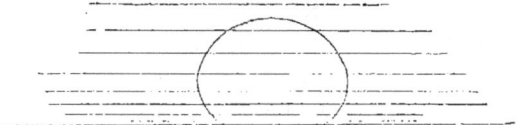

Fig. 74. — Pourquoi le soleil ne paraît pas sphérique au coucher.

« Les lignes horizontales parallèles indiquent, par leur rapprochement plus ou moins prononcé, le degré de pesanteur de l'air, en supposant entre chacune d'elles une quantité égale de molécules d'eau. Il est clair que, dans les couches les plus basses, ces molécules seront plus rapprochées, plus pressées les unes contre les autres qu'elles ne le seront dans les couches supérieures plus larges et plus légères ; elles grandiront donc plus les objets en bas qu'en haut, et ainsi, le soleil te paraîtra déformé dans le sens horizontal plus que dans le sens vertical et comme affaissé sur l'horizon. C'est ce qui fait que plus on s'élève dans l'atmosphère, plus le diamètre du soleil ou de la lune paraît petit, lorsqu'on voit ces astres au zénith. Une moins grande quantité de molécules d'eau étant interposée entre notre œil et eux, ces globes tendent à reprendre la dimension réelle que donnerait la perspective en raison de leur éloignement de la terre.

— Alors, quand il y a du brouillard, on voit le soleil plus gros ?

— Non, le brouillard est de la vapeur d'eau déjà condensée; les molécules se sont réunies en gouttelettes translucides, mais non transparentes; ces gouttelettes ne produisent pas l'effet de lentille que présentent les molécules d'eau à l'état volatilisé, c'est-à-dire tellement divisées et petites qu'elles laissent voir au travers de leurs corpuscules. Quand il fait très beau temps, il n'y a pas moins, dans l'air, une certaine quantité d'eau considérable, surtout près du sol; mais cette eau est volatilisée. On ne distingue pas ces gouttelettes comme on les distingue dans la formation des nuages ou du brouillard, ce qui est tout un; elles sont beaucoup plus petites, transparentes, laissent voir les objets très nets, mais en les grossissant, comme le feraient des milliards de milliards de loupes imperceptibles. »

Petit Jean ne se rendait pas un compte bien exact de ce phénomène; mais ces propos n'en laissaient pas moins dans son esprit une trace qu'il retrouverait un jour. C'est sur quoi comptait M. Majorin, et il ne se trompait pas. Et c'est pourquoi il est si funeste de donner aux enfants des idées fausses; plus tard, elles se dressent devant les démonstrations de la science, et c'est à grand'peine qu'on s'en débarrasse.

Le lendemain, de bon matin, une pluie fine rayait l'air. On ne pouvait songer à sortir avant le déjeuner; mais, de la fenêtre, petit Jean voyait le grand bassin du port et tous les navires amarrés. Pendant que M. Majorin lisait les journaux et faisait sa correspondance, Jean prit son cahier de croquis et dessina un petit vapeur de déchargement qui était à quai devant lui.

En vérité, ce dessin n'était pas mal (fig. 75), et le maître, bien qu'il ne fût pas prodigue de louanges, lui en fit com-

186   HISTOIRE D'UN DESSINATEUR.

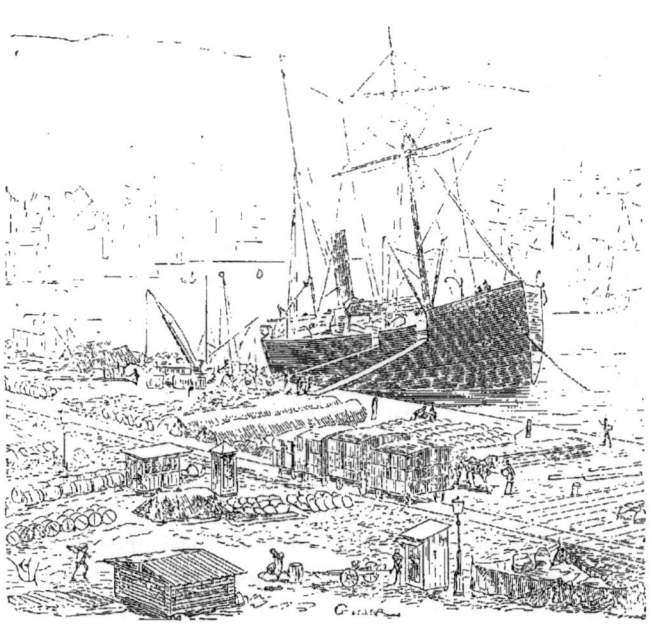

Fig. 75. — Croquis dans le port de Dieppe.

pliment. Petit Jean avait exactement mis le quai et tout ce qui l'encombrait, en perspective. Il avait assez finement saisi l'allure du bateau, plus chargé à l'arrière qu'à l'avant. Mais ce qui plaisait surtout à M. Majorin, c'était de voir son élève dessiner indifféremment tout ce qui attirait son attention, car il n'admettait pas les spécialistes en fait de dessinateurs. A son sens, le dessin est un moyen propre à fixer tous les objets : les plantes aussi bien que les animaux, un rocher aussi bien qu'un arbre, une statue comme un ornement, un édifice comme une figure vivante. Mais puisque petit Jean avait copié un bateau, dès que la pluie eut cessé, M. Majorin le conduisit au chantier, sur la plage, et lui fit voir comment se construit la coque d'un navire, lui expliqua la destination de chaque pièce, comment elles s'assemblent, comment elles sont ferrées. Et là, encore, petit Jean fit des croquis d'après certaines de ces pièces.

Mais une susprise attendait petit Jean. M. Mellinot arrivait à Dieppe avec Mme Mellinot et André, le surlendemain. Les deux frères de lait ne s'étaient pas vus depuis fort longtemps. André, entré au lycée après les dernières vacances, n'avait été conduit à l'Hay que pendant la semaine de Pâques, un jour où M. Majorin recevait quelques amis, et les enfants n'avaient guère eu le loisir de s'entretenir.

Tous deux se trouvèrent quelque peu changés ; mais le premier moment de surprise passé, ils reprirent leurs premières habitudes de franche camaraderie.

On allait faire des promenades dans les environs de Dieppe, à Arques, dans la forêt, au phare. Petit Jean avait toujours un cahier de croquis en poche et, dès qu'on s'arrêtait quelque part, il ne manquait pas l'occasion de copier soit une chaumière, soit un arbre, une plante, une barque. M. Majorin semblait ne point attacher d'importance à ces essais, lui qui habituellement s'intéressait à tout ce que faisait son élève ; il tenait à s'assurer si le goût qui semblait se développer chez petit Jean résisterait à l'apparence d'indifférence du milieu où il se trouvait. André, qui depuis son entrée au lycée n'avait point touché un crayon, ne savait trop s'il devait railler son camarade ou essayer de dessiner comme lui. Devant les croquis de petit Jean, tout imparfaits qu'ils étaient, il se sentait humilié, d'autant que petit Jean n'en tirait nulle vanité et semblait n'avoir d'autre pensée que de satisfaire un penchant naturel.

Un jour, les deux enfants étaient assis devant un de ces portails de ferme normande, pendant que Mme Mellinot s'occupait de faire préparer le déjeuner, et que les deux hommes se promenaient sous la feuillée, en causant. Petit

Jean considéra quelque temps ce portail, ouvrit son cahier et tenta de copier ce qu'il voyait (fig. 76).

« Qu'est-ce que tu vas encore dessiner ? lui dit André.

— Cette porte.

— Pourquoi ?

— Parce que je n'en ai pas encore vu comme ça.

— Qu'est-ce qu'elle a donc cette porte ?

— Elle est drôle ; c'est fait pour mettre à l'abri ceux qui attendent et aussi les charrettes.

— Tu crois ?

— Bien sûr; bon ami me l'a dit. Et puis la charpente est gentille.

— Qu'est-ce qu'elle a, cette vieille charpente toute pourrie, de si gentil ?

— Elle est vieille, c'est vrai, mais elle est bien arrangée.

— Un tas de bois !

— Ça me plaît, avec ces ormes serrés comme un mur.

— Ce sont des ormes ?

— Mais oui ; bon ami m'a raconté que les vieux Normands, les plus anciens, fermaient aussi leurs clos, pour s'y défendre, et que cela se fait toujours par habitude.

— Comment M. Majorin t'a-t-il appris à dessiner comme ça tout ce que tu vois ?

— Mais en me faisant tout dessiner d'abord chez nous, des petits modèles de maisons, des solides, des plantes, des squelettes.

— Des squelettes ?

— Oui, des squelettes.

— Pour quoi faire ?

— Pour savoir comment nous sommes faits, et les bêtes; des insectes, toutes sortes de choses.

— Alors ?

— Alors, quand nous allions en promenade, il me disait : « Petit Jean, faut copier ça. » J'essayais, il me cor-

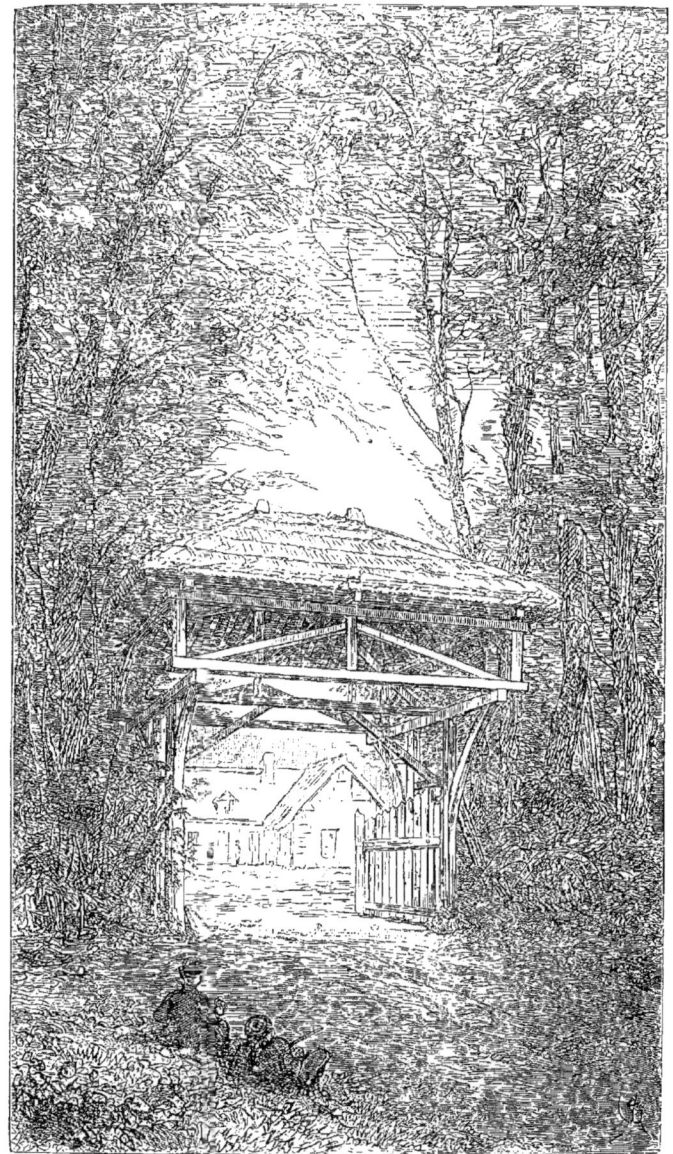

Fig. 16. — Porte de ferme normande.

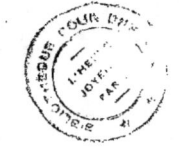

rigeait, me disait le nom de tout pour l'inscrire à côté.

— Il ne corrige pas tes dessins, maintenant ?

— Oh ! parce qu'il est occupé avec ton père ; mais je sais bien qu'il est content si je dessine quelque chose tous les jours.

— Tu seras peintre, dit papa.

— Peintre, pour quoi faire ?

— Mais pour faire des tableaux qu'on envoie aux expositions. Papa dit que c'est pas un état.

— Oh ! alors, bon ami ne voudra pas que je sois peintre ; il me dit toujours qu'il faut se dépêcher de prendre un état quand on est en âge.

— Qu'est-ce que tu seras ?

— Je ne sais pas.

— Mais puisque tu dessines comme ça, toujours, c'est pour prendre un état où l'on dessine.

— Bon ami me dit que le dessin est nécessaire à tous les états.

— Ah ! par exemple ! Est-ce que papa dessine ? Il est professeur cependant ! Est-ce que mon oncle dessine ? Il est notaire cependant ! Et notre ami M. Pommier, le médecin ! Il ne dessine pas non plus ; il n'y a que les peintres qui dessinent, et les architectes.

— Et les ingénieurs, puisque bon ami dessine.

— Oh non ! M. Planchut, l'ingénieur, notre cousin, papa a toujours dit qu'il ne dessinait pas du tout, et cependant il a une belle place au chemin de fer de Lyon ; c'est un très grand ingénieur, il est décoré et va dîner chez le ministre. »

Petit Jean n'avait rien à répliquer ; aussi continuait-il son croquis, sans mot dire.

« Papa disait l'autre jour, continua André, qu'il faut apprendre le dessin quand on a fait ses classes et qu'on a bien le temps. Est-ce que tu fais tes classes ?

— Quelles classes ?

— Est-ce que tu vas au lycée ?

— Non, je dois entrer après les vacances dans l'institution de Bourg-la-Reine.

— Y apprend-on le latin ?

— Bon ami m'a dit qu'on y apprenait le latin, que c'est utile à tout le monde.

— Tu sais! ce n'est pas si amusant que de dessiner!

— Bon ami m'a dit que tout ce qu'on apprend est amusant quand on veut travailler.

— Oh non! pas le latin, pas la géométrie!

— Mais si, la géométrie, c'est amusant.

— Tiens, est-ce que tu l'as apprise ?

— Bon ami m'en a appris un peu, et cela m'amuse beaucoup; je voudrais en apprendre plus, mais il dit que je ne suis pas encore assez grand; il m'a appris aussi un peu de perspective.

— De perspective ?

— Oui, car on ne peut dessiner sans la savoir.

— Mais les grands, au lycée, ont une classe de dessin, il y en a qui dessinent très bien, qui ont des prix, et on ne leur enseigne pas la perspective.

— Comment font-ils ?

— Mais ils copient de beaux modèles lithographiés.

— Ils ne dessinent pas dehors, d'après nature ?

— Oh non! le maître que j'avais à la pension, avant d'entrer au lycée, disait que cela gâte la main et qu'il faut d'abord copier des vrais modèles. »

Petit Jean jeta un coup d'œil sur sa main.... Cet entretien apportait quelque trouble dans son esprit, et le croquis allait tout de travers; aussi ferma-t-il brusquement son cahier.

« C'est trop difficile, » dit-il; et les deux enfants s'en allèrent rejoindre M. Mellinot et M. Majorin.

« Voyons ce que tu as fait? dit celui-ci à petit Jean.

— Oh! rien, bon ami, je n'ai pas pu.
— On essaye?
— J'ai essayé, mais c'est trop difficile.
— Voyons.
— Ce n'était pas trop mal commencé, reprit M. Majorin, en regardant l'ébauche de son élève : il fallait continuer. »

Et refermant l'album sans rien ajouter, il le rendit à petit Jean. L'enfant se sentait mal à l'aise ; les propos d'André, la froideur si peu habituelle de M. Majorin le déconcertaient... Le contact journalier avec un esprit bienveillant, s'intéressant aux moindres détails de l'éducation de l'élève, n'avait pas armé celui-ci contre les froissements de l'amour-propre.

M. Mellinot ne faisait nulle allusion jamais au genre d'études adopté par M. Majorin, mais s'étendait sur l'enseignement donné dans les lycées, sur l'avantage des études classiques et, devant les deux enfants, M. Majorin se gardait de discuter ; loin de là, il semblait approuver tout ce que disait son ami.

Petit Jean se trouvait tout à coup isolé, transporté dans un milieu étranger.

A déjeuner, il fut silencieux et ne mangea pas, tandis qu'André se montra plus gai qu'à l'ordinaire. Sans s'en rendre compte, — car le garçon n'était point méchant, — il éprouvait une secrète satisfaction du trouble jeté, par ses propos, dans l'esprit de son frère de lait. L'espèce de supériorité acquise par petit Jean, qui paraissait savoir déjà tant de choses, l'offusquait.

Ces sentiments contraires chez les deux enfants n'échappèrent pas à M. Majorin. Il n'était pas de ceux qui traitent de bagatelles insignifiantes les impressions si vives ressenties par les enfants à propos de sujets sans portée sérieuse ; il avait, au contraire, cette opinion que ces premières impressions peuvent avoir une influence déterminante sur ces esprits en formation, quelle que soit d'ailleurs la futilité du motif. Il continua donc d'observer son élève pendant le séjour de M. Mellinot à Dieppe, sans montrer plus d'attention à ce que faisait ou pensait petit Jean, qui, jusqu'au départ d'André, n'emportait plus son album dans les promenades.

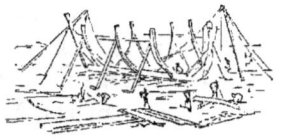

CHAPITRE XIV

DES AVANTAGES ET DES INCONVÉNIENTS DE NE PAS
SUIVRE LA GRANDE ROUTE.

Il faut l'avouer, quand les deux amis eurent reconduit les Mellinot à la gare, petit Jean éprouva comme un soulagement, bien qu'il eût passé de charmantes journées avec André sur les plages et dans les promenades des environs; mais les deux enfants, évidemment, ne parlaient plus la même langue. Petit Jean appelait déjà chaque chose par son nom ; il disait, en parlant d'un galet : « C'est un silex, voyons s'il contient une géode ? » Ce coquillage était « bivalve » ; ces boules brunes qu'on rencontre sur la grève, étaient « des pyrites de fer. » Cet arbre était « un frêne, un hêtre ou un chêne. »

Le pauvre petit n'y mettait nulle pédanterie, on lui avait appris ainsi à désigner chaque objet par son nom particulier; mais cela agaçait André, qui regardait ironiquement son camarade en ayant l'air de lui dire : « Qu'est ce que cela me fait ! »

Quand donc les deux amis furent, après la conduite, rentrés au logis, petit Jean demanda si l'on n'irait pas se promener sur la plage, là où sont ces traces des fissures de la craie (fig. 72).

« Allons-y, dit M. Majorin, la mer est basse encore pendant trois heures au moins. »

Cette fois, petit Jean prit son cahier de croquis, ce qui n'échappa pas au maître. On fut bientôt sur cette plage rocailleuse toute pleine d'algues, de débris de coquilles, d'animalcules grouillant dans les flaques d'eau, sautant sur les rochers, de petits crabes, de méduses échouées; tout un monde vivant, actif, chassant, combattant, dévorant, mourant. Petit Jean accablait son ami de questions; il avait soif d'entendre ses explications si claires, si intéressantes, qui le faisaient penser et remplissaient son esprit, après ces quelques jours de conversations dont il ne gardait qu'un souvenir lourd sur le cœur.

« Ainsi, disait M. Majorin en manière de conclusion, après avoir satisfait la curiosité de son élève, la mer est bien autrement habitée que n'est la terre. Cette immense masse d'eau salée est remplie d'animaux, depuis la baleine franche jusqu'aux infusoires microscopiques qui ne sont pas les moins occupés dans ce monde liquide, car ce sont les principaux agents de formation.

« Autrefois, l'eau sur le globe a déposé, en faisant travailler ses habitants sans relâche, une partie considérable des roches qui composent nos continents et qui ont émergé lorsque la croûte s'est déformée. Aujourd'hui, la mer, reléguée dans les parties basses, continue à faire travailler sa population exactement comme elle le faisait jadis; elle fait encore de la craie, des bancs de coraux qui formeront à leur tour des continents, s'il se produit une dénivellation de la surface terrestre. Alors nous, nous serons peut-être à notre tour au fond de l'eau salée et, sur nos villes, la mer déposera des bancs calcaires, des sables, débris de nos montagnes siliceuses, réduites en poussières.

— Est-ce que cela peut arriver bientôt ?

— Ce n'est pas probable ; nous serons prévenus, d'ailleurs, car la nature ne procède jamais brusquement. Il est des côtes, comme les côtes occidentales de l'Irlande et même comme celles de France, qui s'enfoncent graduellement ; si bien que, dans un certain nombre de milliers de siècles, la mer pourrait battre les remparts de Paris, si Paris existait encore à cette époque. D'autres côtes, au contraire, s'élèvent. Rien n'est au repos, ni à l'état permanent en ce bas monde et, dans l'univers, tout se meut, s'altère, se décompose et se recompose, travaille en un mot, car le travail n'est autre chose que le mouvement, l'analyse et la synthèse, c'est-à-dire la décomposition et la recomposition sous une forme semblable parfois, mais jamais identique... Me comprends-tu ?

— Oh oui ! bon ami. »

En effet, petit Jean semblait boire avidement les paroles de son maître. Ce langage, à la suite des propos décousus des jours passés, lui produisait l'effet d'une mélodie claire après un charivari ; s'il n'eût été retenu par une sorte de pudeur, il se fût jeté au cou de M. Majorin. Ces sentiments n'échappaient pas au maître, qui continua ainsi :

« Toutes ces bestioles qui grouillent sous tes pas n'ont qu'une idée : vivre, et, pour vivre, la plupart doivent dévorer d'autres bestioles quand elles ne se dévorent pas entre elles, comme ont fait et font encore des hommes qui se considèrent comme des animaux très supérieurs. Et, en vivant, ces bestioles travaillent inconsciemment à former cette croûte terrestre sur laquelle nous marchons, que nous cultivons, d'où nous tirons nos pierres à bâtir, notre chaux, et quantité de matières qu'utilise notre industrie. Tout travaille donc, c'est-à-dire défait quelque chose pour faire une autre chose. La matière, que le vulgaire considère comme inerte, travaille, car elle est perpétuellement en mouvement. Les végétaux sont les plus actifs travailleurs du globe. Ils assainissent la terre en lui enlevant, pour se nourrir, les ferments putrides qui sont des poisons pour l'homme ; ils assainissent l'air en absorbant l'acide carbonique que tout animal produit en respirant et qui est également un poison pour ses semblables. Ces végétaux retiennent l'humidité dans le sol, d'où sortent les sources qui font les rivières, et, en mourant, ils laissent à ceux qui leur succèdent, les approvisionnements d'où ceux-ci tirent leur subsistance.

« L'homme est soumis comme tous les animaux au changement et à la décomposition, et son corps, malgré lui, travaille au mouvement perpétuel de recomposition. Cependant il faut lui reconnaître une supériorité : l'intelligence. Il domine sur tous les êtres vivants du globe par l'organisme plus parfait de son cerveau. La faculté lui est laissée de ne pas faire travailler cette intelligence, mais, s'il ne la fait pas travailler, s'il n'exerce pas cette intelligence, s'il la laisse immobile, il agit contre nature, il est coupable, par cela même que la connaissance de ce qu'il fait ou ne fait pas lui est donnée.

« Ainsi est né dans l'intelligence de l'homme le sentiment du devoir, la connaissance de ce qui est bien et de ce qui est mal, c'est-à-dire la morale sociale.

« Voici un crabe, un peu plus gros que ses voisins, qui s'apprête à dévorer un pauvre petit être de son espèce qui est blessé et mourant. Cela est abominable, n'est-ce pas ? Mais, vas-tu envoyer ce crabe en cour d'assises ? Si tu l'écrases pour le punir, tu es un sot, car la punition n'est efficace qu'autant que celui qui la subit comprend pourquoi on la lui inflige. Or, il est certain que ce crabe ne comprendra pas du tout pourquoi tu l'écrases. Mais, si un homme fort se jette sur un enfant blessé et incapable de se défendre, pour le dévorer, non seulement tu seras révolté, mais ton devoir sera de faire punir le coupable si tu ne peux venger toi-même la victime.

« Eh bien, la connaissance et l'accomplissement de ce devoir que ton sentiment intérieur t'indique, et dont l'éducation définit l'étendue, c'est le plus bel attribut de l'homme, c'est ce qui établit sa supériorité entre tous les animaux. Et, parmi ces devoirs, le perfectionnement de sa propre intelligence est le premier de tous, puisque ce perfectionnement lui permet de définir et d'accomplir les autres. Je le répète donc, sont coupables, vis-à-vis de leurs semblables, les hommes qui, ayant à leur portée les moyens d'apprendre, d'élever leur intelligence par le savoir et d'accomplir leur mission laborieuse sur la terre, demeurent dans l'ignorance et la paresse et oublient un seul instant qu'ils sont créés, suivant l'ordre de la nature, pour travailler. »

— Oh! je sais, bon ami, qu'il faut travailler!
— J'espère que tu me comprends.
— Il m'en coûtait, ces jours passés, de ne rien faire!
— Ne crois pas que tu ne faisais rien, tu observais, tu comparais, tu sentais le besoin de reprendre le cours de nos études; tu éprouvais des sentiments dont tu ne te rends pas un compte exact, bons et mauvais, mais que nous n'aurions pas l'occasion d'analyser si tu ne les avais pas ressentis. J'ai bien deviné ce qui s'est passé dans ta tête pendant ces quelques jours. D'abord, tu t'es trouvé froissé de ne plus être le seul à fixer l'intérêt. Quand nous sommes tous deux, je m'occupe naturellement de toi, et tu t'es un peu habitué ainsi à être le point où convergent nos préoccupations; mauvaise chose! Puis, André t'aura fait sentir peut-être que l'instruction que tu reçois n'est point conforme à celle qui lui est donnée.

« Puis enfin, l'indifférence de ceux qui t'entouraient, en présence de tes petits efforts, t'a semblé friser la malveillance.... Est-ce vrai?

— Je crois que oui, bon ami !

— Ton cerveau a donc travaillé ; tu as tiré des déductions d'apparences, déductions fausses peut-être, mais qui n'en sont pas moins un effort pour démêler la vérité entre des faits qui te touchent personnellement, pour connaître les hommes et ce qu'ils pensent de toi.

« Eh bien, de ces réflexions, de ce travail intellectuel, on peut et l'on doit déduire les moyens de se rendre meilleur et d'accomplir ainsi ses devoirs avec plus d'exactitude. Il s'ouvre, dans la vie, pour chacun de nous, deux voies : l'une, qui est la grande route où passe le plus grand nombre et par laquelle on arrive au but plus ou moins rapidement, mais sans rencontrer d'autres obstacles sur le chemin que ceux causés pas l'encombrement. Il y a les chemins de traverse, difficiles à parcourir, hérissés de broussailles et coupés par des fondrières, mais qui mènent au but plus vite, si l'on a la force et le courage de franchir ces obstacles. Ton camarade André suit certainement la grande voie, guidé par son père ; moi, je ne puis que te mener par les chemins de traverse ; il te faudra donc montrer, si tu veux les prendre, beaucoup de courage et de persistance et, d'abord, ne point regretter de les avoir pris. Donc, il en est temps encore ; je puis te faire entrer au lycée qui est le grand chemin, si tu veux, comme ton frère André ; mais ce n'est pas moi qui te pourrai guider. Si, au contraire, il te convient de suivre les enseignements que j'ai commencé à te donner, il faut t'attendre à des mécomptes et trouver en toi seul le courage d'aller en avant sans te préoccuper de ce que font et pensent ceux qui sont sur le grand chemin.

« Peut-être ne saisis-tu pas bien le sens de mes paroles ?

— Bon ami, j'aurai tout le courage qu'il faut avoir, si je suis près de vous. André m'a dit que ce qu'on lui apprenait au lycée l'ennuyait ; et tout ce que vous m'enseignez m'amuse.

— Je le veux croire; mais tu vois déjà qu'au contact de personnes qui, certainement, sont bienveillantes pour toi, tu as ressenti des froissements. Il ne t'a pas paru qu'on estimât tes petites connaissances à leur valeur; tes petits talents, si tu en as acquis, causaient plus d'étonnement que d'approbation.

« Que sera-ce quand tu posséderas des connaissances réelles et que tu te trouveras en présence de personnes hostiles ou d'envieux, si tu n'es pas armé contre le mauvais vouloir, si tu n'as pas en toi-même l'énergie qui fait surmonter les obstacles et la certitude de ne point défaillir en chemin?

« Je crois t'avoir fait comprendre comment nous sommes tous au monde pour travailler. Cela ne suffit pas. La majorité des humains entend que l'on travaille d'une certaine manière et ne trouve pas bon qu'on ait une méthode à soi. Cette majorité respectable a ce qu'on appelle sa routine, qui est le grand chemin battu dont je te parlais, et il lui déplaît qu'on ne le suive pas, bien qu'il y ait encombrement.

« Elle suppose que l'ennui de parcourir cette voie unie et large est une des conditions du travail et n'admet pas que l'on puisse apprendre et travailler avec plaisir. Tu es trop jeune encore pour que je t'explique cela, comment et pourquoi le travail a été présenté à l'homme comme une sorte de peine ou de punition, tandis que c'est sa gloire et la plus noble de toutes ses jouissances. Mais enfin, si, comme tu le dis, notre façon d'apprendre et de travailler t'amuse, il faut compter que tu payeras cette satisfaction, car tous ceux qui auront travaillé et appris en *s'ennuyant*, c'est-à-dire en faisant un effort pénible, ne pourront admettre que le savoir acquis en *s'amusant* ait la valeur du savoir acquis en *s'ennuyant*.

« Tout ce que je te dis là est bien sérieux pour ta petite tête; mais tu y penseras, et plus tard, cela te reviendra en mémoire. Ce que j'entends aujourd'hui, c'est que tu sois prévenu et que tu fasses provision de courage.... Voici la mer qui commence à monter, ne nous attardons pas davantage. »

Pendant cinq semaines, M. Majorin et son élève visitèrent le Havre, Caen, Évreux, Rouen, et dans cette dernière ville petit Jean fit une bonne récolte de croquis d'après des fragments d'édifices. Ainsi prenait-il chaque jour l'habitude de dessiner d'après nature, n'importe quels objets, et M. Majorin ne manquait jamais de lui fournir les explications utiles.

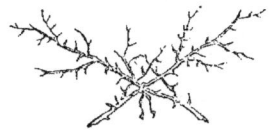

CHAPITRE XV

CINQ ANS APRÈS.

Entré dans l'institution de Bourg-la-Reine, petit Jean « y reçut, comme le dit Sainte-Beuve, cette éducation moyenne, sans trop de tradition et sans trop de formules universitaires, à la fois professionnelle et suffisamment classique, que je voudrais voir devenir un jour celle de la majorité de nos concitoyens. L'avantage de cette éducation, pour ceux qui ne se destinent pas à desservir en lévites fidèles les autels de l'antiquité, c'est qu'elle laisse de la liberté aux aptitudes, qu'elle ne prolonge pas sans raison les années scolaires, qu'elle donne pourtant le moyen de suivre plus tard, si le besoin s'en fait sentir, telle ou telle branche d'érudition confinant à l'antiquité et que, vers seize ou dix-sept ans, le jeune homme peut s'appliquer sans retard à ce qui va être l'emploi principal de toute sa vie. »

En effet, entré dans cet établissement à douze ans, petit Jean en sortait à dix-sept, ayant une connaissance suffisamment développée des auteurs de l'antiquité pour poursuivre, s'il le jugeait à propos, ses études dans la voie classique; possédant à fond les connaissances mathématiques élémentaires et passablement instruit en physique, en chimie, pour pouvoir se présenter dans une école spéciale, après une préparation de quelques mois.

Il n'avait pas négligé, pendant cette période, l'étude du dessin, bien que, dans cette institution, comme partout ailleurs alors, l'absence de méthode rendît cet enseignement à peu près nul. Mais petit Jean avait reçu des principes qui ne s'oublient pas, et son professeur de dessin eut le bon esprit de le laisser faire.

Aussi, mettant de côté les éternels modèles lithographiés qu'on distribuait à ses camarades, il copiait les quelques bosses qui garnissaient les tablettes de la classe ou n'importe quel objet. Les vacances, pendant lesquelles M. Majorin faisait toujours voir des choses nouvelles à son élève, lui donnaient d'ailleurs l'occasion d'observer la nature et de se perfectionner dans la pratique du dessin.

Il faut dire que le bagage apporté par petit Jean, en entrant dans l'institution de Bourg-la-Reine, lui avait singulièrement facilité l'intelligence de tout ce qu'on lui enseignait. S'agissait-il de traduire un auteur latin, les *Commentaires de César*, par exemple, il comprenait rapidement des passages qui étaient absolument obscurs pour ses camarades. Il faisait des croquis en marge de ses versions pour indiquer la section d'un *vallum*, la disposition d'une contrevallation et de ses tours de bois, la forme d'un *agger* ou la combinaison du fameux pont du Rhin. Grâce à l'esprit libéral qui régnait dans cette institution, le professeur ne se scandalisait pas de ces procédés inusités, et discutait même volontiers avec les élèves les illustrations du traducteur. Mais le bonheur de petit Jean était de montrer le dimanche à M. Majorin ses interprétations graphiques des textes, et cela donnait lieu à des conversations qui intéressaient vivement l'élève et lui faisaient prendre un goût particulier à ces études, considérées comme mortellement ennuyeuses par la plupart des lycéens.

Et comment en serait-il autrement, ne pouvant se représenter les scènes qu'on fait ainsi passer sous leurs yeux ?

Mais il faut dire que l'histoire, la géographie et les sciences mathématiques et physiques étaient plus particulièrement affectionnées par petit Jean ; que ce fût par suite d'une disposition naturelle, ou par l'habitude que lui avait donnée M. Majorin de s'attacher aux choses positives et de raisonner.

Petit Jean rentrait donc à l'Hay, chez son bon ami, à la fin de l'année scolaire 18...

Quelle direction allait prendre petit Jean? M. Majorin lui demanda tout d'abord s'il avait à cet égard un parti pris.

« Je n'oserais me prononcer, répondit petit Jean. Quand je vois les belles choses d'art que vous m'avez montrées dans les musées, en me les expliquant si bien, il me semble que je voudrais aussi faire de la peinture ou de la sculpture; quand vous me faites visiter de beaux monuments et que vous me dites comment ils sont construits, j'ai l'envie de me faire architecte.

« Quand nous avons parcouru l'Auvergne, tout semblait m'engager à m'adonner aux études géologiques, à devenir ingénieur des mines ou topographe. Quand nous visitons des usines et que je vois ces machines si merveilleuses, je pense à me lancer dans la mécanique. Je ferai donc ce que vous me conseillerez de faire.

— Oh, je n'aurai garde de décider la question au pied levé. Puisque tu ne sais toi-même quelle est la carrière que tu veux embrasser, je le sais encore moins, et c'est une trop grosse affaire pour la trancher sans avoir mûrement réfléchi.

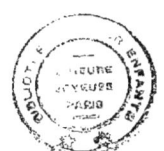

« Trop souvent les parents destinent un peu à la légère leurs garçons à telle ou telle carrière. A force d'entendre dire qu'ils seront avocats ou médecins, ou professeurs, ou ingénieurs, ou n'importe quoi, ces jeunes gens s'imaginent réellement qu'ils sont nés pour embrasser l'un de ces états, et à vingt-cinq ou trente ans ils s'aperçoivent, un peu tard, que leurs goûts et leurs aptitudes les portaient ailleurs. Nous ferons en sorte qu'il n'en soit point ainsi. »

M. Majorin, voulant s'assurer si, dans son élève, il y avait l'étoffe d'un artiste, attaqua la question résolument et par un côté qui pût séduire l'esprit déjà passablement réfléchi de petit Jean. Il mit donc sous ses yeux quelques beaux ouvrages qu'il possédait, et on alla visiter les musées de Paris avec soin.

M. Majorin observait attentivement les impressions qu'éprouvait son élève devant les chefs-d'œuvre, et il reconnût bientôt ainsi, que petit Jean était surtout sensible aux déductions ; ce qui indiquait chez lui un esprit plutôt scientifique que capable d'inspiration.

Un jour, petit Jean feuilletait des photographies recueillies par M. Majorin et faites d'après des œuvres de l'antiquité et des maîtres italiens de la Renaissance. Un dessin de Léonard de Vinci, du musée de Florence, vint à passer sous ses yeux ; petit Jean le considérait attentivement, ce qui donna à M. Majorin l'occasion de parler de ce maître.

« Oui, dit-il, Léonard de Vinci fut à la fois un artiste admirable et un savant. Il avait prévu l'emploi de la vapeur, ainsi que le prouvent des notes et croquis laissés par lui et que nous possédons. C'était un chercheur, en avant de son époque, et ses œuvres d'art dénotent une intelligence étrangement mystérieuse. Évidemment, ce génie avait la conscience de n'être pas absolument compris, ce qui ne l'empêchait pas de poursuivre, à part lui, ses recherches ; dans ses productions d'art, il y a toujours comme une énigme à déchiffrer. Ce dessin (fig. 77) en est

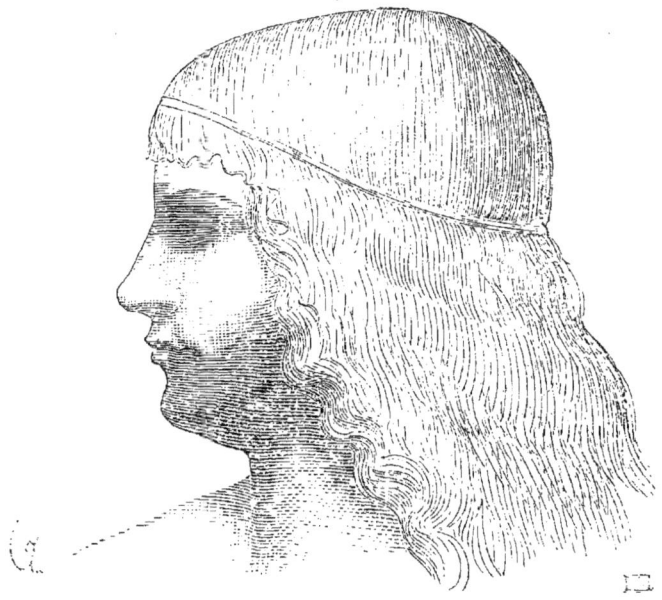

Fig. 77. — Dessin de Léonard de Vinci.

une preuve. Ce type de femme lui appartient, on le reconnaîtrait entre mille, et ce qui domine dans cette personnification, c'est l'intelligence, mais une intelligence qui a ses mystères. Quand j'étais dans le nord de l'Italie, j'ai souvent cherché l'original de ce type, et mes recherches ont été absolument vaines. Où Léonard l'a-t-il trouvé? Dans son imagination, peut-être ; mais (et c'est là où apparaît l'homme de génie) il lui a donné une telle vie, une unité anatomique si complète, une physionomie si personnelle, qu'on connaît cette tête et qu'on se demande toujours ce que signifient et promettent ces traits à la fois si fermes et si délicats, ce regard doux et plein de problèmes, cette bouche qui peut être si aimable et si railleuse.

« Léonard de Vinci, qui, à mon avis, est le plus grand artiste du seizième siècle, donne tort absolument à ceux qui prétendent que l'art et la science sont incompatibles, que celle-ci étouffe toute inspiration d'art ; et peut-être le défaut dominant de nos artistes aujourd'hui, malgré leurs qualités incontestables, est-il, dans ce siècle de savoir, de ne pas croire à cette alliance, de ne pas demander à la science l'appui qu'elle peut donner à l'art. L'artiste circonscrit ainsi, comme à plaisir, le champ où il se meut, et cependant, la science conduisant à la découverte du vrai, et le vrai étant toujours supérieur à la fiction, il y aurait tout intérêt à considérer la science comme une amie utile. Que d'idées elle pourrait inspirer aux artistes s'ils la voulaient consulter ! Vois donc, par exemple, ces fragments de sculptures et de peintures égyptiennes (fig. 78) (et ces artistes de la haute antiquité de l'Égypte étaient de merveilleux observateurs). Voici une tête de lion d'Afrique dont le galbe est saisi avec une finesse rare, puis, voici évidemment une charge, mi-partie bête, mi-partie humaine. Maintenant, examine cette tête de femme qui, au total, est charmante, mais où l'on retrouve quelque chose du félin. L'avancement de la mâchoire, ce qu'on appelle le *prognatisme*, la distance entre le coin de l'œil et les ailes du nez, l'élévation de l'oreille sont bien observés, puisque aujourd'hui encore, parmi les fellahs du bord du Nil, on retrouve ce type, qui rappelle un peu les félins. Compare cette tête avec le dessin de Léonard de Vinci; ne vois-tu pas quelle distance énorme sépare ces deux individus, et comme l'observation, suivant la méthode scientifique, pourrait être utile aux artistes et étendre leurs ressources ?

« Et cette tête si caractérisée du sphinx colossal de Djîseh (fig. 79) ne dénote-t-elle pas chez ces artistes égyp-

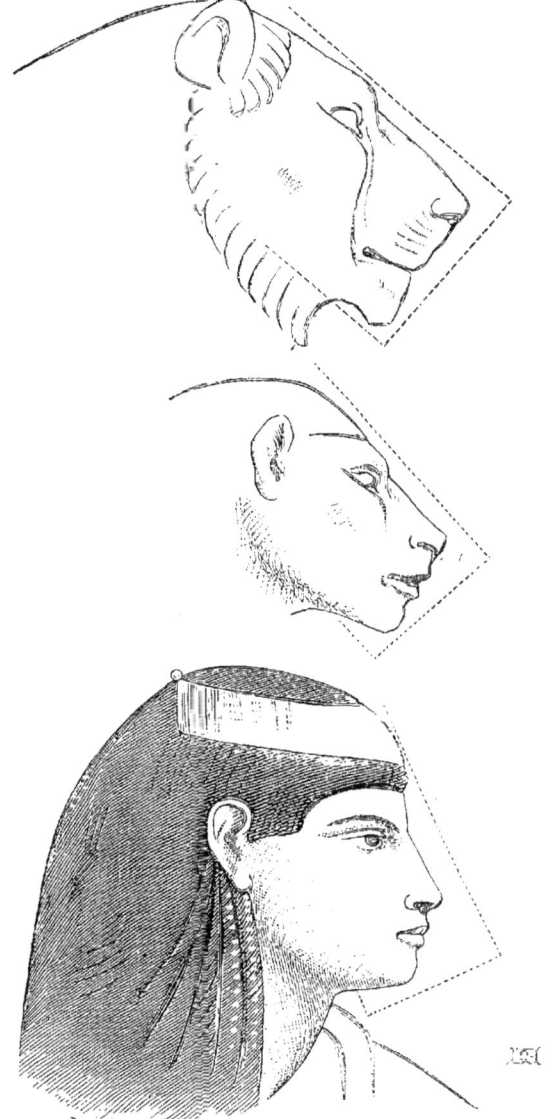

Fig. 78. — Angle facial

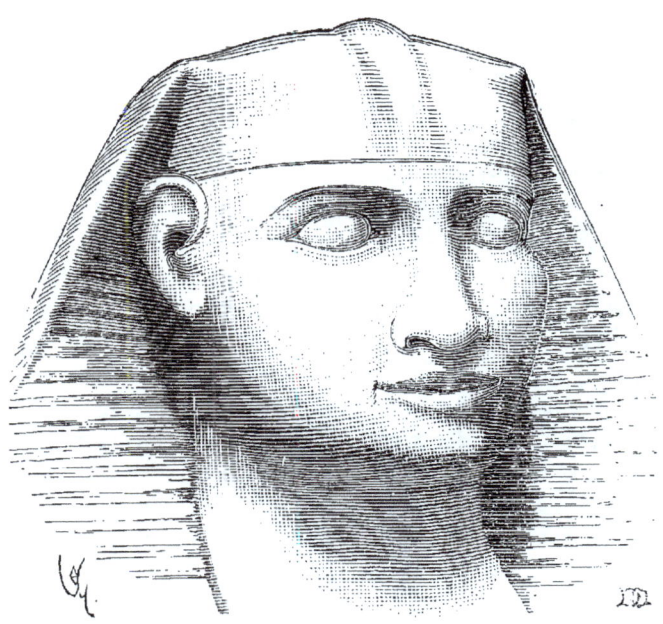

Fig. 70. — Le sphinx de Djiseh.

tiens, sous les premières dynasties, une admirable compréhension de la nature et une façon singulièrement grande de l'interpréter? Elle aussi, cette tête, est prognahte; mais quelle puissance dans ces grands yeux rapprochés des arcades sourcilières, dans cette carrure du maxillaire inférieur! Et c'est bien à la nature seule, observée dans ses caractères dominants, que ces artistes ont dû de donner à cette statuaire une physionomie si grandiose et en même temps individuelle; si bien que ces types se fixent dans la mémoire et y laissent une empreinte ineffaçable; cependant cette sculpture, qui date de plus de quatre mille ans, nous donne aujourd'hui le caractère très nettement écrit des races humaines qui alors occupaient la basse vallée du Nil.

— Et cette sculpture est bien conservée ?

— Non, elle a été mutilée par la main des hommes, car le temps, dans ce climat conservateur, a très peu altéré la roche dans laquelle les sculpteurs l'ont taillée. Le nez est brisé, les globes des yeux ont été attaqués par le marteau ; mais le type est si bien accusé et les analogues sont si nombreux, qu'on ne peut se méprendre sur la forme des détails endommagés. Ces artistes égyptiens voyaient la nature par ses grands côtés ; mais ils l'observaient avec l'attention de savants, c'est-à-dire qu'ils démêlaient d'abord les caractères dominants de chaque individu, de manière à en dégager le type ; aussi leurs œuvres sculpturales ont une puissance qui écrase tout ce qu'on place auprès d'elles.

« On a écrit des volumes sur le *Beau* dans l'art, et, au total, tout ce papier n'a jamais fait faire une belle œuvre. C'est qu'en effet le beau, si on veut entendre par ce mot autre chose qu'une sorte de canon, de forme de convention, est dans la manière d'observer la nature, non dans la reproduction d'un type éclectique. Le beau, c'est l'harmonie, la concordance exacte de la forme avec la fonction, et c'est en cela que la science vient apporter à l'art un concours nécessaire. La science démontre, en effet, que telle particularité du crâne humain, par exemple, amène forcément telle disposition de l'ensemble. L'observation scientifique a conduit Cuvier à reconstituer un animal entier avec une mâchoire ou un membre, et des découvertes postérieures n'ont fait que confirmer ses dires. Il y a donc pour l'artiste qui recherche le beau, c'est-à-dire l'harmonie, un intérêt majeur à savoir comment procède la Nature, quelles sont les conséquences logiques déduites de la conformation d'une partie.

« Les artistes égyptiens n'avaient certes pas pratiqué l'anthropologie ; mais la délicatesse de l'observation suppléait chez eux à la science expérimentale, et on a lieu d'être surpris, quand on examine les œuvres nombreuses de la haute antiquité égyptienne, de la concordance parfaite qui existe entre toutes les parties des types qu'ils ont voulu représenter, hommes ou animaux. Nos savants modernes, s'ils savaient sculpter ou dessiner, ne feraient pas mieux. Mais le malheur veut que si nos artistes négligent absolument la science, nos savants sont hors d'état de se servir passablement d'un crayon, tant notre éducation est défectueuse.

« Pour toi, qui dessines déjà passablement et qui perfectionneras ce que tu sais, souviens-toi de ceci : si tu prétends suivre une carrière scientifique, le dessin te donnera des facilités qui manquent à la plupart des savants ; si tu veux être un artiste, la science peut te donner sur tes confrères une supériorité très marquée et surtout l'originalité qui est, dans l'art, la première de toutes les qualités. Ainsi, en t'occupant des choses d'art, aie en vue de recourir à la science ; en t'occupant de sciences, n'oublie pas un instant de pratiquer ce langage du dessin qui non seulement, est la meilleure des descriptions, mais dont l'usage apprend à voir.

« Voici donc des œuvres d'art bien différentes comme caractère, séparées par des dizaines de siècles, écloses au sein de civilisations étrangères l'une à l'autre, et dues à des artistes qui sont bien éloignés d'appartenir à la même race ; j'entends parler de ce dessin de Léonard de Vinci et de cette tête du sphinx de Djîseh ; ni l'une ni l'autre de ces œuvres ne ressemble à la Vénus de Milo que nous avons examinée l'autre jour au Louvre. Toutes deux cependant sont incontestablement belles ; pourquoi ? Uniquement parce que leurs auteurs ont cherché dans l'inépuisable nature, un élément d'art qu'ils ont fait ressortir sous forme d'un type, dont toutes les parties sont harmoniques. Est-ce à dire qu'il n'y en ait pas des milliers d'autres ? Est-ce à dire même que l'on ne puisse produire une œuvre d'art qu'à la condition de se soumettre aux procédés employés par les auteurs de ces deux exemples ? Non, certes.... Tiens, voici un livre de gravures japonaises; ne nous gênons pas pour courir le monde, d'autant que les Japonais sont d'excellents dessinateurs. Il ne faut pas demander à ces artistes de reproduire les types admis par les sculpteurs et les peintres de l'Égypte, de l'Italie, de la Renaissance, ou de la Grèce antique : ils n'en ont nulle connaissance ; mais ils vivent dans un milieu particulier, entourés de races qui ne ressemblent en rien à celles de l'Occident; ils observent la nature, et ainsi sont-ils parvenus à composer des œuvres d'art d'une grande valeur, et dont l'originalité est incontestable.

« Vois, comme ces artistes sont arrivés à saisir le geste, la pantomime, comme tous ces personnages sont à leur affaire et ne posent pas pour la galerie ; quelle sincérité et quel esprit dans ces attitudes ! comme tout cela est vivant! (fig. 80).

« Ce haut fonctionnaire qui porte gravement quelque objet précieux, recouvert de ses amples manches, avec sa large robe de soie brodée et son sabre à la ceinture (car il y a deux choses que le Japonais de haute classe ne quitte jamais : son éventail et son sabre), est-il assez pénétré de sa dignité ? Et cette femme en toilette élégante, qui examine un champignon avec une grande attention, n'a-t-elle pas une attitude prise sur le vif? Et cette autre qui remet un placet ? Et le mouvement de ce porteur, n'est-il pas admirablement saisi ? Ce livre qui représente des métiers, des jeux, tous les actes de la vie, est ainsi plein de scènes charmantes, spirituellement indiquées, et qui nous font vivre au milieu de ce peuple comme si nous étions en plein Japon. Penses-tu que nos illustrations aient cette valeur, cet attrait, et qu'elles rendent aussi exactement nos mœurs journalières, notre physionomie ? Non, n'est-ce pas ? C'est

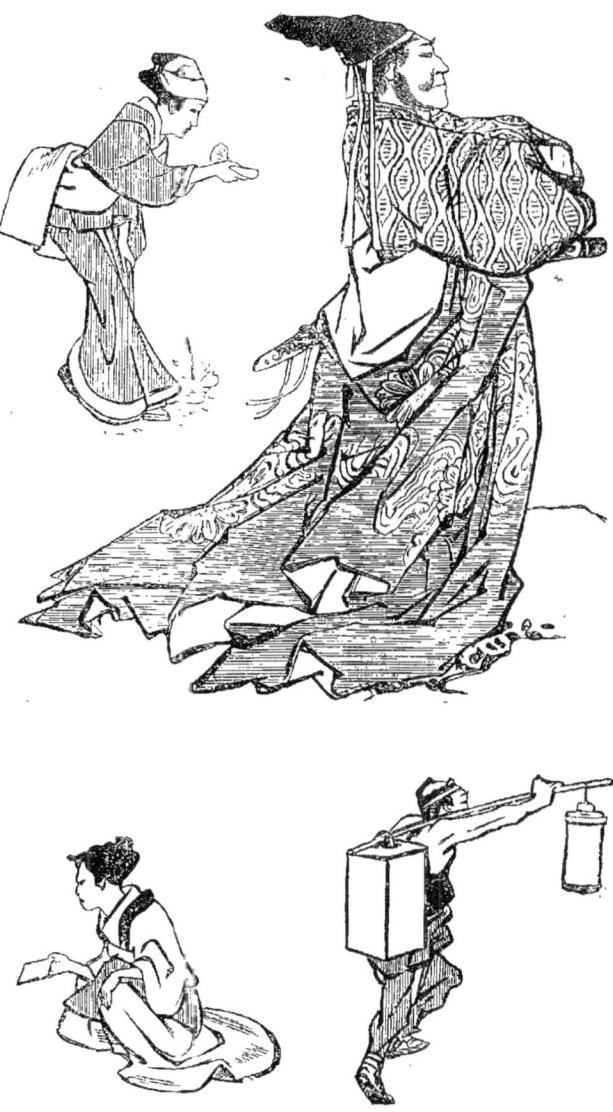

Fig 80. — Les dessinateurs japonais.

qu'il y a toujours chez nous de mauvaises traditions, que nous nous maniérons, surtout quand nous voulons être naïfs.

« L'amour vrai et réfléchi des Japonais pour la nature apparaît dans toutes leurs œuvres d'art.

« Évidemment, il faut qu'ils l'aiment singulièrement pour l'observer avec tant de soin et rendre avec tant d'exactitude ses moindres productions. Pour eux, rien n'est indifférent, et ils étudient aussi bien la forme et l'allure d'un insecte, le port et les détails d'un végétal que le caractère physique de l'homme ; ce qui ne les empêche pas de ne voir au besoin que les ensembles et de rendre en quelques touches de pinceau (car ils ne dessinent guère qu'avec des pinceaux) l'aspect d'un site.

« Parcours ces trois cahiers, publiés en l'honneur d'un des volcans du pays, cahiers, qui sont pleins de scènes de toute sorte et de paysages.

« Observe comme ceux-ci sont rendus, comme, avec des moyens si simples, ils donnent une idée exacte du pays ; pourquoi ? C'est que l'artiste a saisi le caractère principal de chacun des aspects qu'il veut rendre, et que, sans s'attacher aux détails, il a traduit cette impression dominante avec un sentiment d'une extrême délicatesse.

« Ainsi, comme la nature elle-même, il a fait de la poésie sans le savoir. Je dis de la poésie, et je m'explique, car, sur ce chapitre, comme sur bien d'autres, nous sommes imbus d'idées de convention, fausses par conséquent dans la plupart des cas, en ce qu'elles prétendent circonscrire, dans une certaine manière de présenter les faits ou les impressions, un phénomène qui s'applique à tout, partout, et en toutes circonstances.

« On attache généralement au mot *poésie* l'idée d'une fiction, et dès l'instant qu'on entre dans la réalité, on n'admettrait pas que la poésie ou le sentiment poétique pût intervenir. Le tout est de définir les termes : si par poésie on entend la fable, le surnaturel, l'impossible que conçoit l'imagination humaine, il n'y a pas de difficulté ni d'équivoque ; mais si par poésie, on entend une qualité particulière d'impressions ressenties ou communiquées par la vue, ou la description d'un fait naturel, rien ne réunirait davantage les éléments attribués à la poésie, lesquels émeuvent l'esprit dans un sens élevé, que l'observation très attentive de la nature, autrement dit, que l'observation scientifique. Si, pour nous, les chants homériques sont demeurés des expressions poétiques, ce n'est pas, à coup sûr, parce qu'ils nous présentent l'Aurore ouvrant les portes de l'Orient ou parce que Diomède blesse une déesse ; mais parce que nombre de passages nous dépeignent les sentiments du cœur humain (lesquels ne sont jamais une fiction) dans toute leur réalité et, peut-on dire, leur âpreté native.

« Il y a cependant une distinction à faire entre la méthode scientifique et la méthode poétique ou d'art.

« La méthode scientifique consiste à donner les résultats de toute observation, si minimes qu'ils soient en apparence, une analyse aussi complète que possible de l'objet ou du sujet observé, quitte à en déduire la synthèse. L'art, ou la poésie, si tu veux, peut faire cette analyse et par conséquent, procéder comme procède la science ; mais elle doit ne présenter que l'effet dominant, l'impression majeure qui se fixe dans l'esprit en y laissant une trace indélébile ; c'est là son mérite et la difficulté, car, pour rendre cette impression majeure, il faut la ressentir soi-même, ce qui n'est pas donné à tout le monde ; et beaucoup, dans les lettres et les arts, se croient poètes qui ne sont que des commissaires-priseurs faisant un inventaire. Eh bien ! pour en revenir à ces dessins japonais, voici tel site, par exemple, qui, à l'aide de quelques traits et de trois teintes, représente une vague se couronnant de mousse emportée par le vent ; au-dessus du dos de cette vague se découpe la silhouette d'arbres et le sommet du *Fou-Si*, du volcan. Une nuée d'oisillons tourne sur un ciel gris. Le moyen d'exécution est des plus simples. Mais les lignes sont si heureusement observées et rendues, les *formes* de cette mousse déchirée par le vent sont si admirablement interprétées, par suite d'une observation évidemment minutieuse, que ce croquis produit une profonde impression.

« On entend le choc des vagues, le crépitement des globules d'eau, le bruit du vent. En un mot, on assiste à la scène.

« Il a bien fallu que l'artiste, qui l'a si puissamment rendue, bien qu'elle soit fugitive, éprouvât l'impression communiquée et qu'il distinguât, au milieu de cette mobilité des éléments qui composent le sujet choisi, le caractère principal, l'union accidentelle de lignes qui nous le dépeignent avec une si émouvante réalité. Cet artiste est un poète, dans la véritable acception du mot, tout comme le rhapsode grec qui, en deux ou trois vers, nous dépeint l'attitude silencieuse des vieillards troyens devant Hélène passant fortuitement, pendant qu'absente, ils l'accablaient entre eux sous des propos amers, est un poète. Un auteur moderne aurait probablement préparé la mise en scène de cet épisode en nous énumérant ces propos, en dépeignant le lieu, la toilette et le port d'Hélène apparaissant, et il est également probable que dans deux mille cinq cents ans, on aurait oublié la peine qu'il se serait donnée; tandis qu'il a suffi à ce rhapsode grec de quelques mots qui frappent juste, pour que cette scène si vraie demeurât à jamais fixée dans la mémoire des hommes comme l'expression la plus vive de l'influence de la beauté sur les sentiments humains. »

« La science a encore un avantage; c'est qu'elle veut être traitée sincèrement et simplement. Elle donne à l'esprit des habitudes robustes et saines qui, loin de contrarier le vol de l'imagination, lui donnent, au contraire, plus de sûreté, d'ampleur et l'empêchent de s'égarer.

« Aujourd'hui, si les savants ont trouvé leur voie, qui est l'observation et la méthode expérimentale, les artistes cherchent encore la leur. Pourquoi? C'est qu'ils redoutent le contact de la science; ils croient que ce contact est mortel pour l'art, tandis que, dans un siècle comme le nôtre, il peut seul suppléer aux traditions usées ! »

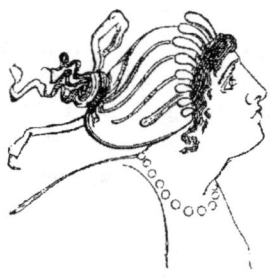

CHAPITRE XVI

OU LA VOCATION DE PETIT JEAN SE DESSINE.

Quelques jours après, M. Majorin dit après dîner à petit Jean :

« Nous allons faire un tour à Naples ; nous partirons demain si cela te convient. J'y ai une affaire de soufre à traiter, nous y resterons une vingtaine de jours. »

Petit Jean bondit sur sa chaise.

« A Naples ! quel bonheur !

— Ne nous chargeons pas de colis ; une valise à la main doit suffire ; car je n'aime pas attendre dans les gares, et il est plus simple de porter son bagage avec soi. Mets donc de côté, dès demain matin, un vêtement de rechange, quelque linge, tes objets de toilette ; dame Orphise t'arrangera cela dans une petite valise réglementaire. Une musette en bandoulière et une couverture doivent compléter l'équipement. »

Petit Jean ne dormit pas de la nuit ; dès le petit jour, il était levé. Les deux amis prirent la voie de Lyon à 7 h. 15

du soir et étaient en gare à Marseille à 10 h. 40 du matin. Le bateau partait le lendemain et faisait escale à Gênes pendant une heure, ce qui permit au jeune homme de croquer un coin du port (fig. 81).

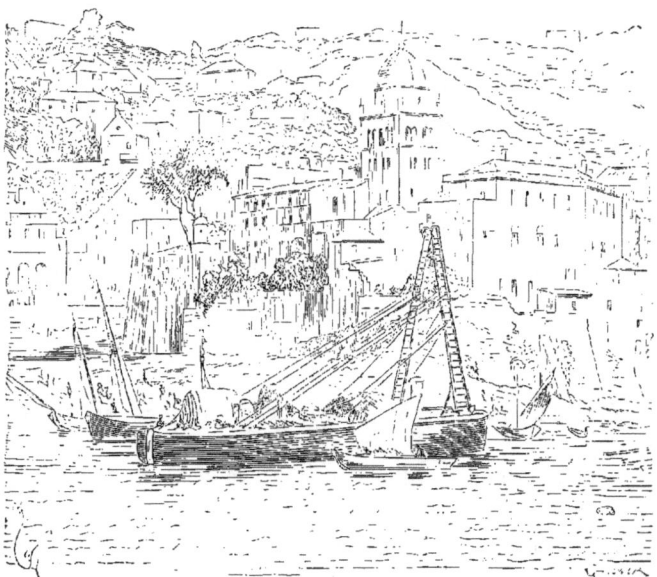

Fig. 81. — Croquis du port de Gênes.

Les splendides horizons du Midi, la mer bleue, les îles rocheuses éclatantes de lumière, mettaient petit Jean dans le ravissement, et M. Majorin se demandait si son élève n'était pas décidément né artiste.

On arriva à Naples vers le soir, et petit Jean n'avait pas assez de ses deux yeux pour admirer les horizons montagneux dorés par le soleil couchant qui émergaient à mesure que le bâtiment entrait dans le golfe.

Les deux amis s'établirent sur la Chiaïa dans un bon hôtel et, après souper, s'en allèrent respirer le frais sur la promenade. La nuit était claire et permettait de distinguer Capri, les montagnes de Castellamare et le Vésuve, d'où s'élevait lentement un panache de fumée blanche qui, atteignant les parties élevées de l'atmosphère, s'étendait en manière de parasol. Toute la côte jusqu'à Torre-del-Greco était semée de points lumineux qu'interrompait la masse sombre du château de l'Œuf.

Tomber de l'Hay à Naples, c'est bien fait pour émouvoir les natures les plus indifférentes, et petit Jean ne savait s'il était éveillé ou s'il n'était pas sous le charme d'un beau rêve. Il en voulait presque à tous les promeneurs, qui semblaient causer de leurs affaires sans se préoccuper de la beauté du spectacle offert ainsi gratis à leur admiration. Il ne se lassait pas surtout de considérer le volcan et accablait M. Majorin de questions sur la cause des éruptions, sur leurs effets, sur les phénomènes qui les accompagnent, etc. M. Majorin répondait à ses questions suivant son habitude, tout en se demandant si son élève n'avait pas une tendance à s'attacher plus particulièrement aux sciences naturelles.

« Si on peut, à ce moment, atteindre le sommet du Vésuve, sois tranquille, nous irons, et tu verras tout cela de près. Il y a là matière à des observations très intéressantes. »

Et alors petit Jean se faisait raconter dans ses détails, l'éruption décrite par Pline et qui avait englouti des villes, après un repos dont on ignore la durée ; il voulait savoir pourquoi le volcan s'était brusquement réveillé de son long sommeil, et pourquoi depuis lors il n'avait cessé de vomir des laves et de la cendre, et s'il s'éteindrait de nouveau, et comment les populations vivaient si tranquilles à la base de ce foyer sans cesse menaçant, et pourquoi elles rebâtissaient, sans se décourager jamais, leurs habitations sur la lave qui venait de les engloutir, etc.

Le lendemain, après que M. Majorin eût été voir ses correspondants, on alla à Pompéi.

« Ce sera la pierre de touche, se disait M. Majorin, et je saurai bien là si petit Jean a en lui l'étoffe d'un artiste, ou si ses dispositions naturelles se portent vers des occupations d'une autre nature. »

Et M. Majorin en ceci ne se trompait pas.

C'est qu'en effet cette petite ville, prise en flagrant délit d'existence antique (laissant de côté les touristes qui la visitent en simples curieux), produit des impressions très diverses, suivant le tour d'esprit de chacun.

Si l'artiste, qui n'est qu'artiste, trouve là une ample moisson de matériaux ; si l'historien, le philosophe se reportent, en visitant ces ruines, au milieu d'une civilisation différente de la nôtre, l'observateur, l'esprit pratique découvre dans ce coin figé d'un monde éteint, des principes d'une grande valeur et qui conduisent à des déductions singulières. L'antiquité se montre là dans un déshabillé fort différent de l'allure majestueuse et passablement fausse sous laquelle l'enseignement classique nous la fait entrevoir. L'antiquité se montre là éminemment pratique, logique, mais, enveloppant tout ce qui est à son usage sous une forme d'art, pour ainsi dire, inhérente à l'objet. Il est probable qu'on eût fait hausser les épaules aux Pompéiens, et surtout à ceux qui habitaient cette cité avant l'établissement de la colonie de Sylla, si on leur eût parlé d'*art industriel* et de cette distinction académique que, de notre temps, on fait entre un art prétendu supérieur et un art subalterne. A Pompéi, l'art antique se montre bien ce qu'il était, surtout chez les Grecs, une qualité naturelle et non une parure d'emprunt.

Ce n'est pas chez les Pompéiens qu'un maître eût pu tenir le propos que nous avons entendu sortir de la bouche d'un éminent professeur d'une de nos écoles spéciales, en parlant d'un programme à donner aux élèves : « Surtout, leur recommander de ne pas chercher à *mettre de l'art* en cette affaire ! » C'est qu'en vérité chez nous, on veut ou on ne veut pas de l'art en ceci ou cela, comme on met ou on ne met pas une rivière de diamants. C'est une affaire de luxe, une superfluité qui peut être gênante, mais qui est certainement coûteuse et nuit à l'utilité pratique. Les plus humbles bourgeois et les plus petits boutiquiers de Pompéi ne l'entendaient pas ainsi, et on eût fort surpris l'un de ceux-ci en lui demandant une casserole, si on eût ajouté : « Surtout, pas d'art ! »

En parcourant la petite cité avec son élève, M. Majorin reconnut bientôt que celui-ci, le premier étonnement passé, ne manquait pas de lui adresser des questions qui indiquaient chez petit Jean, autre chose qu'une curiosité pittoresque.

Il voulait savoir comment ces salles étaient couvertes, comment ces baies étaient fermées, comment ces croisées étaient vitrées, comment ces intérieurs étaient meublés, etc. M. Majorin ne se faisait pas faute de répondre à chacune de ces questions, aussi clairement que cela lui était possible. Il montrait à son élève les scellements des poutres, les attaches encore en place des boiseries, les moyens de fermeture ; et le petit musée annexé à Pompéi lui fournissait les meubles, les châssis estampés par la cendre et obtenus par le moulage.

Tout cela semblait intéresser plus vivement le jeune homme que les fragments de sculpture.

« On se fait de l'antiquité une idée fort éloignée de la réalité, lui disait le maître, et, en dépit des recherches et des découvertes modernes, on en est resté aux appréciations des seizième et dix-septième siècles sur la vie des anciens, appréciations plus littéraires que critiques, et qui nous donnent sur cette civilisation les idées les plus fausses. Mais, ajoutait-il, il y a, dans toutes les productions des anciens appartenant aux industries, une liberté et une individualité qui en font toujours, malgré les négligences ou les défauts d'exécution, des œuvres intéressantes, parce qu'elles rappellent l'homme, ses habitudes et ses mœurs avec une sincérité remarquable. Ce qu'il y a de conceptions imprévues, originales, déterminées par un besoin librement exprimé ou un désir personnel dans les œuvres d'architecture de cette ville est surprenant. Il n'y a guère de règle en dehors de celles imposées par le bon sens et la pratique; ou du moins l'application de ces règles est singulièrement large.

« C'est la quatrième fois que je visite Pompéi et Herculanum avec le désir d'étudier les restes de ces petites cités antiques. Les fouilles entreprises depuis 1860 ont ce mérite sur les premières, d'être dirigées et conduites avec méthode et de conserver des traces qu'autrefois on laissait perdre. Le scrupule est poussé aussi loin que possible, et aussi les résultats obtenus sont-ils réellement instructifs.

« Des erreurs ont été rectifiées, et on commence à se rendre un compte assez exact de la construction de ces demeures et de la façon dont elles étaient garnies de boiseries et meublées.

« Disons d'abord qu'il y a trois Pompéi, ou plutôt trois époques visibles dans les constructions de cette petite ville. M. Fiorelli a classé ces époques de la manière la plus nette, dans un mémoire récemment publié. Il est des méthodes générales qui s'appliquent à ces trois époques; il en est qui sont spéciales à chacune d'elles. La pierre sans mortier est employée en premier lieu avec le bois; en second lieu, le bois et la maçonnerie de moellon recouverte de stuc; en troisième lieu, la maçonnerie de briques et de moellon et le bois avec revêtements de stuc épais Mais certaines constructions de la première époque, c'est-à-dire faites de pierres à joints vifs, ont été retouchées ou plutôt revêtues de stuc, suivant le goût de la deuxième ou de la troisième époque.

« Le bois jouait dans ces constructions un rôle des plus importants ; on l'employait comme linteaux, même sous la pierre, pour couvrir les salles, et comme moyen de fermeture : portes, croisées, cloisons mobiles, lambris, châssis, et enfin pour le mobilier fixe ou meublant. Il y avait des portes à coulisses pour fermer ces grandes baies qui séparent l'*impluvium* du vestibule ou du *triclinium* (salle à manger), et je vais te montrer la trace de ces fermetures, les scellements de leurs ferrements. Les Pompéiens fabriquaient des armoires tout comme les nôtres ; les boutiques avaient des devantures de menuiserie, des comptoirs, des coffres-forts ; le musée de Pompéi et le musée de Naples t'en montreront quantité d'exemples, soit résultant de moulages obtenus sur le creux laissé par ces meubles dans la cendre chaude et humide, soit sur les peintures représentant des intérieurs. Mais ce que l'on ne saurait trop admirer dans tout cela et dans la fabrication des moindres ustensiles, c'est le goût, la distinction, le choix de la forme appropriée à l'objet, l'art, en un mot, qui préside à tous produits.

« Entrons dans cette petite maison voisine du temple de Vénus.

« Le triclinium a vue sur l'impluvium par une large baie ouverte au-dessus d'un bahut ou mur d'appui.

« Tu vois la trace de la fermeture en menuiserie de cette baie, fermeture composée de deux vantaux repliés chacun en deux feuilles (fig. 82). S'il faisait froid ou si l'on voulait s'entretenir librement, on fermait les vantaux et on mangeait aux lumières ; sinon, on avait vue sur cet impluvium ou sur cet autre plus vaste, car une seconde baie large s'ouvre du côté gauche de même, sous un portique entourant une cour, de telle sorte qu'on pouvait établir un courant d'air pour éviter la grande chaleur.

« Mais observons comme la coloration de ces murailles

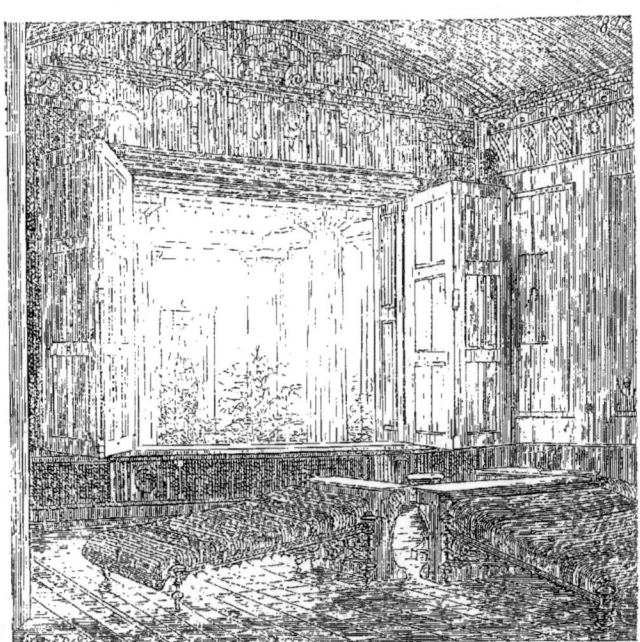

Fig. 82. — Triclinium à Pompéi.

est bien entendue : le soubassement noir faisait ressortir l'éclat de la lumière projetée sur les arbustes et fleurs qui garnissaient l'impluvium, le fond jaune des premiers panneaux latéraux envoyait dans l'intérieur un reflet gai, brillant, et, les fonds rouge sombre des panneaux suivants répandaient une lumière tempérée. Le plafond devait être assez clair, avec des tons blancs et bleus, et au-dessus de l'ouverture, de délicates arabesques occupent le tympan.

« Ailleurs, nous trouvons la trace de vantaux à coulisse roulant sur des galets, de telle sorte qu'ils ne pussent gêner dans leur développement. »

« Beaucoup de ces plafonds de petites salles étaient cintrés ; ils étaient faits d'enduits posés sur des roseaux cloués sur les solives, procédé encore employé à Naples.

« Tu vois ici les scellements de ces solives et l'arrachement du plafond. Tous ces enduits sont peints de la façon la plus gracieuse et d'une surprenante variété.

« Ces gens-là n'admettaient pas la banalité des papiers peints, et les demeures les plus modestes possèdent leur décoration propre, bien que d'une extrême simplicité.

« Mais observe encore combien sont économiques les moyens de construction employés et comme, avec peu de chose, ces Pompéiens savaient se faire des habitations charmantes, appropriées à leur climat et à leurs habitudes, sans rien sacrifier à la vanité, car, à l'extérieur, toutes ces habitations, riches ou pauvres, ne présentent guère que des murs unis, percés de rares et petites fenêtres grillées, ou des boutiques tenues par les propriétaires ou louées à des marchands. Vois comme ces pièces sont disposées pour recevoir la lumière reflétée dans un pays où l'éclat du soleil est éblouissant, et comme il devait faire bon vivre dans ces logis si bien construits, pour ceux qui les habitaient.

« Ces peuples italiotes joignaient à une grande sobriété, à la simplicité, une élégance toute faite de distinction et de goût. Compare cette existence à celle de nos bourgeois de petites villes, vivant en dehors de tout mouvement intellectuel, étrangers aux arts, les repoussant même comme un luxe dangereux, occupant des maisons sales trop souvent, maussades et incommodes (tandis qu'ici on voit que la propreté était une des conditions essentielles de l'existence), plus occupés de leur cuisine que de leur bibliothèque.

« Quant aux cuisines, ici à Pompéi, elles ne sont ni vastes ni compliquées ; un fourneau suffisait à la cuisson des aliments de la famille, et tu verras au musée de Naples, quelques-unes de ces cuisines portatives qui sont de véritables œuvres d'art, bien que très ingénieusement combinées au point de vue pratique. »

Il fallut que les gardiens avertissent les deux amis que la retraite sonnait, pour qu'ils se décidassent à reprendre le chemin de Naples, petit Jean se promettant bien de revenir pour travailler et prendre quantité de croquis.

Le lendemain, on s'en fut au musée, et quand petit Jean se vit au milieu de tous ces objets recueillis à Pompéi et à Herculanum, il comprit bien mieux encore tout ce que M. Majorin lui avait dit la veille sur l'application de l'art aux ustensiles les plus vulgaires, et comment cette application n'était faite toujours que dans le sens de l'usage. Il eût voulu dessiner tous ces objets, et M. Majorin fut obligé d'insister pour qu'il prît une idée d'ensemble de ces admirables collections avant de choisir. On visita donc les salles de sculpture, les tableaux, les bijoux ; mais, par inclination, petit Jean revenait à ces objets antiques, à ces peintures qui lui dévoilaient un monde inconnu pour lui. M. Majorin était désormais fixé sur les aptitudes de son élève, et les jours suivants, soit à Pompéi, soit à Herculanum, soit au musée de Naples, il le laissa libre d'étudier et de dessiner ce qui l'attirait plus particulièrement.

Comme il faisait le croquis d'une pelle et d'une pincette (fig. 83), il demanda à son ami pourquoi ce dernier ustensile était muni d'une sorte de garde.

« Ne le devines-tu pas ? lui dit M. Majorin ; réfléchis un peu, cela est parfaitement raisonné.

— Ah ! en effet, reprit petit Jean après un moment, c'est fait pour que les manches ne touchent pas terre et soient toujours faciles à saisir.

— C'est évident, la pincette abandonnée sur le sol, comme te le fait voir le profil A, isole les manches du pavé Et ainsi, une commodité devient-elle un motif de décoration. Il en est de même de ces deux petits appendices qui

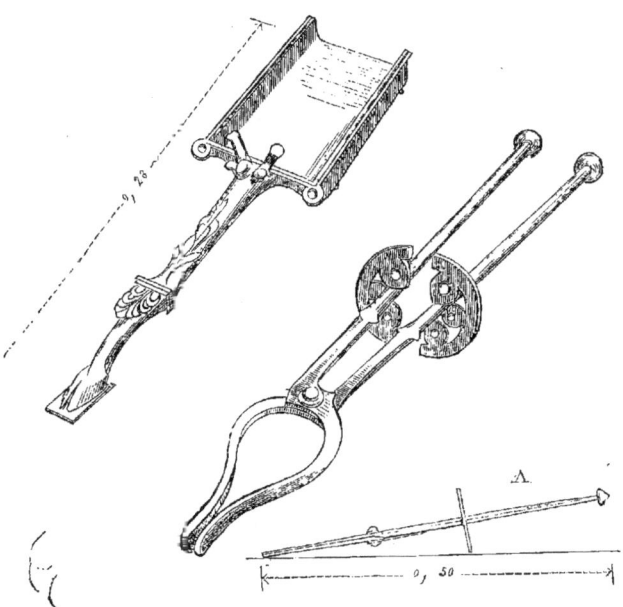

Fig. 83 — Pelle et pincettes. Musée de Naples.

sortent de la tige de la pelle, comme deux bouts de branches coupées et qui empêchent la braise de tomber du côté du manche. Mais, en copiant ces objets, il faut te demander pourquoi telle ou telle décoration est adoptée, car elle est toujours la conséquence d'un besoin, et c'est pour cela que les anciens ne considéraient pas l'application de l'art aux objets comme une cause de gêne, ce qui n'arrive que trop souvent dans ce que nous fabriquons.

« Examine les anses de ce cratère de bronze (fig. 84). Vois cette fleurette qui s'épanouit entre les deux lions; elle est là pour poser le pouce et assurer ainsi une prise facile. Deux doigts sous le ventre des lions et le pouce sur la fleu-

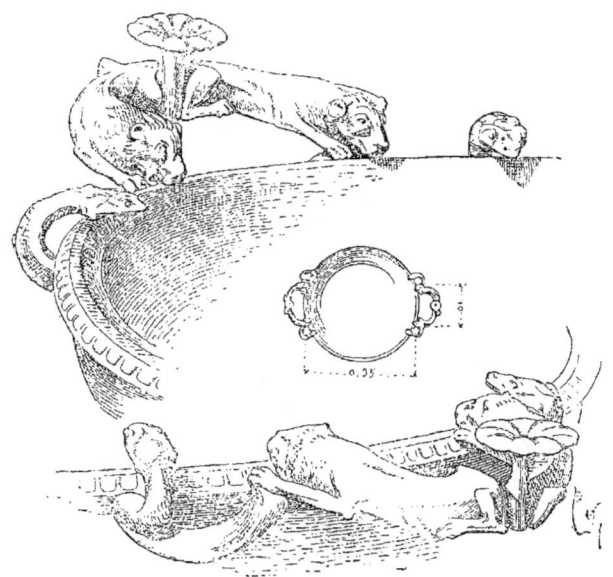

Fig. 81. — Anse de cratère, musée de Naples.

rette, et la main peut tenir, sans crainte de le laisser choir, ce charmant vase.

— Je copierai ces anses!

— Copie; mais n'oublie jamais de mettre les cotes sur tes croquis, car l'échelle est pour quelque chose dans ces compositions antiques, et telle ornementation, charmante sur telle dimension, serait ridicule, étant diminuée ou grandie. C'est là une règle qu'on n'observe guère, et qui nous fait produire des œuvres disgracieuses ou sottes, lorsque, sans tenir compte de l'échelle, nous reproduisons des objets dus à l'antiquité, au moyen âge ou à la renaissance, car les artistes de ces temps ne pensaient pas que telle ornementation pût être indifféremment appliquée à toutes les dimensions.

« Mais, à Pompéi, nous avons vu des cuisines dans lesquelles on peut à peine se retourner et qui ne sont garnies que d'un âtre relevé avec un tuyau pour l'évacuation de la fumée. Sur ces âtres on préparait un plateau portatif qui contenait le repas, comme sont nos plateaux à thé.

« Voici l'un de ces plateaux, qui est charmant (fig. 85), et qui mérite un examen attentif.

« En A est un petit foyer à double fond, avec un trou pour donner de l'air au charbon allumé. Ce foyer est entouré d'une enveloppe double, contenant de l'eau, laquelle communique à la grande bouilloire cylindrique B par la cloison double C. Sur les trois cygnes en bronze qui couronnent le foyer, on posait le vase qui contenait les viandes, poissons ou légumes; puis, sur le plateau garni d'une doublure en fer battu, de la braise ou de la cendre chaude permettait de faire cuire quelques mets. Voulait-on de l'eau chaude, on ouvrait le robinet R. Un petit masque antique placé en M, à la partie supérieure du cylindre, laissait échapper la vapeur, et des anses D donnaient aux esclaves la facilité d'apporter cette *cuisine* sur la petite table qui occupait le milieu du triclinium, lorsque les mets étaient cuits. Ainsi mangeait-on chaud, les restes de cendre brûlante demeurant sur le plateau. Les anciens usaient souvent de boissons chaudes en mangeant, et tu verras ici, outre cet exemple, quantité de ces bouilloires; quelques-unes rappellent le *samovar* russe, qui peut bien être une importation grecque.

« Ce plateau culinaire en bronze qui provient d'Herculanum mérite une étude attentive. Il est bon de te rendre compte de sa structure. Quant à son ornementation, elle est charmante; il est bon de l'étudier dans ses détails, car elle est singulièrement appropriée à la destination.

« Mais quand tu auras pris l'ensemble et les détails de cet objet, je te recommande ce guéridon (fig. 86), qui probablement était fait pour occuper le milieu de l'un de ces *triclinia*. Ce ravissant pied de bronze, qui représente une

Victoire ailée portant un trophée devant un Terme, soutenait une tablette de marbre sur laquelle on posait les mets avant de les servir aux convives, car les viandes étaient découpées par les esclaves et présentées devant chaque personne, couchée autour du triclinium sur des lits inclinés terminés par une tablette. Plusieurs de ces lits de bronze existent dans le musée.

« Il ne faut pas négliger non plus ce marchepied de bronze incrusté de cuivre rouge et d'argent (fig. 87), dont l'ornementation est si charmante (fig. 88). Ces sortes de marchepieds, garnis d'une sangle avec coussin, se posaient devant des sièges d'honneur, dont le musée nous donne quelques exemples, et notamment celui-ci (fig. 89), qui est d'un merveilleux travail de bronze incrusté de cuivre blanc sur les listels a. »

M. Majorin, laissant petit Jean, au milieu de toutes ces richesses, se tirer d'affaire comme il pourrait, s'en alla de son côté prendre des notes. Il voyait assez que son élève était en proie à cette fièvre de posséder qui saisit certaines natures, lorsqu'elles trouvent à leur portée des renseignements précieux, et il se garda de l'interrompre jusqu'à l'heure de la fermeture des salles.

Le soir, après dîner, petit Jean montra ses croquis à M. Majorin. Celui-ci ne manqua pas de faire de nombreuses observations; mais il constatait avec plaisir que sa méthode avait profité au jeune homme, en ce que chaque objet était sincèrement reproduit, suivant son caractère propre. Toutefois, bien des points restaient indécis.

« Plus de précision, dit-il à petit Jean, pas d'*à-peu-près*. Il ne s'agit pas de faire des images, mais de te rendre compte de l'objet dessiné, de sa structure, quand elle est rationnelle, des moyens employés.

« C'est ainsi que le dessin peut être utile; autrement, ce n'est qu'un amusement d'amateur. Nous sommes assez

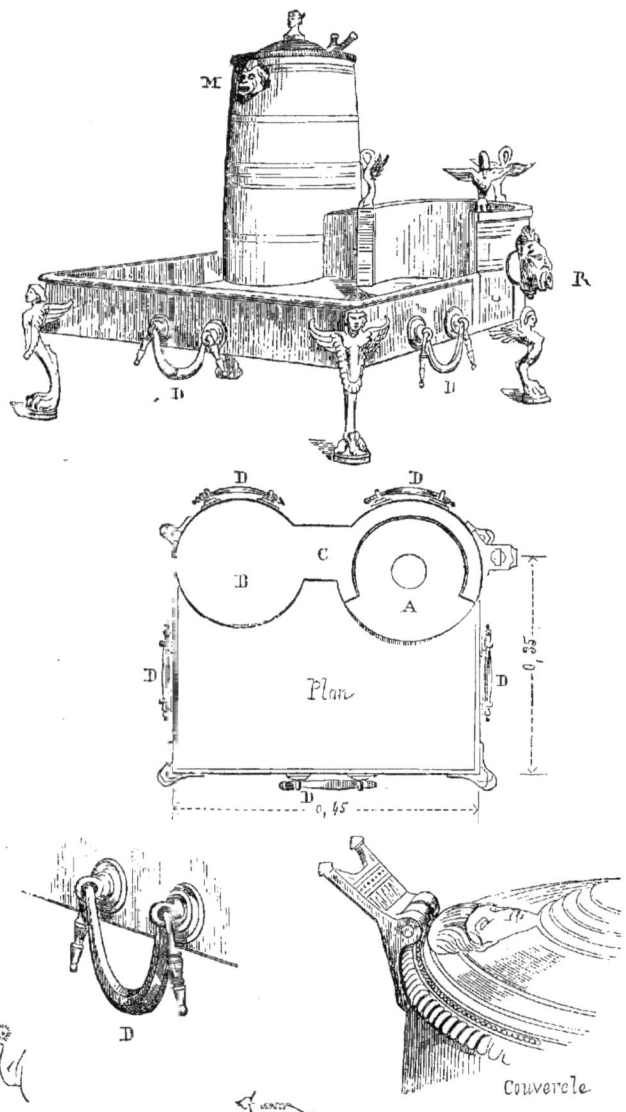

Fig. — Cuisine portative, musé de Naples.

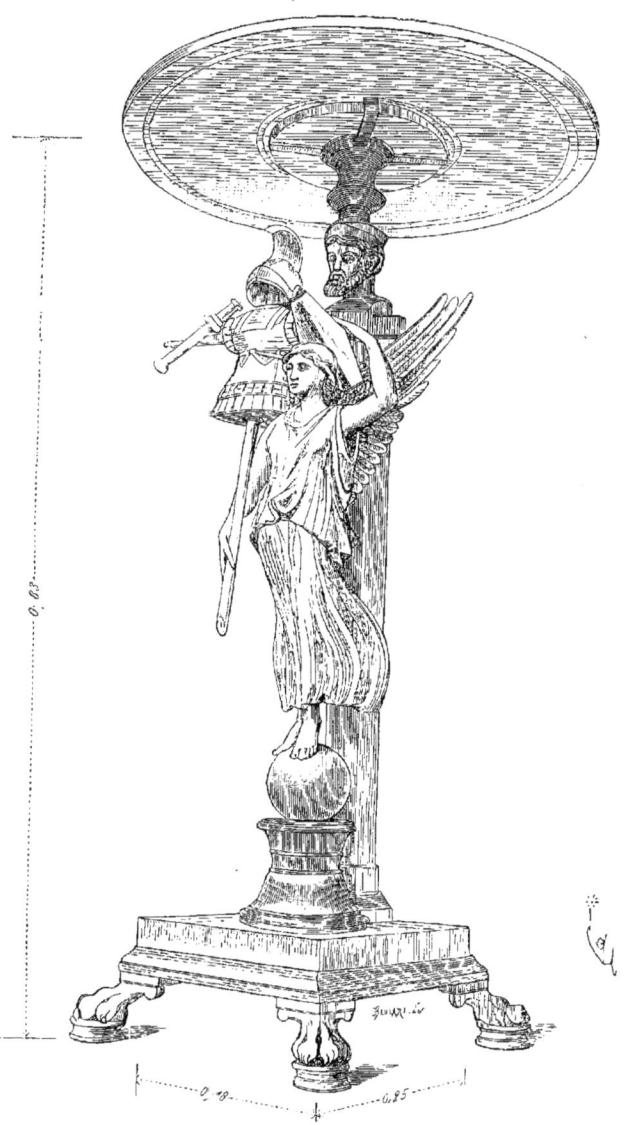

Fig. 86. — Guéridon antique en bronze, musée de Naples.

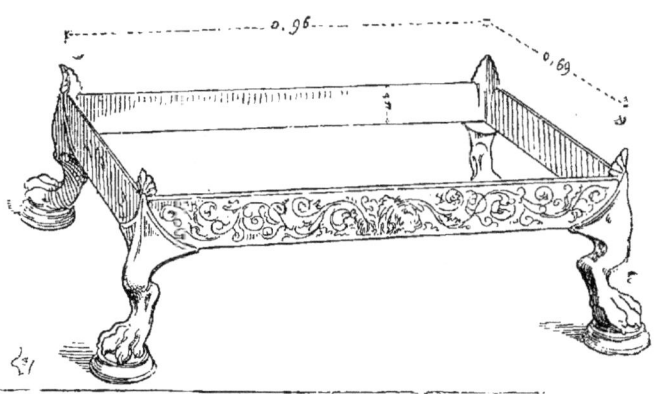

Fig. 87. — Marchepied antique, bronze, musée de Naples.

disposés, en France, à nous contenter d'*à-peu-près*, comptant sur notre intelligence pour suppléer au défaut d'observation. C'est un travers dont il est bon de se garer. Quand tu seras à Paris, tu ne pourras venir au musée de Naples, pour vérifier un détail omis, ou rectifier une erreur. Donc, quand on a sous les yeux un objet dont on veut connaître exactement la structure et les moindres détails, il faut ne rien laisser d'incertain dans l'étude qu'on en fait. »

Le lendemain, on examina les peintures déposées au musée et extraites d'Herculanum et de Pompéi.

Devant ces œuvres, M. Majorin put faire comprendre à son élève combien ces populations antiques étaient civilisées, combien elles montraient de liberté et d'invention dans ce qu'elles produisaient. Il fit voir à petit Jean des représentations d'armoires absolument pareilles aux nôtres (fig. 90), une boutique de boulanger (fig. 91); comment les portiques étaient parfois fermés de cloisons basses et ouvrantes (fig. 92), puis l'invention pleine de charme des ornements; comment la peinture était toujours appelée à faire valoir l'architecture, et comment ces deux arts semblaient ne pouvoir se passer l'un de l'autre (fig. 93).

Il lui montra que, dans leurs jardins, ces Pompéiens faisaient, comme nous autres, des treillages figurant des portes, des vases (fig. 94), de petits jets d'eau, des rocailles, des boulingrins, et qu'enfin, s'il n'y a rien de nouveau sous le soleil, ces Italiotes pourraient souvent nous considérer comme des barbares, en ce que nous ne savons, comme eux, mêler l'art à toute chose, et que nous en avons fait trop longtemps une jouissance réservée aux privilégiés.

« Et, continuait M. Majorin, ne crois pas que depuis la chute du monde romain il en a toujours été ainsi. Notre moyen âge, tant accusé de barbarie, suivait en cela librement la trace des anciens et savait mettre l'art dans tout. Mais il s'est formé un jour une sorte d'association qui a eu cette singulière prétention de se faire, de la pratique des arts jadis appartenant à tous, un monopole profitable à elle seule. Soutenue par le plus despote des monarques, elle s'est fait donner des privilèges, déclarant que rien n'existait de bon avant elle et avant le règne de ce monarque, ce que celui-ci trouva fort bon.

« Depuis lors, sur notre vieux sol français où l'art poussait tout seul, on a prétendu le cultiver en serre chaude, le soumettre à un régime, l'émonder suivant certaines méthodes; considérer comme mauvaises herbes tout ce qui voulait encore végéter en dehors des serres, et faucher, par conséquent, ces plantes malencontreuses. Si bien que nos artistes se sont habitués à ces procédés, qu'ils se sont retirés dans cet asile qu'on supposait seul leur convenir, et ont cru qu'ils n'étaient faits que pour orner les palais et plaire à ceux qui les habitent.

« La barbarie a ainsi envahi peu à peu les classes les moins élevées de notre société française, et c'est ce qui ar-

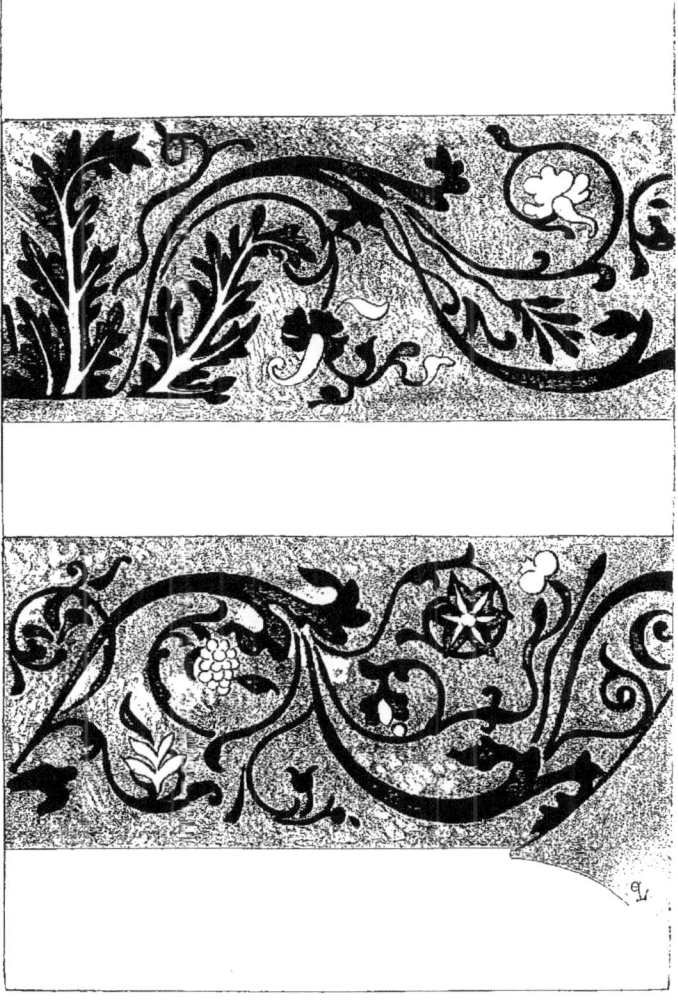

Fig. 88. — Détail du marchepied antique.

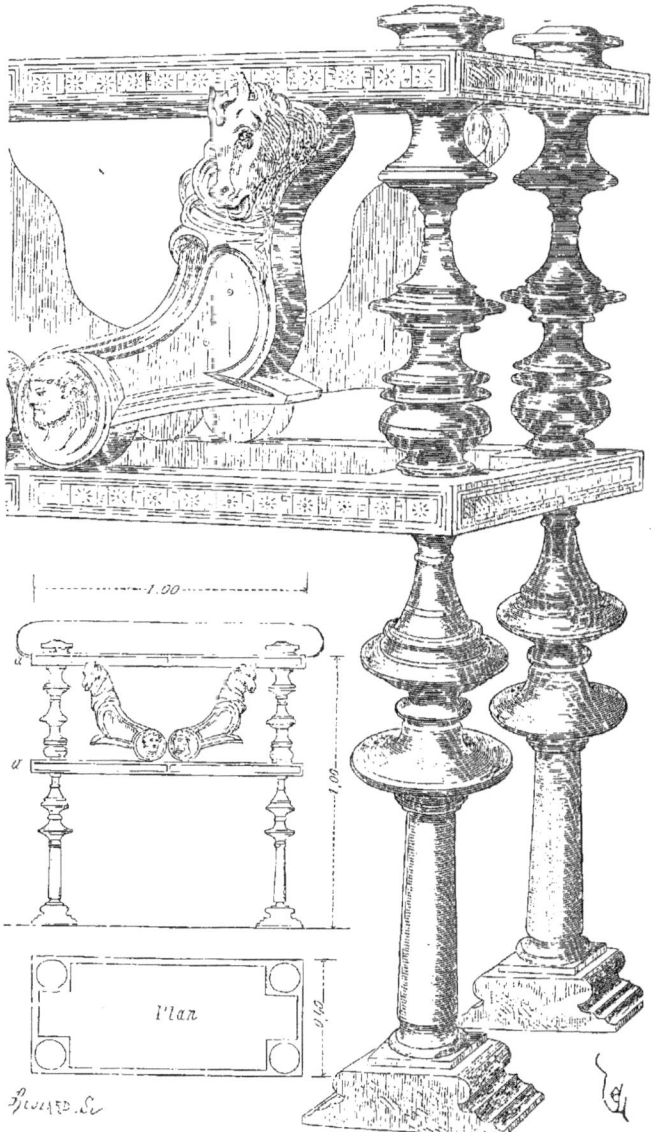

Fig. 89. — Trône antique, bronze, musée de Naples.

OU LA VOCATION DE PETIT JEAN SE DESSINE. 243

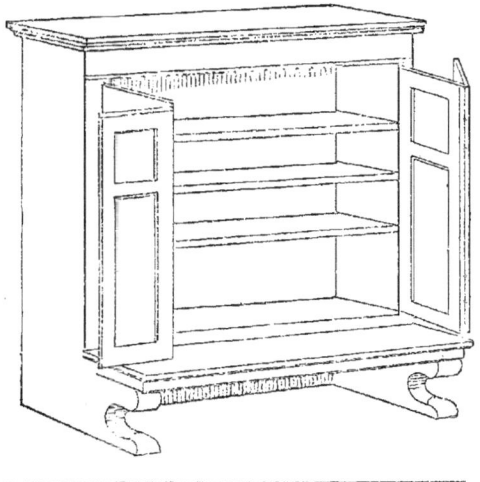

Fig. 30. — Peintures de Pompéi; armoire.

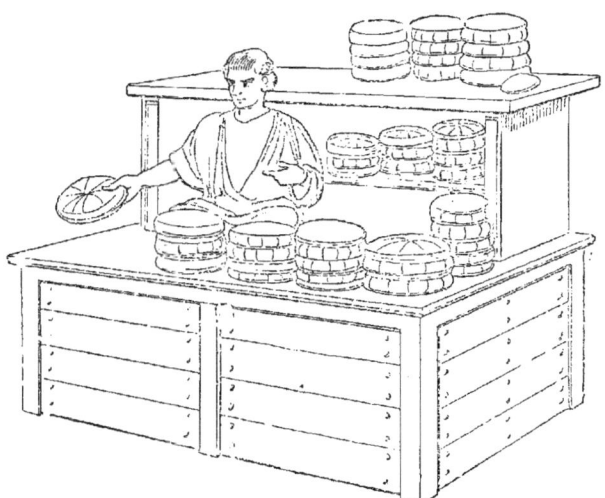

Fig. 91. Peintures de Pompéi; boutique de boulanger.

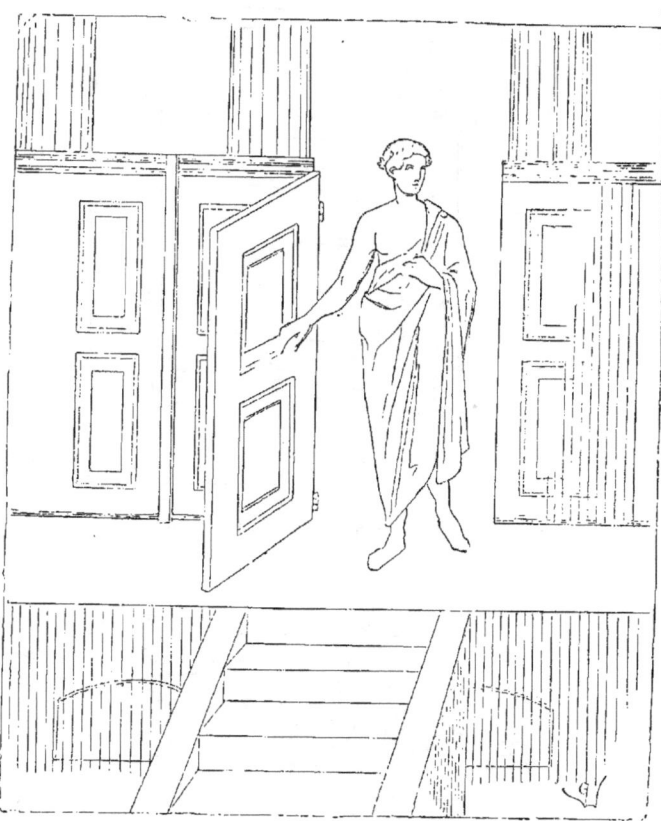

Fig. 92. — Peintures de Pompéi; portique clos.

rive toujours chez les peuples où l'art est considéré comme un objet de luxe, comme une superfluité.

« L'étude du dessin est devenue une occupation d'*agrément*, que seuls pouvaient se permettre les gens qui ont du temps à perdre, une sorte de mauvaise note pour les pauvres diables qui se sentaient une vocation pour les arts. Et si,

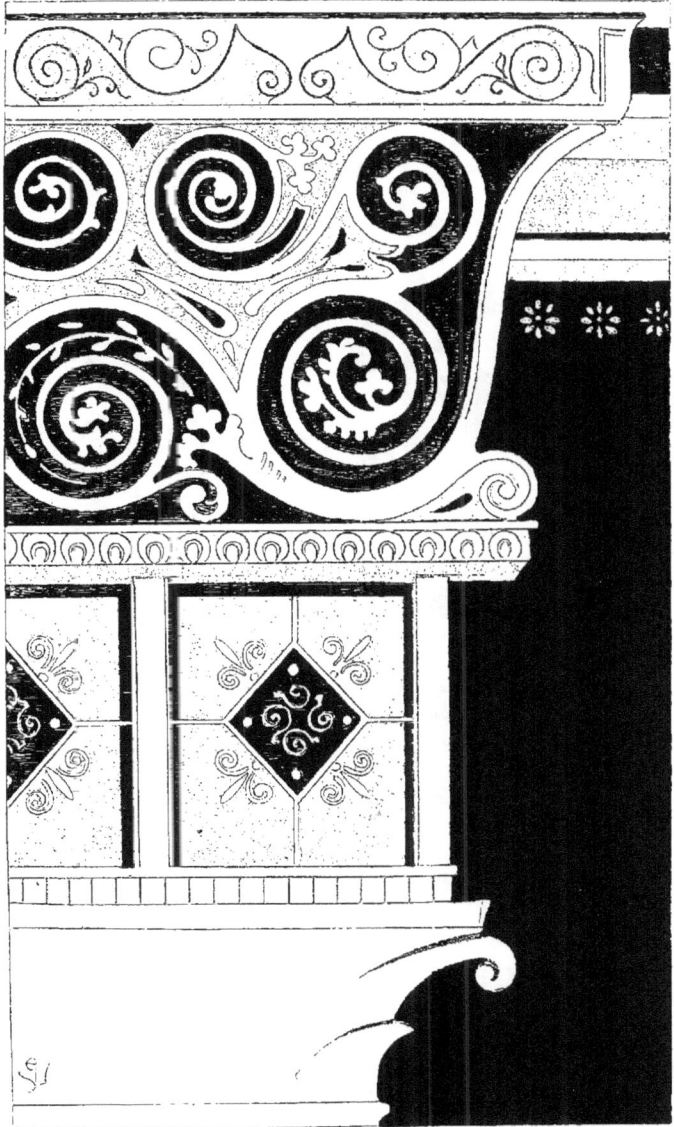

Fig. 12. — Peinture de Pompéi, ornements d'architecture.

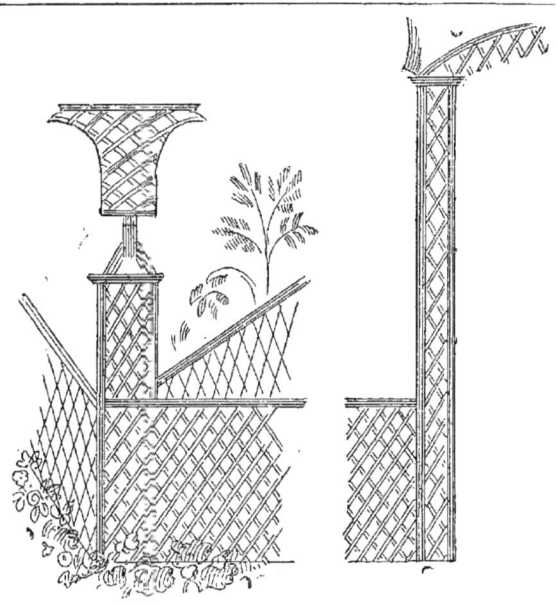

Fig. 34. — Peintures de Pompéi; treillage.

de notre temps, il se fait une réaction contre ces déplorables préjugés, il ne faut pas croire qu'ils soient déracinés dans l'esprit du plus grand nombre.

« De nous, que la nature a fait proches parents des Grecs, et qui leur ressemblons si fort par les bons et les mauvais côtés, le despotisme du dix-septième siècle a prétendu faire des Romains de l'Empire. Or, si les riches Romains remplissaient leurs demeures des chefs-d'œuvre dérobés à la Grèce ou achetés à ses artistes, plutôt par vanité que par amour de l'art, ils dédaignaient de pratiquer les arts et tous les états manuels. Cela était bon pour des esclaves ou des affranchis. Louis XIV, ce grand roi, qui a fait assez de mal à notre pays pour que nous payions encore aujourd'hui son égoïsme, sa vanité et ses fautes, a voulu faire de l'art, comme de toute émanation intellectuelle du pays, une chose à lui, dépendant de la cour; des artistes, une sorte de corporation aristocratique dévouée à la monarchie et exclusive, par conséquent. Il n'y a que trop bien réussi, et l'art, ainsi pratiqué dans une sphère élevée, s'est éteint dans la population.

« Depuis cette époque, si funeste pour la France, nous mettant à la remorque des Romains de l'Empire, non seulement nous n'avons plus possédé un art national, mais un écart immense s'est fait dans toutes les productions de notre industrie.

« Autant les unes, destinées aux privilégiés, affectaient un luxe d'art inouï, sans tenir compte des formes commandées par le besoin, autant les autres, destinées au vulgaire, allaient se dépouillant chaque jour de tout sentiment d'art. Et c'est pourquoi, mon ami, il est bon de voir et d'étudier comment cette civilisation de l'antiquité italiote, encore grecque dans ses mœurs, savait mettre de l'art jusque dans les ustensiles les plus vulgaires; comment elle faisait de l'art inconsciemment, comme les pommiers font des pommes, parce que l'art libre appartenait à tous, était compris de tous, nécessaire à tous et n'était point un monopole.

« C'est afin que tu sois bien convaincu de cette vérité que je t'ai conduit tout d'abord dans ce centre de l'art antique, et aussi pour que tu apprennes comment la forme d'art n'est digne de ce nom que si elle est d'accord avec la nature et l'emploi de l'objet auquel elle s'applique.

« Ces qualités bien constatées, bien connues, tu les retrouveras à d'autres époques et notamment chez nous, en France, avant le dix-septième siècle, et toutes les fois que tu reconnaîtras qu'elles existent, ne te soucie ni des préjugés, ni des idées préconçues, ni des banalités sottes que tu entendras répéter partout. Étudie et recueille; ainsi formeras-tu ton jugement, pourras-tu acquérir les connaissances qui te

OU LA VOCATION DE PETIT JEAN SE DESSINE. 247

seront utiles, quelle que soit la carrière que tu embrasses. »

Le séjour des deux amis à Naples fut partagé entre Pompéi, Herculanum et le musée, et petit Jean avait recueilli une ample moisson de croquis, sous la direction de son maître. Mais il devenait chaque jour plus évident pour celui-ci que l'esprit de petit Jean s'attachait plus particulièrement aux choses qui satisfaisaient sa raison, et dont il comprenait facilement l'utilité et l'emploi.

« Tant mieux, se disait M. Majorin ; avec ces dispositions, de notre temps, le garçon sera ou ingénieur ou architecte, ou industriel. Il n'est pas né artiste, j'aime autant cela. »

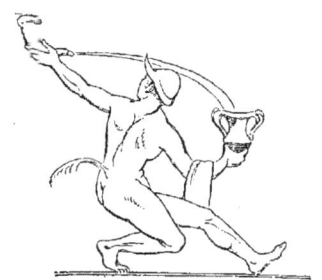

CHAPITRE XVII

DOUZE JOURS DANS LES ALPES.

« Cependant, se disait encore M. Majorin, qui sait si le petit, vu la nature positive de son esprit, n'a pas l'étoffe d'un savant, observateur et praticien ! Essayons ! »

On s'arrêta trois ou quatre jours à Rome, deux jours à Florence et, prenant la voie de Milan, les voyageurs s'embarquaient sur le lac de Côme pour descendre à Colico-Piano et monter par Chiavenna au col du Splügen, afin d'atteindre la vallée du Vorder-Rhein par la Via-Mala et Tusis, puis Interlaken, par Ilanz, Dissentis, l'Ober-Alp, Andermatt, la Furka, le Grimsel, Handeck, Hoff, Grindelwald et Lauterbrunnen.

Inutile d'énumérer les étonnements et les exclamations de petit Jean pendant ce trajet que nos deux voyageurs firent presque entièrement à pied, le sac au dos. Il importe seulement de savoir quel profit en put tirer notre jeune homme. M. Majorin s'était muni de la carte géologique de la Suisse dressée par Studer et avait le soin, sur place, de lui montrer les changements de terrains et les dispositions des soulèvements de cette partie des Alpes. Mais les explications qui intéressaient plus particulièrement petit Jean étaient celles relatives aux transformations successives qu'avaient subies ces soulèvements par suite de la présence des glaces, de leur fonte successive, du travail des eaux et de la décomposition produite par les phénomènes atmosphériques. Sur ces chapitres, M. Majorin ne s'étendait jamais trop, et ses explications ne faisaient que provoquer de la part de son élève de nouvelles questions auxquelles il n'était pas toujours facile de répondre.

Dès Camerlata et avant de s'embarquer sur le lac de Côme, M. Majorin avait fait voir à petit Jean des *moraines*, c'est-à-dire des amas de pierres et de sables amenés par les glaces qui remplissaient le lac pendant l'époque glaciaire.

Il avait fallu dire ce qu'avait été l'époque glaciaire. Naturellement, petit Jean avait demandé pourquoi, pendant des milliers d'années, des glaces s'étaient accumulées sur le massif alpin. A cela, M. Majorin n'avait pas répondu, sinon que le fait est indéniable, puisque ces glaces ont laissé partout les traces qu'elles laissent encore aujourd'hui sur les rochers qui encaissent les glaciers, et ces moraines composées de débris des sommets et des rampes ; que cette époque glaciaire était divisée en deux périodes séparées par un intervalle pendant lequel la végétation avait pu se développer à peu près comme elle se développe aujourd'hui. Alors, sur les cartes, M. Majorin indiquait à son élève les courants principaux de ces glaces, descendant des sommités dans les plaines jusqu'à Camerlata, au bout du lac de Côme ; jusqu'au-dessous d'Arona, au bout du lac Majeur ; jusqu'à Bornato, au bout du lac d'Iseo, et jusqu'auprès de Lyon, au-dessous du lac de Genève. Et petit Jean de demander s'il y avait alors des hommes dans les plaines.

« La chose est probable, répondait M. Majorin ; ce qui

est certain, c'est qu'on signale leur présence dans les dépôts apportés par les inondations qui ont été la conséquence de la fonte de ces glaces. Le climat de la France était à peu près celui de l'Islande actuelle, où les hommes peuvent vivre, si ce n'est que les jours et les nuits étaient répartis comme aujourd'hui. »

Mais petit Jean arrivait encore à demander pourquoi cette température froide, puisque le soleil devait avoir alors l'action qu'il possède aujourd'hui. Et M. Majorin de répondre que, sur ce sujet, bien des hypothèses avaient été faites, mais qu'aucune ne paraissait satisfaisante ; que, dans l'étude des sciences, il fallait longtemps se contenter de réunir des observations précises avant de conclure ; qu'alors, pendant l'époque glaciaire, la mer baignait le pied des Alpes italiennes, puisqu'on trouve quantité de coquilles marines attachées à la base des moraines terminales des glaciers de ce côté.

Et alors, tout en remontant le lac, M. Majorin faisait voir à son élève, sur les rampes des montagnes qui l'encaissent, la trace du passage des glaces, ces roches moutonnées caractéristiques, mais que bientôt il observerait de près sur les rives mêmes des glaciers actuels.

Et en effet, quand les voyageurs gravirent le val San-Giacomo, au milieu des énormes éboulements de gneiss qui se voient encore au-dessous de Campo-Dolcino, M. Majorin montrait à petit Jean ces roches usées et striées par les glaces, puis ces petits lacs comblés successivement par les boues torrentielles résultant de la fonte des glaces. Et il ne manquait pas de faire prendre des notes et des croquis à son jeune compagnon, de lui faire faire des relevés topographiques au pied levé, pour se rendre compte de la disposition des terrains. Il lui montrait comment, peu à peu, ces fonds de vallée tout composés de creux et d'étranglements avaient été nivelés par ces apports torrentiels.

« A la longue, lui disait-il, ces lacs, que tu vois encore

sur la carte, comme les lacs de Thunn et de Brienz, par exemple, seront comblés par ces sables et cailloux entraînés par les torrents, lors des fontes des neiges.

« Jadis, il y avait dans chaque vallée des chapelets de ces lacs qui, successivement, ont été comblés et forment ces paliers légèrement inclinés livrés à la culture.

« Les torrents ont ainsi réglé leur cours et formé les berges entre lesquelles ils coulent. »

Toutes ces choses émerveillaient grandement petit Jean, bien qu'il eût quelque peine à démêler les phénomènes que lui expliquait M. Majorin, au milieu de ce désordre apparent. Mais, à mesure qu'on approchait du col du Splügen, les explications lui paraissaient plus claires, ses yeux n'étant plus distraits par la végétation, par les éboulements et les mille accidents des vallées.

Ces hautes solitudes arides causent aux voyageurs qui les visitent des impressions très diverses. Les uns déclarent affreux ces déserts où tout semble en ruine et désolé, et n'ont que le désir de les fuir au plus vite ; d'autres trouvent à ces sommités un charme indéfinissable et ne les quittent qu'à regret. M. Majorin, suivant son habitude, s'était bien gardé de provoquer chez son élève l'une ou l'autre de ces impressions par un préambule descriptif. Mais, quand les voyageurs eurent dépassé la douane italienne et qu'ils gravirent la route qui atteint le col, là où nulle trace de végétation ne se montre et où les flaques de neige s'étendent entre des roches grises décomposées, M. Majorin examinait attentivement la physionomie de petit Jean. Celui ci hâtait le pas, bien que la course fût déjà longue, afin d'atteindre plus rapidement le col; sa figure s'illuminait. Il s'empressa de joindre une des flaques de ces neiges; il voulait la voir de près, la toucher.... De la neige en août, sous un ciel éblouissant de lumière et par une chaleur de vingt-cinq degrés!... On s'assit au col.

« Oh! qu'il fait bon ici! dit petit Jean, et que c'est beau! et ce silence!... »

Alors, M. Majorin, de cet observatoire, put lui expliquer la marche des glaces descendant des sommets dans les vallées et lui faire toucher ces roches polies et striées par leur passage, lui montrer comment ces sommets se décomposent chaque jour pour aller combler les vallées et se répandre en limon fertile dans les plaines....

« Mais il nous faut descendre au village de Splügen, dit-il après une conférence d'une bonne heure, il se fait tard et la route est encore longue!

— C'est dommage de descendre sitôt, repartit petit Jean, on est si bien ici! »

M. Majorin, qui avait la passion des altitudes, mais qui jamais ne s'étendait sur le charme que ces solitudes avaient pour lui, sachant que cet amour n'est guère compris, éprouva une secrète joie de trouver chez son élève les mêmes impressions; aussi, en descendant, il parla ainsi :

« Ce n'est que depuis que la science est venue révéler à l'homme quelques-uns des mystères de la nature, que l'on s'est mis à parcourir les montagnes avec le désir de les connaître et que quelques-uns se sont pris de passion pour les spectacles grandioses des altitudes. Les hommes primitifs redoutaient ces hauteurs et les considéraient volontiers comme le séjour des divinités, qui n'étaient à tout prendre que la personnification des forces de la nature.

« De ces sommets partaient les tempêtes, descendaient les torrents destructeurs et les fleuves fertilisants.

« Pendant les jours sereins, ces pics élevés, couverts de neige, dont les ombres se confondent avec l'azur du ciel, empourprés aux rayons du soleil couchant, pouvaient passer pour des demeures célestes.

« Ces naïves croyances étaient, au fond, bien près de la réalité; en effet, les montagnes ont été et sont encore le laboratoire où se sont formés et se forment en grande partie les territoires que nous cultivons, que parcourent les fleuves sinueux et où nous bâtissons nos villes. Le labeur a été immense, prodigieusement long et traversé de mille accidents qui se produisent encore, quoique sur de moindres proportions.

« Pendant des siècles, les hommes n'ont vu dans ces soulèvements qu'un affreux désordre, qu'un inextricable chaos ; ils ne les traversaient qu'à leur corps défendant, et on ne trouve nulle trace, chez les écrivains des derniers siècles, d'un sentiment d'admiration pour les spectacles que présentent les altitudes.

« Il fallait que la science intervînt, qu'elle ébauchât les connaissances géologiques et fît pressentir les travaux auxquels la nature se livre dans les massifs montagneux, pour que l'on examinât de près, avec des yeux nouveaux, pourrait-on dire, ces phénomènes grandioses. Et alors, on s'est pris de passion pour ces spectacles, au point de risquer cent fois sa vie pour découvrir quelques-uns des mystérieux labeurs de la matière. Pour ces chercheurs, les montagnes ne sont plus le séjour de la divinité ; mais ce que nous appelons la matière inorganique s'y livre à ce grand travail incessant de décomposition, de transformation, de trituration, d'élimination, de mouvement, d'évaporation, de condensation qui fournit à la terre l'eau des fleuves et des rivières, le limon fertile des plaines, les courants atmosphériques locaux et l'assainissement des vallées basses que nous habitons, ainsi que des bois résineux dont on ne saurait se passer et des prairies pour d'innombrables troupeaux. Cette matière en apparence cahotique est ainsi la grande nourricière de la terre, et ces solitudes dénudées couvertes de neiges et de glaces, le laboratoire, je le répète, où se fabriquent les éléments de nos champs fertiles, de nos jardins charmants des plaines.

« Cependant, à chaque heure, ces sommets s'abaissent ; la pierre qui s'en détache pour rouler dans le ravin, la poussière que le vent entraîne, ne remontent plus. Les torrents charrient ces débris jusque dans les vallées basses qui s'élèvent d'autant, et on peut dire qu'un jour viendra où, de ces énormes soulèvements, il ne restera que des ruines éparses. Alors, plus de glaciers où s'accumulent pendant l'hiver les provisions destinées à fournir de l'eau aux fleuves pendant l'été, plus de ces amoncellements de vapeurs qui se résolvent en pluie pendant les chaleurs.

« La steppe, marécageuse ou aride, remplacera nos vertes campagnes.

— Est-ce que cela arrivera, bon ami ?

— Oh ! sois tranquille, ce ne sera pas de sitôt ; mais cela doit inévitablement arriver.

— Et alors ?

— Et alors les races humaines, les animaux disparaîtront peu à peu de la surface de la terre faute de pouvoir y vivre, comme elles ont disparu sur quelques points de notre globe où se sont produits des phénomènes analogues depuis les temps historiques, c'est-à-dire depuis hier. »

Cette conclusion eût peut-être attristé petit Jean, et il se fût gardé de pousser du pied un caillou pour le faire rouler dans le précipice, crainte de contribuer à la ruine de la montagne ; mais il commençait à avoir terriblement faim, et, quand l'estomac est vide, on est mal disposé à s'apitoyer sur la fin du monde, probable dans quelques milliards de siècles.

Un bon souper et une bonne nuit passée au village de Splügen, et le lendemain nos voyageurs étaient prêts à recommencer. De grand matin, ils montaient au-dessus du village, et petit Jean fit un dessin de la pointe d'Ucello, composée de micaschistes.

« Oh ! mais, lui dit M. Majorin pendant qu'il ébauchait

son croquis, tu en prends à ton aise avec ces roches; cela demande à être dessiné avec précision, et ces formes ne sont pas dues au hasard. Il y a de grandes lignes principales qu'il faut d'abord indiquer ; puis, quand elles sont fidèlement tracées, en tenant compte des angles et des inclinaisons, il faut y faire entrer les détails suivant leur importance (fig. 95). Autrement tu donneras à ces détails et accidents, à cause de la netteté avec laquelle ils se présentent à ton œil, une valeur exagérée. Ceux qui connaissent les montagnes s'aperçoivent tout de suite quand un dessin est fait de *chic* ou quand il est scrupuleusement étudié; chaque nature de roche affecte des formes spéciales, et il ne faut pas plus les négliger qu'on ne néglige d'observer les traits d'un visage ou les allures d'une plante. »

Mais quand, après avoir dépassé Ander, les voyageurs s'engagèrent dans la Via-Mala, petit Jean fut émerveillé. La route s'enfonce dans une fissure de la montagne le long du torrent qu'elle traverse plusieurs fois. Taillée dans le roc à pic, c'est à peine si l'on aperçoit le ciel de temps à autre.

Sur un point, où cette immense fêlure s'élargit un peu, M. Majorin fit voir à son élève comment le glacier qui descendait du val d'Ander s'était frayé un passage en élargissant les parois supérieures, en les usant, en les arrondissant, tandis qu'il avait laissé libre cette fente étroite qui servait de cunette à son torrent, de telle sorte que la coupe de ce val de la Via-Mala donne aujourd'hui le profil fig. 96. Le glacier remplissait tout l'espace A, tandis que la fêlure B était vide et servait d'écoulement aux fontes. Et, en effet, sur les parois C, le passage du glacier est marqué par l'usure des roches et même par des dépôts de moraines latérales en M quand ce glacier s'abaissa ; tandis que les parois P montrent des brisures nettes et vives, nullement arrondies par le frottement glaciaire.

« C'est, dit M. Majorin, que si la glace est plastique, elle

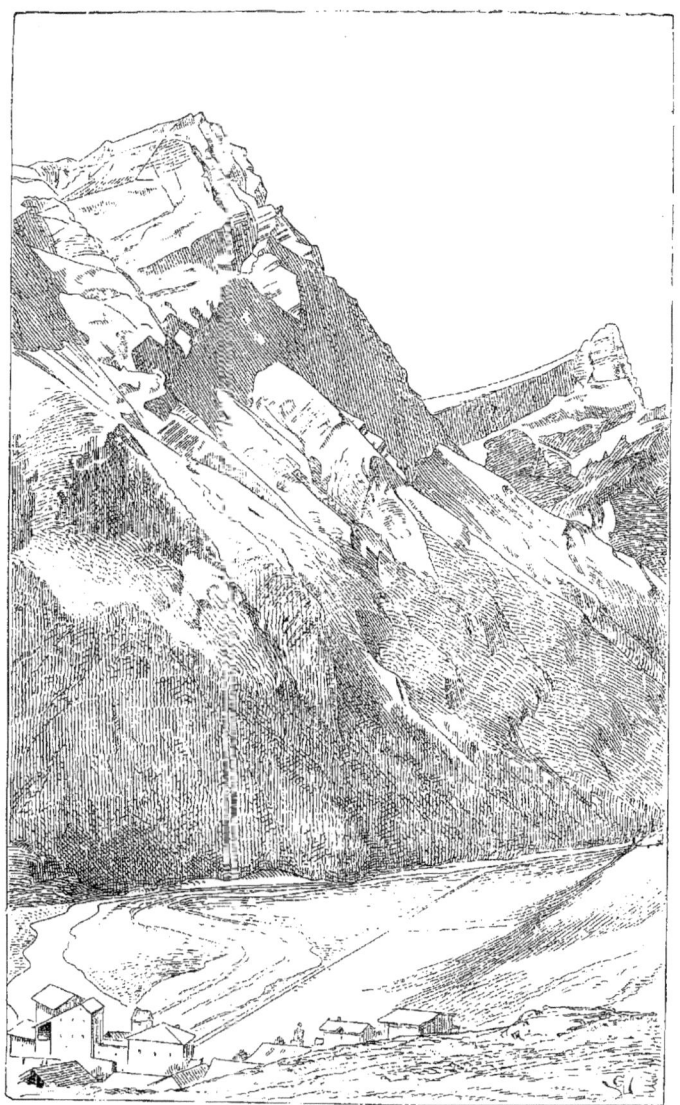

Fig. 95. — La pointe d'Ucello, à Splügben.

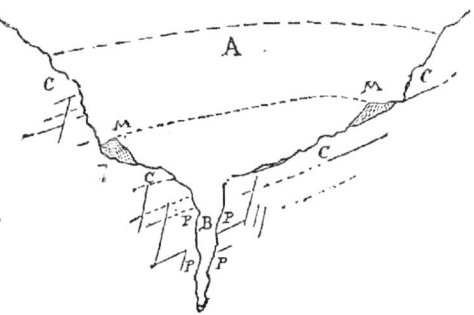

Fig. 96. — Coupe des gorges de la Via-Mala.

ne coule pas comme de l'eau ; elle forme un corps élastique qui se resserre ou s'étend suivant la disposition des parois entre lesquelles on la voit s'avancer ; mais elle ne moule pas les fissures. Ainsi, regarde là-haut, la glace a arraché et usé en amont la roche qu'elle frotta pendant des siècles, si bien qu'on croirait voir une tour ; mais, du côté d'aval, elle a négligé de toucher aux brisures vives qui apparaissent encore dans cette partie creuse, tandis qu'elle frottait les parois saillantes B (fig. 97) ; si bien que, si nous figurons suivant une section horizontale ces roches en O, nous aurons ainsi la preuve que la glace s'appuyait fortement en D, parties saillantes. La direction de son écoulement étant donnée par la flèche, elle touchait à peine la paroi E et laissait un vide en V, puisque, sur ce point, la roche n'a pas été limée par son passage.

« D'ailleurs, nous observons ce même phénomène sur les glaciers existants. Tu le vois, rien n'est indifférent, rien n'est dû au hasard dans ces formes qui paraissent, au premier abord, si désordonnées, et si on veut les reproduire pour l'étude, il faut faire attention aux moindres accidents qui expliquent les révolutions successives subies par ces grands soulèvements. Ainsi, je me souviens d'avoir

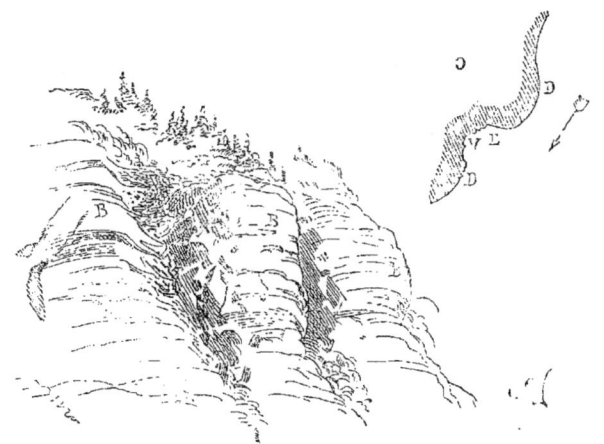

Fig. 97. — Frottement des glaciers sur les rochers.

observé dans la vallée de Valorsine, entre le Châtelard et Salvan, des *témoins* énormes de schistes laissés par le glacier qui alors descendait dans la vallée du Rhône; au milieu de ce val, ces témoins forment comme des îlots dont le diagramme que voici te donne la coupe transversale (fig. 98).

« Pendant la période glaciaire, le courant de glace remplissait tout ce val, et si les témoins T ont résisté à son frottement, c'est qu'ils sont composés de filons de roches beaucoup plus durs que ceux F.

« Eh bien, aujourd'hui, le torrent coule en G, et on ne trouve des cailloux roulés que sur ses bords. Cependant, il existe en A, sur la crête de ces témoins, quantité de ces cailloux roulés, et, comme ils n'ont pas été apportés là par les aigles, il a bien fallu que le torrent remplît tout le val de B en C. La violence de son courant a pendant longtemps entraîné plus bas tous les cailloux déposés entre les parois de la vallée et les témoins; mais ceux de ces cailloux échoués en A sont restés en place, et ils nous donnent la

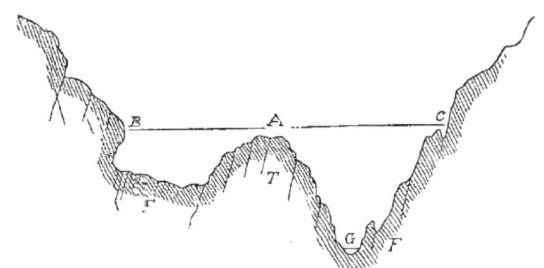

Fig. 98. — Coupe du val de Barberine : Tête-Noire.

preuve que ce torrent glaciaire s'élevait au moins à ce niveau A qui est de cent mètres environ au-dessus du torrent actuel G.

« Tu vois donc, je le répète, que rien n'est indifférent, rien n'est à négliger dans l'étude de ces montagnes, si on veut comprendre quelque chose aux formes qu'elles adoptent aujourd'hui, et que, quand on les dessine autrement qu'en amateur de la belle nature, mais amateur ignorant, il faut ne pas omettre un détail, ne rien laisser d'indécis. »

Profitant de ces conseils, petit Jean se mit à copier les montagnes avec soin, et cela lui donna l'occasion de reconnaître qu'en effet, il y a dans leur forme, et jusque dans la façon dont elles se ruinent, des lois générales ; que telle disposition conduit invariablement à tel fait.

Après quelques jours, il savait assez bien dire quelle était leur nature rocheuse. Mais la vue du glacier du Rhône, les explications de M. Majorin aidant, lui fit bien comprendre la marche et les conditions d'existence de ces masses de glace.

Toutefois, ce ne fut guère que dans le trajet de Grosse-Scheidegg à Wengern-Alp qu'il se fit une idée passablement exacte du mode de soulèvement des montagnes ; toujours, bien entendu, à l'aide des explications de M. Majorin.

Dans ce parcours, en effet, on suit la chaîne de l'Oberland, qui se dresse comme un rempart de roches cristallines perçant un énorme massif jurassique. Ce fut à la station de la petite Scheidegg, la carte sous les yeux et devant la nature, que M. Majorin donna l'explication suivante à son élève, à l'aide d'un croquis (fig. 99).

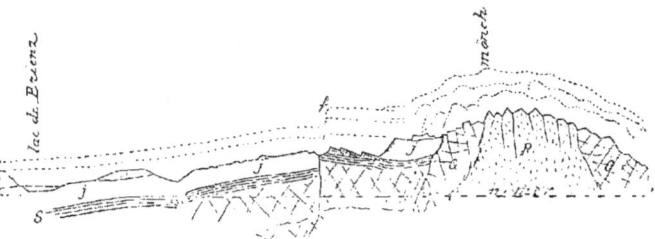

Fig. 99. — Le soulèvement de la chaîne de l'Oberland.

« Supposons une coupe faite du nord au sud, c'est-à-dire du lac de Brienz au Monch, pic situé au nord-est de la Yungfrau. La rive droite du lac de Brienz est bordée par le terrain néocomien, tandis que de la rive gauche émerge le terrain jurassique marqué par un *j*. Il reste, à quelque distance du lac, un lambeau *n* de ce terrain néocomien, puis le terrain jurassique continue à s'élever jusqu'au point où nous sommes. Là est une faille et apparaît par places le schiste qui se prolonge sous un escarpement formidable jurassique demeuré en place, tandis qu'il a été enlevé de cet escarpement, à la faille.

« Ce terrain jurassique a été percé par les gneiss *g*, lesquels ont été soulevés et percés par la roche éruptive, la protogyne *p*. Mais tu comprendras que ce gneiss et la protogyne, en crevant la croûte, ont soulevé les couches de schistes, de lias, des terrains jurassiques, néocomiens et sédimentaires supérieurs, que je t'indique par des lignes ponctuées. Ce sont les glaces, puis les eaux qui se sont chargées d'enlever toute cette partie ponctuée, en ne laissant que ce lambeau néocomien et quelques parties du jurassique.

« Ces couches supérieures ont été ainsi éliminées parce qu'elles étaient plus faibles et terriblement disloquées par le soulèvement, surtout aux points culminants. Vois comme ces terrains qui nous entourent ont été limés, érosés. De telle sorte que si les glaces n'ont pas creusé les vallées, comme quelques géologues l'ont prétendu, du moins elles ont déblayé d'abord toutes les parties soulevées et disloquées par le soulèvement, les chassant devant elles ou les entraînant sur le dos des glaciers.

« Les énormes amas de neiges qui s'étaient formés sur la Yungfrau, sur l'Eiger que nous avons là devant nous, sur le Wetterhorn que tu vois de l'autre côté de Grindelwald vers l'est, ont peu à peu érosé les grands escarpements de la faille f et n'ont laissé que le morceau encore fort respectable qui se dresse le long de la chaîne et qui est marqué dans cette coupe, mais qui tous les jours est détruit.

« Hier, tu as fait un croquis à Grindelwald même, qui montre bien comment les glaciers continuent à trancher les restes de ce soulèvement jurassique (fig. 100). L'Unter-Grindelwald agit ou du moins a agi dans cet escarpement comme une gouge ; ainsi que l'indique cette houle au fond de laquelle il descend, fort amoindri aujourd'hui.

— Mais, bon ami, cette roche que vous appelez protogyne et qui, dites-vous, est éruptive, ne ressemble pas aux laves que nous avons vues dans l'Auvergne et au Vésuve.

— Non, la protogyne et le granit (car la protogyne ne diffère guère du granit) ont fait leur apparition sur le globe et ont percé sa croûte à une époque bien antérieure à la formation des volcans, et le granit ou la protogyne ne s'est pas épanchée comme la lave en fusion. Ces matières n'étaient pas à l'état incandescent, mais à l'état de pâte, à une température très élevée, et n'avaient pas la ductilité de la lave dont

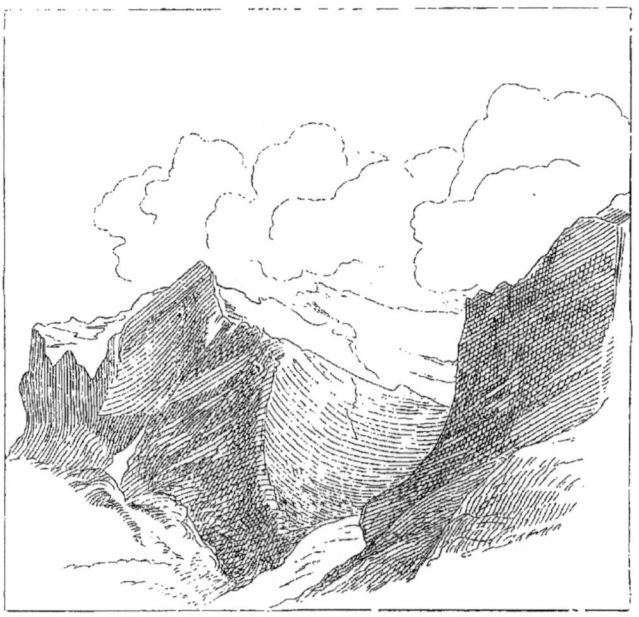

Fig. 100. — Le bas du glacier de l'Unter-Grindelwald.

la composition chimique ne diffère guère d'ailleurs de ces granits. Ces pâtes granitiques, qui contiennent principalement du feldspath et du quartz, n'ont pas coulé le long des soulèvements qu'elles provoquaient, ainsi que le fait la lave ; elles se sont cristalisées par suite d'un refroidissement très lent, tandis que la lave, refroidie rapidement, demeure à l'état amorphe comme de la fonte de fer sortie d'un haut-fourneau.

— Mais pourquoi, alors, n'est-elle pas sortie comme aujourd'hui?

— A cela, mon ami, je ne saurais répondre d'une manière satisfaisante. C'est un fait constaté par l'observation que les volcans ne datent que d'une époque relativement récente.

Peut-être est-ce parce que la croûte terrestre a acquis plus d'épaisseur et de rigidité, que les matières internes en fusion dans le globe ne trouvent plus moyen de s'épancher, par suite de la contraction exercée par cette croûte refroidie sur leur masse, que par des cheminées. Toutefois, si tu consultes une carte des volcans terrestres, tu remarqueras qu'ils se trouvent placés suivant certaines lignes continues ou fêlures de la croûte, et le même phénomène s'observe avec bien plus d'évidence quand on regarde la lune à travers un télescope. Les énormes cratères de ce satellite forment de véritables chapelets suivant des fissures rectilignes qui sillonnent la sphère lunaire.

— Mais comment peut-on savoir si les volcans sont d'une époque relativement récente?

— Oh! quant à cela, la preuve est facile à donner. Après le refroidissement de la première pellicule de la sphère terrestre (refroidissement qui a dû se produire d'abord sur les matières les plus réfractaires, comme le mica, par exemple), cette croûte s'est épaissie de deux manières : 1° par le refroidissement successif des matières encore en fusion sous cette croûte ; 2° par le dépôt des matières tenues en suspension par suite de leur légèreté relative, dans une atmosphère étrangement chargée ; si bien (fig. 101) que l'atmosphère A B s'est trouvée séparée un jour du noyau par les matières D qui ne se trouvaient plus avoir assez de chaleur pour rester à l'état de fusion ou gazeux. Une fois la séparation faite, la chaleur du noyau a moins rayonné sur cette atmosphère. Peu à peu, cette première pellicule s'est épaissie en E. c'est-à-dire au-dessus de sa surface externe, et les matières les plus lourdes, suspendues dans l'atmosphère, se sont déposées en F, sur cette première pellicule, par couches successives qui sont les terrains dont tu connais la position. Si donc il s'est fait une déchirure et un soulèvement de la croûte après le dépôt du premier terrain T, ainsi que je le

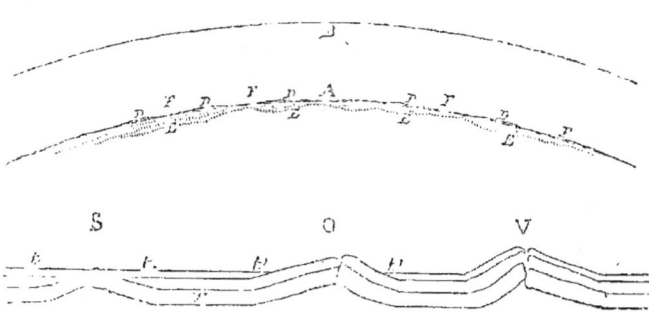

Fig. 101. — Refroidissement de la croûte terrestre et terrains sédimentaires.

marque en S, les autres terrains, déposés depuis, sont venus s'arrêter horizontalement le long de ce premier soulèvement, comme je l'indique en *t*. Si c'est après la formation du deuxième terrain que s'est produit le soulèvement, ainsi que tu le vois en O, le terrain tertiaire vient s'appuyer horizontalement sur les rampes de ce soulèvement, comme il est tracé en *t'*. Et s'il arrive que ce tertiaire est lui-même soulevé, comme en V, cela indique, à n'en pas douter, que ce soulèvement est postérieur à la formation d'un terrain tertiaire, déposé par les eaux, normalement horizontal par conséquent. Donc, en examinant les soulèvements et les couches plus ou moins anciennes du globe qu'ils ont dérangées, on ne peut avoir de doutes sur leur âge relatif. Donc, les volcans étant les soulèvements qui ont dérangé jusqu'aux dernières couches terrestres ou à peu près, on en peut conclure que ces soulèvements sont les derniers produits.

« Quand je dis soulèvement, je me sers là d'une expression consacrée; mais le mot *affaissement* serait plus exact. Car, observe bien ceci:

« Quand un corps se refroidit, il perd une partie du volume qu'il occupait à l'état chaud, il se contracte. Or, la terre, au moment où sa première pellicule s'est refroidie et où elle fut définitivement séparée de son atmosphère, était nécessairement un peu plus grosse qu'elle ne l'est aujourd'hui que ce refroidissement l'a réduite de volume. Il est vrai que, d'autre part, les matières en suspension dans l'atmosphère et qui se sont déposées sur cette première pellicule, ont augmenté la croûte primitive. Quoiqu'il en soit, la sphère terrestre s'est contractée.

Si donc (fig. 102), la section de la croûte première du

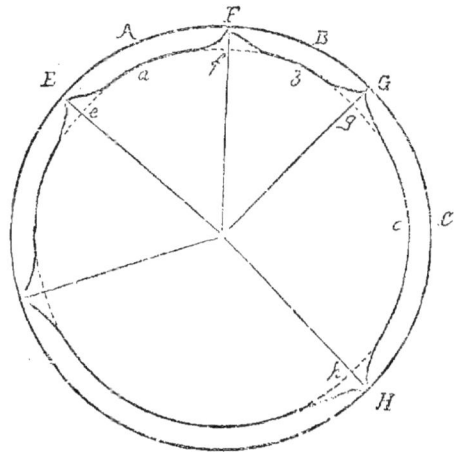

Fig. 102. — Mode de soulèvement et d'affaissement de la croûte terrestre.

globe terrestre est la circonférence A B C, etc., et que le volume de ce globe vienne à se contracter par suite de son refroidissement jusqu'à la circonférence abc, etc., il est clair que les segments E F, F G, G H ne pourront tenir dans les longueurs ef, fg, gh, et que, si les surfaces A B C suivent la réduction du noyau et viennent en abc, il faudra bien qu'il se produise des plis, des cassures, des failles, comme l'indique ce diagramme (fig. 102). De telle sorte qu'on peut dire que ce sont bien moins les montagnes qui se sont soulevées que les plaines qui se sont affaissées.

— Je comprends, repartit petit Jean; mais ce noyau central terrestre, à l'état incandescent, n'est donc pas composé maintenant comme il l'était à l'époque des éruptions granitiques, porphyritiques, etc. ?

— La question est, en effet, embarrassante; cependant, en supposant la réalité du noyau à l'état de fusion, on peut admettre que les couches supérieures qui ont surgi à la surface du globe, après son premier état de refroidissement, étaient les plus légères; mais que, s'étant refroidies à leur tour, les matières sous-jacentes, encore à l'état incandescent, peuvent différer des premières dans leur composition et contenir du fer, par exemple, que ne contenaient pas les premières matières épanchées.

— Vous dites, bon ami : « en supposant la réalité du noyau à l'état de fusion; » est-ce que cela est douteux? Dans le cours de géologie qu'on nous faisait suivre, on admettait ce fait comme certain.

— Il n'y a de certain dans les sciences que ce qui peut être prouvé par l'observation directe; or, comme personne n'a pu pénétrer dans ce noyau central brûlant, ni le voir, on ne saurait affirmer qu'il existe. Plus on creuse en terre verticalement, plus la chaleur augmente, si bien qu'il faut ventiler les mines très profondes, et que, malgré cette ventilation énergique, il y fait très chaud; puis, tous les volcans vomissent des laves qui ont entre elles une grande parité; mais, enfin, nous n'avons sur ce phénomène que des présomptions, non des certitudes.

« Il est parfois gênant de ne pouvoir affirmer, l'affirmation étant commode pour établir un système tout d'une pièce; mais nous devons nous garder de ces affirmations tant que l'observation directe n'a pas démontré un fait. Je puis affirmer que le soulèvement des Alpes est postérieur à la formation du terrain jurassique, puisqu'il l'a soulevé et disloqué, je le vois ; mais je n'ai pas vu le noyau incandescent terrestre, et les laves elles-mêmes qui semblent en venir ne sont pas une preuve suffisante, car ces laves pourraient se produire autrement, par des compositions chimiques souterraines locales, par exemple, par l'infiltration des eaux dans les couches souterraines, lesquelles infiltrations peuvent produire des actions chimiques et produisent certainement de la vapeur. Or, tu remarqueras que tous les volcans terrestres sont situés non loin de la mer ou de très grands lacs et que toutes les éruptions rejettent de la vapeur d'eau en grande quantité. L'eau joue donc un rôle important dans ces éruptions volcaniques. Ce n'est que par le doute que la science progresse ; il faut donc douter, tant que la preuve scientifique n'est pas faite. »

Ainsi, en toute occasion, M. Majorin savait intéresser son élève à tout ce qu'il voyait et développait chez lui le désir d'apprendre, pensant que toutes les connaissances se tiennent et que si, dans la vie, on doit s'attacher à la pratique d'une spécialité, c'est fausser le jugement de n'exercer l'esprit que sur l'étude d'une seule chose.

En descendant de Vengern-Alp à Lauterbrunnen, M. Majorin indiqua à petit Jean le lit du glacier qui, coulant de la Yung-Frau à Interlaken, remplissait le val, et il lui fit faire un croquis de ce val (fig. 103) en lui montrant comment ce glacier avait érosé les parois des montagnes en *a* et déposé des moraines sur la crête de ces érosions.

Le lendemain, de la station de Heimwehfluh, au-dessus de Matten, M. Majorin fit dessiner avec grand soin à petit Jean la Yung-Frau et la Yung-Fraujoch, dont les roches cristallines sont si nettement accusées et présentent une formation si caractérisée (fig. 104). Les névées font apercevoir, en effet, les grands rhombes cristallisés, subdivisés en petits rhombes, ce qui permet d'estimer les parties rui-

270 HISTOIRE D'UN DESSINATEUR.

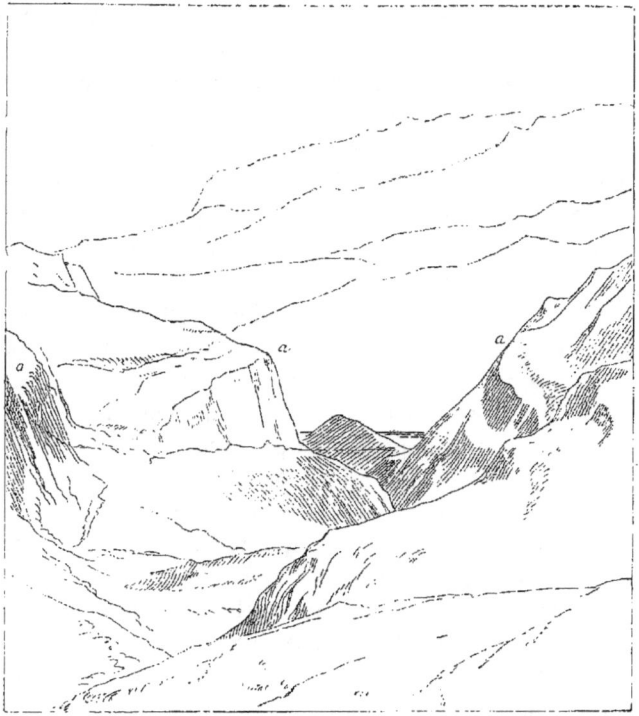

Fig. 105. — La vallée de Lauterbrunnen.

nées et l'abaissement de ces sommets, dont l'altitude, primitivement plus considérable, sans compter les débris des terrains soulevés, devait amasser les neiges en plus grande abondance et contribuer ainsi au développement des glaciers.

Ce voyage, pendant lequel petit Jean avait vu tant de choses diverses, ne laissa d'abord dans son esprit que confusion ; mais bientôt, grâce aux notes prises sur le conseil de M. Majorin et aux croquis recueillis, une certaine lumière

Fig. 101.

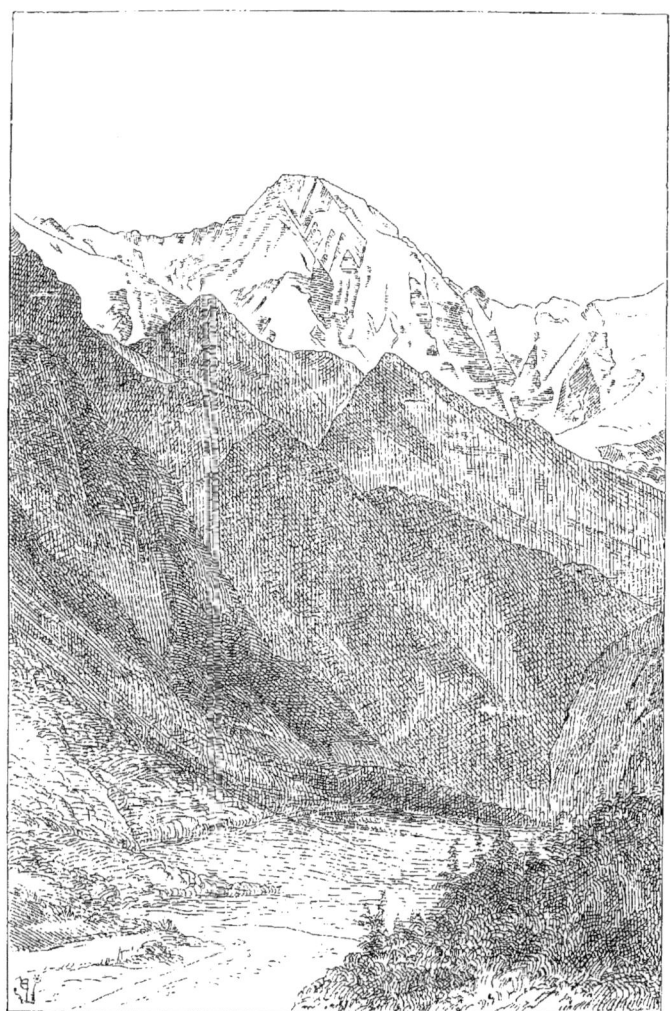

La Yung-Fraujoch

se fit dans ce chaos, et il lui parut bien que les œuvres humaines l'attiraient plus encore que l'étude des phénomènes naturels. De retour à l'Hay, il se prépara donc à entrer à l'Ecole centrale, et sur l'avis de M. Majorin, il dut dessiner d'après le modèle vivant, et il se mit à modeler. « Car, lui disait le maître, celui qui sait dessiner doit être en état de modeler, et quand on conçoit bien une forme, il n'est pas plus difficile de la rendre à l'aide de l'ébauchoir qu'à l'aide du crayon; il faut donc s'habituer à se servir indifféremment de l'un ou de l'autre. »

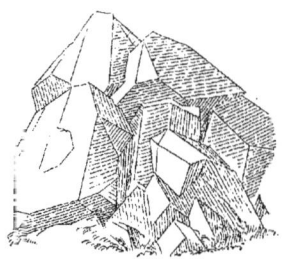

CHAPITRE XVIII

SYNTHÈSE.

La facilité que donnait l'habitude du dessin à petit Jean d'observer avec fruit et de préciser le résultat de ses observations lui fut d'un grand secours, non seulement dans les examens qu'il dut subir, mais dans la poursuite de ses études. Il fut bientôt distingué, parmi ses condisciples à l'Ecole centrale, par la lucidité qu'il apportait dans ses travaux et la promptitude avec laquelle il saisissait et résolvait les questions. M. Majorin suivait avec un intérêt croissant les progrès de son élève, et il se félicitait de lui avoir donné de bonne heure l'habitude de se rendre un compte exact de toute chose, conformément à la méthode scientifique ; de ne se payer ni d'à-peu-près, ni de ces phrases creuses prodiguées par la plupart de ceux qui, sans s'être adonnés à la pratique des arts, prétendent ou les régenter ou se lancer dans une esthétique aussi nébuleuse qu'inutile.

De l'étude du dessin et des connaissances qui s'y rattachent, M. Majorin avait su faire un instrument propre à aider son élève dans la carrière qu'il embrasserait, fût-elle étrangère à l'art proprement dit. C'était ce qu'il avait souhaité. Aussi, quand petit Jean sortit de l'école, classé parmi les premiers, M. Majorin songea-t-il à lui trouver l'emploi du savoir qu'il avait acquis, dans la plus large mesure. M. Majorin, en relation avec de nombreux fabricants des produits dits de Paris, avait souvent émis, près d'eux, cet avis que, la concurrence étrangère tendant chaque jour à combattre avantageusement notre production, il était nécessaire de donner à cette fabrication, éminemment parisienne, un essor nouveau, de sortir des banalités.

« Nous produisons, leur disait-il, des œuvres d'art qui ont une grande valeur et qui sont appréciées, soit au point de vue de la composition, soit sous le rapport de l'exécution, comme elles méritent de l'être; mais, à côté de ces œuvres exceptionnelles, chères par conséquent, nous livrons au public, à bon marché, quantité d'objets usuels qui ne se recommandent ni par le goût, ni par l'invention, ni même par la commodité. Or, il n'en coûterait pas plus d'adopter des formes commodes, d'un aspect agréable et bien appropriées à l'objet, et, nos facultés instinctives aidant, nous pourrions acquérir ainsi sur nos concurrents une supériorité indiscutable. Longtemps nous l'avons possédée; pourquoi la perdrions-nous, ou ne tenterions-nous pas de la reprendre victorieusement? Pendant des siècles, les objets, les meubles, les ustensiles de fabrication française servaient de modèles et étaient répandus partout. Aujourd'hui, si nous n'avons pas entièrement perdu la faveur des étrangers, nous ne pouvons nous dissimuler que des efforts considérables sont faits pour nous la ravir ou pour se passer de nos produits. Des musées, des écoles, les méthodes d'enseignement s'élèvent tout autour de nous, et, si nous n'avions pas conservé les restes de notre génie national, qu'on a tout fait sur notre sol pour étouffer, il y a longtemps que nous eussions été dépassés.

« Il n'est que temps donc de prévenir le mal et de reprendre la place que nous n'eûssions jamais dû laisser entamer. N'attendons pas le secours du gouvernement, cela ne le regarde pas. D'ailleurs, chez nous, les hommes d'État sont absolument étrangers à ces matières; s'ils aiment ou favorisent les arts, c'est à un point de vue plus ou moins académique ou capricieux; mais ils n'attachent pas à cette protection, ou à cet amour, une idée nationale. S'ils achètent fort cher un meuble sculpté, charmant, sorti de nos meilleurs ateliers, ils ne s'inquiètent pas de savoir si le petit bourgeois possède un mobilier d'un goût détestable, et si les ustensiles dont l'ouvrier se sert dans son ménage sont d'une forme à la fois incommode et disgracieuse; ils croient avoir suffisamment prouvé leur qualité de protecteur des arts en s'entourant de bibelots de prix.

« Je sais d'avance ce que vous allez me répondre : L'habitude est prise, et on court quelques risques à la vouloir réformer. Le bourgeois préférera un meuble en mauvais bois blanc, plaqué de palissandre ou d'acajou, d'une forme consacrée par l'usage, si incommode et laide qu'elle soit, à un meuble de même prix, mais bien construit, possédant les formes imposées par le besoin et par cela même agréables. Nous en serons pour nos frais de fabrication et nous ne vendrons pas. L'objection est fondée, mais prenons garde ! Il peut arriver que, n'ayant pas su prévenir un retour dans le goût du public vers des œuvres plus sensées et meilleures à tous les points de vue, ce goût vienne de luimême à se réformer et aille demander à l'étranger ces objets que vous n'aurez pas su fabriquer à temps. Déjà en Allemagne, le Hanovre, par exemple, fabrique des meubles qui, s'ils n'ont pas la grâce que nous savons donner à ces objets, quand nous voulons nous en donner la peine, sont du moins raisonnablement composés, exécutés avec des moyens simples, à bon marché par conséquent, et d'une forme évidemment mieux appropriée à l'usage que ne sont la plupart des nôtres. L'Angleterre qui, il n'y a guère longtemps, achetait ses meubles en France, commence à se fournir d'œuvres qui sont, sous bien des rapports, supérieures à celles que nous produisons vulgairement. Cela est encore exceptionnel; mais, dans quelques années, les Anglais auront à leur tour adopté les moyens de fabriquer ces objets à bon compte, et, moins routiniers que nous ne le sommes, ils trouveront l'occasion d'inonder le monde et notre propre sol de ces produits. Pour peu que la mode s'en mêle (et la chose peut arriver), tous ces vieux modèles que vous reproduisez sans cesse, sous le prétexte de faire du Louis XIII, du Louis XIV, du Louis XV, du Louis XVI, tous *Louis* qui n'ont guère de relation avec l'état de nos mœurs et de nos habitudes, resteront dans vos magasins. Il ne suffit pas de constater, dans quelques discours, que, si *l'étoile de la France pâlit*, c'est aux générations qui s'élèvent à lui rendre son éclat; il faut faire, pour cela, autre chose que des phrases, et je vois que, du haut en bas, nous nous payons toujours de phrases, mais que nous n'agissons guère. »

Ces raisons et bien d'autres, que nous omettons pour ne pas trop nous étendre sur ce sujet, n'avaient pas été sans faire une certaine impression sur les amis de M. Majorin, et après quelques pourparlers, il fut résolu : 1° Qu'on tenterait de fonder une école dans laquelle toutes ces questions, touchant le mobilier, les ustensiles, relatives à ce qu'on appelle si improprement *l'art industriel*, seraient traitées, non point en fournissant aux élèves quantité d'objets pris de tous côtés sans critique et sans examen, mais en faisant ressortir les principes qui doivent être suivis dans la fabrication de ces divers objets en raison même de leur usage et de la qualité des matières propres à être employées;

2° qu'à cette école seraient réunis des ateliers où on mettrait en pratique l'enseignement donné.

Quelques hommes d'initiative (et il s'en trouve encore parfois chez nous) s'offrirent même de fournir des éléments nouveaux, comme, par exemple, pour la menuiserie fine et les meubles, l'emploi simultané et raisonné du bois et du fer ; pour la poterie, des modèles conformes à ce que l'enseignement indiquerait ; pour les métaux, des essais d'émaillage en grand et à bon marché, des combinaisons nouvelles déduites des propriétés de ces métaux, etc.

M. Majorin pensait que son élève, par la direction donnée à ses études, éloigné soigneusement des routines, par la facilité qu'il avait acquise de dessiner toute chose et de se rendre compte de la nature et de la destination de tout objet dessiné, serait très propre à être attaché à une institution de cette nature. Mais il fallait qu'il prît l'habitude de composer, car jusqu'alors il s'était contenté de recueillir et d'analyser des matériaux.

En cela, comme pour l'étude du dessin, M. Majorin se piquait d'avoir une méthode. Il est vrai qu'il n'était pas artiste.

« La composition, disait-il, doit avoir ses lois, ou elle ne serait qu'une fantaisie, qu'un caprice ; or, sans m'occuper de ce qui concerne la peinture, la sculpture et la musique (bien qu'il soit possible, me semble-t-il, de définir les règles qui doivent s'imposer dans les compositions des musiciens, des sculpteurs et des peintres), s'il s'agit des arts appliqués à l'architecture, aux diverses industries, il est évident que la composition doit tenir compte de deux éléments, de la matière mise en œuvre et des procédés qui peuvent lui être appliqués. La composition d'une œuvre façonnée à l'aide du métal fondu, battu ou forgé, ne saurait convenir à celle qui emploie le bois, le marbre, la pierre ou la terre cuite. Chaque industrie ou chaque procédé de fabrication doit nécessairement posséder une méthode de composition qui soit appropriée à la matière qu'emploie cette fabrication et à la manière de la mettre en œuvre. Et les beaux exemples laissés par les siècles passés et que nous admirons tiennent compte de ces principes élémentaires.

« Pour enseigner la composition, il faut tout d'abord définir ces principes. Le tort de l'enseignement donné dans nos écoles, ç'a été toujours de présenter aux élèves des œuvres incontestablement belles d'ailleurs, sans indiquer jamais à quoi ces œuvres s'appliquaient, de quelles matières elles sont faites, quels sont les procédés employés par les artistes ou artisans qui les ont produites, quelle était leur place et leur destination.

« Aussi est-il arrivé que, dans la plupart de nos productions appartenant à ce qu'on appelle *l'art industriel*, on signale les plus singulières transpositions.

« En ces matières, l'absence d'un bon enseignement fait que nous voyons reproduire avec le bois des œuvres qui appartiennent plus particulièrement au métal fondu; avec le marbre ou la pierre, des formes appartenant aux enduits moulés.

« Dans la composition de tout ce qui touche à l'architecture et aux objets usuels, tels que meubles, ustensiles, bijoux, orfèvrerie, la première condition est donc de se rendre compte des propriétés particulières à la matière employée et du mode d'emploi, c'est-à-dire des moyens de fabrication auxquels se prête cette matière. Faute d'observer ces principes, non seulement on produit des œuvres qui sont contraires aux règles du plus simple bon sens, mais qui sont dépourvues de charme, qui offensent la raison autant que le goût, des œuvres fatigantes par leur monotonie. En effet, ce qui séduit dans les ouvrages laissés par la bonne antiquité (pour ne parler que de ceux-là) c'est la, variété des formes, conséquence de la nature de la matière employée et du procédé.

« Un trépied ou une table de marbre antique affecte une

allure fort différente de celle donnée à une table, à un trépied de bronze ou de bois.

« La première condition pour composer est donc de savoir avec quoi sera fabriqué l'objet et quels sont les moyens propres à cette fabrication. »

Il fallait donc que M. Majorin commençât par faire connaître à son élève les procédés vrais appartenant à chacune des fabrications dont celui-ci aurait à s'occuper. La tâche était d'autant moins facile que la confusion la plus complète règne à cet égard dans les ateliers, et que les *dessinateurs compositeurs* qui fournissent des modèles à ces ateliers n'ont guère souci des moyens propres à chaque nature de fabrication. La plupart même ignorent les procédés imposés et les propriétés des matières employées, et, ce qui doit paraître plus étrange, c'est que les fabricants acceptent ces compositions et ne reculent pas devant les difficultés, souvent insurmontables et toujours onéreuses, que leur impose l'acceptation de ces modèles.

Hormis les papiers peints, pour lesquels sont donnés des modèles absolument conformes au mode de fabrication (aussi cette industrie est-elle à Paris une de celles qui se soutiennent le mieux), et faits par des artistes de valeur, parfaitement au courant des procédés employés et des ressources qu'ils présentent, on peut dire sans trop s'avancer que la plupart des autres industries d'art se résignent à fabriquer sur des compositions qui ne sont nullement appropriées à l'objet; compositions qui sont pour ces industries la cause de dépenses très supérieures au résultat obtenu. M. Majorin fit donc passer son élève dans un certain nombre d'ateliers, moins pour savoir ce qu'on y fait que pour connaître les procédés propres à chaque fabrication; de telle sorte qu'après ces visites, M. Majorin demandait à petit Jean de lui rendre compte de ses observations et lui démontrait ainsi comment ces procédés et la matière employée devaient

commander telle forme plutôt que telle autre. Puis, il lui
faisait faire des compositions suivant ces principes ou rectifier celles qu'il avait vu appliquer.

Souvent on allait au Louvre, au musée de Cluny, et
M. Majorin montrait à son élève, dans ces collections, les
objets qui remplissaient le mieux les conditions imposées
par la matière, la destination et le mode de fabrication, et
il n'avait pas de peine à lui faire voir que ces objets sont
toujours ceux qui ont le plus de charme.

Parfois aussi on allait visiter des usines, examiner les
machines, et M. Majorin expliquait à petit Jean comment
ceux de ces engins dans lesquels chaque pièce possède la
force nécessaire à sa fonction, la forme scientifiquement
correcte, sont les meilleurs au point de vue du fonctionne-
ment et les plus satisfaisants pour l'œil.

« Il ne doit pas te paraître étrange, disait-il, que le
même peuple, qui sait si bien donner de la grâce à une
machine en adoptant exactement les formes convenables
à chaque organe, tombe dans de telles aberrations de
sens et de goût, quand il s'agit de fabriquer des meubles,
des ustensiles, des objets dont il se sert journellement,
car les machines, étant d'invention récente, ne se rattachent à aucune prétendue tradition. Il a fallu les créer
de toutes pièces, sur des données nouvelles; le bon sens
a fait immédiatement adopter des formes qui sont absolument appropriées à l'objet.... Mais, s'il s'agit d'une
table, d'une armoire ou d'une pendule, c'est autre chose ;
l'esprit est hanté par mille exemples antérieurs, et, au
lieu de songer à faire pour le mieux et dans les conditions les plus raisonnables une pendule, une armoire ou
une table, comme on fait une machine, c'est-à-dire en se
rendant compte de la fonction, de la matière mise en œuvre
et des procédés de fabrication, on pense aux mobiliers de
LouisVIX , de Marie-Antoinette, de Louis XIV ou de la

Renaissance, et on produit un pastiche qui passera certainement de mode, destiné à être relégué au grenier comme objet ridicule et qu'on ne saurait montrer. »

M. Majorin exerça donc son élève à composer, mais en lui faisant établir d'abord la construction de l'objet, en raison de la matière employée et de la destination. S'agissait-il d'une table, par exemple, il fallait que petit Jean combinât la construction vraie de cet objet (fig. 105); puis, prenant

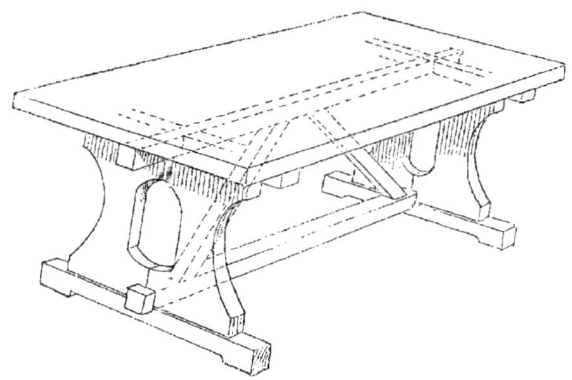

Fig. 105. — Composition : une table.

l'un des pieds, l'élève essayait de lui donner l'ornementation qui convenait à la matière et à la destination (fig. 106). S'agissait-il de vantaux de porte, la structure devait être conçue au préalable, en raison de la force des bois et de la manière de les assembler le plus solidement possible en ne donnant aux panneaux que la largeur d'une planche (fig. 107). Puis, cela fait, on procédait à la décoration de cette œuvre de menuiserie en évitant tout ce qui aurait pu diminuer la force de ces assemblages (fig. 108). Ainsi le maître expliquait comment il était bon de laisser le bois franc au droit des mortaises, quitte à évider les parties des

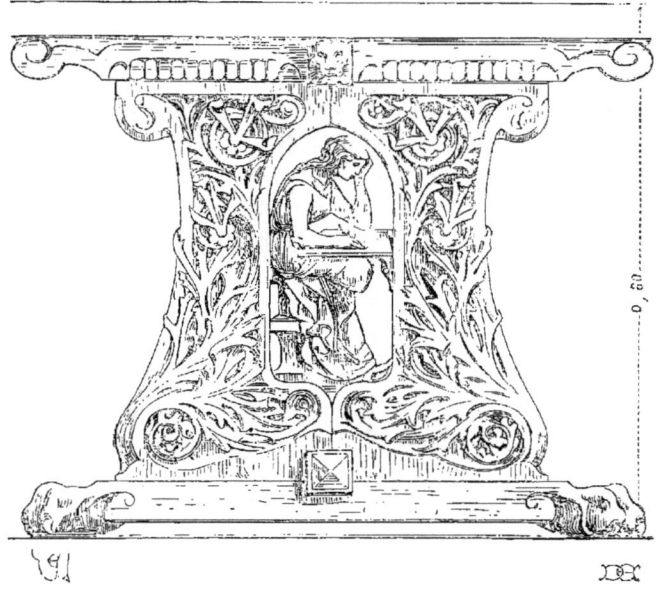

Fig. 106. — Détail décoré du pied de la table.

membrures comprises entre elles ; comment il était bon que la sculpture qui décorait les panneaux contribuât à les renforcer dans leur milieu, surtout dans les parties inférieures ; comment, pour donner plus de raide aux traverses, on pouvait les faire épaisses, ce qui offrait un motif décoratif ; comment il fallait prévoir la place des crémones et serrures pour que celles-ci pussent être convenablement disposées ; comment il fallait profiler les moulures en raison du fil du bois et tenir compte de l'échelle qui convient à toute œuvre de menuiserie, toujours délicate.

Et, à propos de ces ouvrages de menuiserie, M. Majorin disait à petit Jean :

« Il n'est pas un art ou un métier dans lequel on se soit plus écarté des règles du bon sens. Et, cependant, le bois

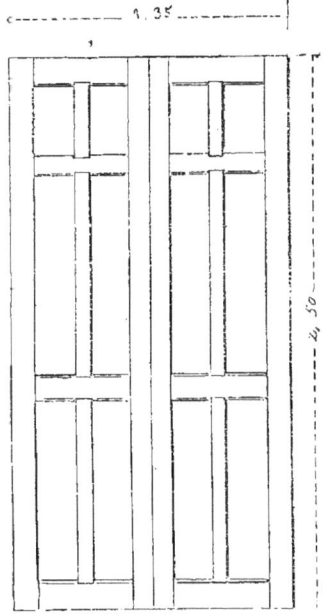

Fig. 107 — Composition : vantaux de porte.

est une matière dont les propriétés commandent impérieusement un certain emploi et certaines formes. Tous les bois sont soumis au gonflement et au retrait en raison de la température humide ou sèche, mais dans un seul sens, savoir dans le sens transversal, car, longitudinalement, les fibres qui composent le bois ne s'allongent ni ne se raccourcissent, tandis qu'elles se resserrent ou s'écartent sous l'influence de la sécheresse ou de l'humidité. Donc, il faut, dans le sens transversal, laisser toujours au bois une certaine liberté et éviter, par exemple, les larges panneaux composés de plusieurs planches réunies, parce qu'il est certain que ces panneaux écarteront les bâtis dans lesquels ils sont embrevés, pour peu que la température soit humide. Mais on a fait pis, on a voulu reproduire en menuiserie des formes qui conviennent à des matières non fibreuses et que l'on possède en grande masse, comme la pierre ou le marbre ; on a fait en menuiserie des colonnes, des entablements, des frontons circulaires, tout cela composé de pièces et de morceaux collés ou assemblés contrairement aux propriétés du bois ; des objets contournés, tandis que le bois, par la disposition parallèle de ses fibres, ne permet que l'emploi des formes planes ou droites ; et si tu veux parcourir des ouvrages traitant de la menuiserie, tu verras que leurs auteurs se sont donné comme tâche de faire faire avec le bois tout le contraire de ce que commande cette matière ; qu'ils considèrent ces extravagances comme le dernier mot de cet art, comme des *chefs-d'œuvre*, pour me servir de l'expression consacrée.

« Ces étranges manies ne datent pas de bien loin, il est vrai ; mais elles se sont imposées, et ceux qui ont ainsi abandonné les règles du sens commun, de la raison, prétendent faire passer les artistes qui savaient s'y conformer, tout en produisant des œuvres charmantes, pour des barbares.

« Mais tu en verras bien d'autres dans la pratique de nos industries touchant la menuiserie, la serrurerie, l'ébénisterie, les bronzes, etc.

« Tu as souvent entendu parler du *style*. Telle œuvre d'art a du style, dit-on ; telle autre en est dépourvue. Pourquoi ? Les œuvres d'art sont toujours empreintes de style quand l'auteur tient compte des éléments qui servent à les constituer tout d'abord.

« Je m'explique :

« Le style peut se rencontrer dans un pot, dans un meuble, comme dans un édifice, une statue ou une peinture, à cette condition dominante que l'artiste aura déduit la forme et la composition des conditions essentielles, qui sont, s'il s'agit d'objets, la destination, la nature et les propriétés de la

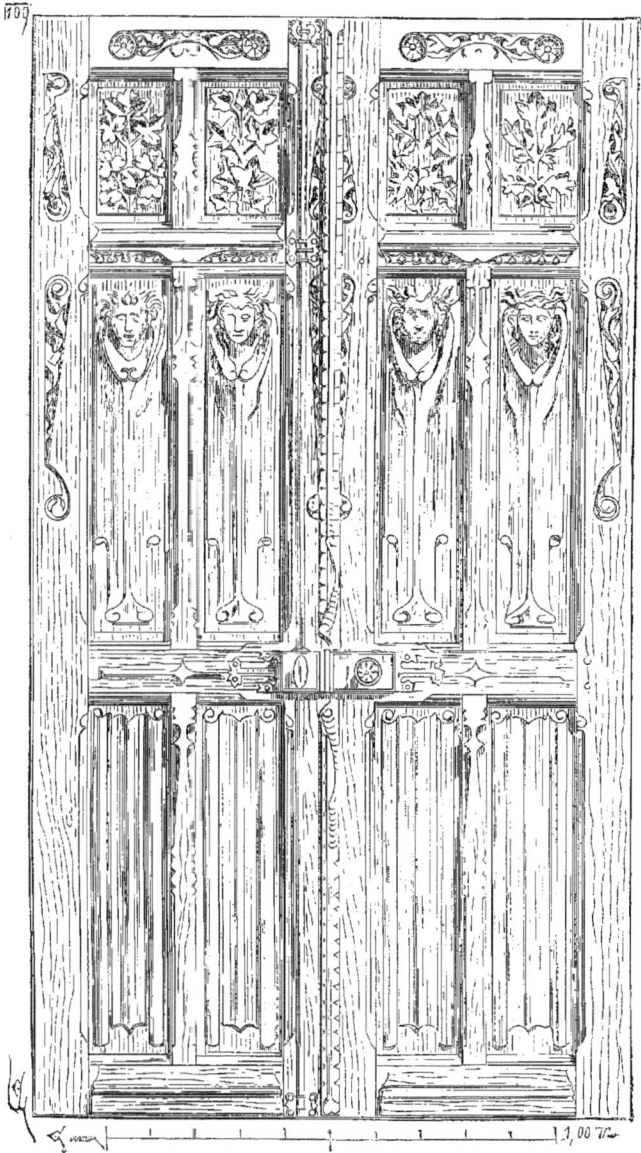

Fig. 108. — Détail décoré de vantaux de porte.

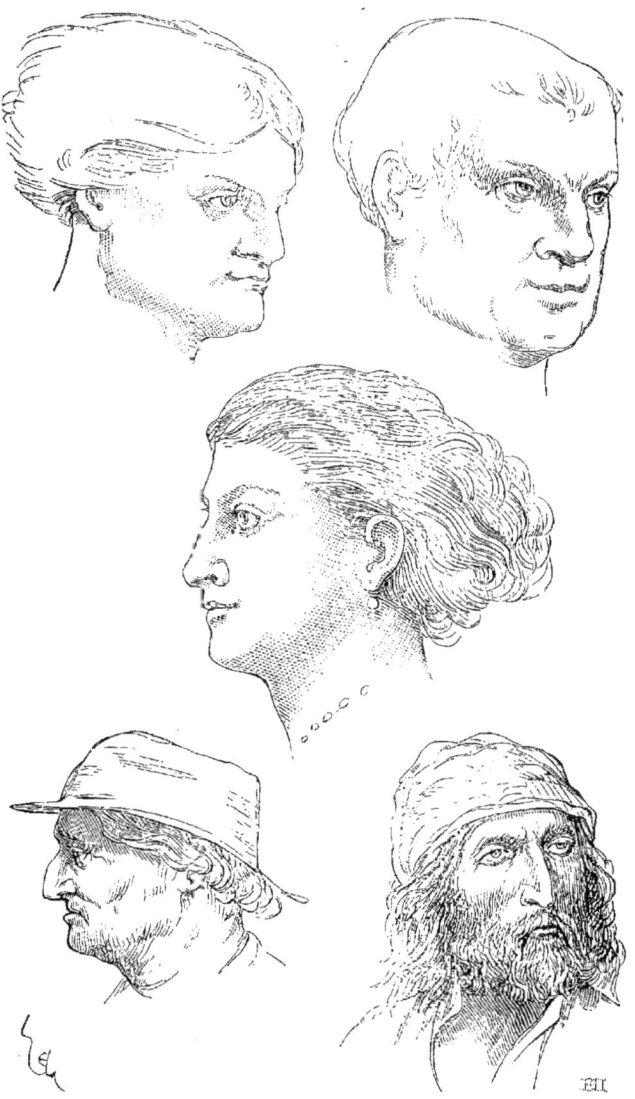

Fig. 109. — Croquis de types et physionomies variés.

matière; s'il s'agit de statuaire ou de peinture, le caractère principal de l'individu ou du sujet.

« La nature met toujours du style dans ses productions, parce qu'elle procède suivant un ordre logique, adoptant les formes qui sont la conséquence de la destination, aussi bien dans les séries inorganiques que dans les séries organiques. Si donc il s'agit de créer, c'est-à-dire de produire un objet appartenant à une des industries de l'homme, il est bon de procéder comme elle procède, de tenir compte de la destination de cet objet et des qualités de la matière employée pour le façonner. De telle sorte qu'un vase de terre ou de verre ne pourra adopter la forme propre à un vase d'argent ou de bronze, qu'un meuble de fer ne devra pas ressembler à un meuble de bois. C'est donc pour cela qu'il convient de connaître parfaitement les divers procédés industriels, pour ne point s'en écarter, dans la composition des objets que fournissent les diverses industries. »

Pendant quelques mois, petit Jean s'exerça donc à composer des objets très divers, et il fallait qu'il indiquât les moyens à l'aide desquels il devrait les faire exécuter, ce qui ne l'empêchait pas de dessiner d'après le modèle vivant; et M. Majorin, chaque fois qu'il examinait les études de son élève, insistait sur le caractère propre à chaque individu, lui faisant sentir comment il y a harmonie dans la physionomie de chacun, comment les gestes, les attitudes, la conformation des os et des muscles possèdent, aussi bien que le visage, un caractère individuel. Petit Jean avait pris l'habitude, toutes les fois qu'une physionomie le frappait, de la graver dans sa mémoire et d'essayer de la reproduire (fig. 109), ou bien il s'exerçait à copier des animaux et d'essayer de faire entrer leur structure dans ses compositions; ou encore, il analysait les plantes, leurs organes, et trouvait là des éléments charmants de formes nouvelles, des sujets d'observations délicates dont il faisait son profit et il s'apercevait chaque jour que les artistes de l'antiquité, que ceux du moyen âge n'avaient pas procédé autrement. Ces exercices étaient très bons, en ce qu'ils l'habituaient à distinguer tout d'abord les linéaments principaux, personnels à chacun, ce qui est la première condition du style.

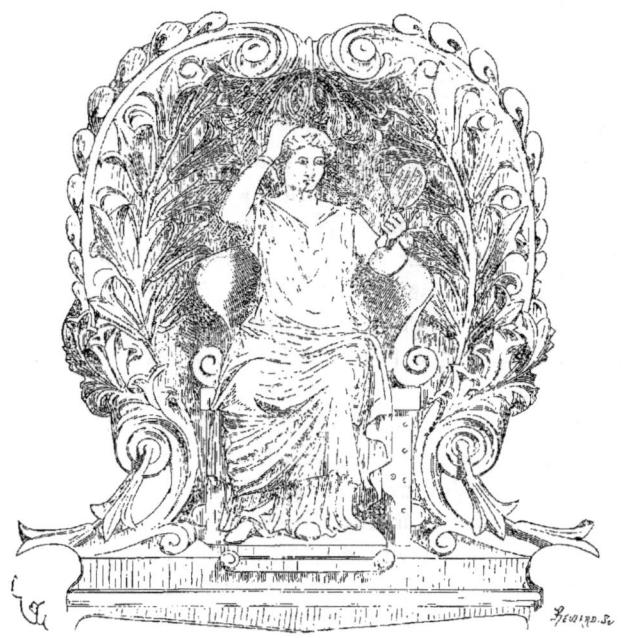

CHAPITRE XIX

BATONS DANS LES ROUES.

Un matin, M. Majorin vit entrer chez lui un des fabricants de ses amis auxquels il s'était adressé et qui devaient contribuer à l'organisation, en dehors de la routine, des ateliers d'articles de Paris. Ce visiteur matinal était un personnage assez important, président d'un certain nombre de comités ou commissions, notable et décoré à la suite d'une des dernières expositions.

« Ça marche ! dit-il en s'asseyant, ça marche ! nous avons notre école spéciale toute prête et, dans les ateliers de beaucoup de nos confrères, les dispositions prises pour établir des modèles nouveaux. Mais il ne faut pas négliger la clientèle. Vous savez combien le public est réfractaire aux choses qui sortent de ses habitudes ; or, une haute notabilité dans les arts, ayant su que nous nous occupons de cette affaire, est venue me trouver. Elle a sous la main un jeune homme élève de l'école des Beaux-Arts, des plus distingués, qui a failli avoir le prix de Rome comme architecte, très habile dessinateur, mais qui, ne pouvant s'aventurer, par suite de sa position très précaire, dans la longue filière de la carrière d'architecte, serait disposé à consacrer son talent à l'industrie et....

— Et quoi?

— Et ce même haut personnage a bien voulu me dire que, si nous mettions ce jeune homme à la tête de notre entreprise, nous serions assurés, d'ores et déjà, d'une bonne clientèle parmi ses collègues et dans le monde élégant.

— Mais cela me paraît très bon.... Et ce jeune homme est-il au courant des diverses fabrications avec lesquelles il se trouvera en rapport?

— Pour cela, je n'en sais rien.

— Et est-il en état, tout bon dessinateur qu'on le veut dire, de donner des modèles propres aux nombreuses branches de cette fabrication?

— Probablement.

— Probablement, ce n'est pas une certitude; a-t-il beaucoup vu?

— Je ne saurais le dire.

— Sait-il de quoi se composent les bronzes? Connaît-il les bois? Les a-t-il vu employer? Sait-il comment on forge le fer et comment on le soude à chaud; comment on argente et comment on dore; comment on incruste métal sur métal; comment se fait la marqueterie et se travaille l'ivoire? A-t-il quelques principes de mécanique? Sait-il comment on émaille la terre ou le métal; comment se travaille le verre; comment se fait la peinture sur faïence? A-t-il acquis des connaissances en chimie, en minéralogie, en physique? A-t-il appris tout cela à l'école des Beaux-Arts?

— Vous en demandez beaucoup!

— Je demande ce qu'il nous faut, rien de plus.

— Ce jeune homme, qu'on dit très intelligent, apprendra bien vite tout cela.

— Ah! c'est à vos dépens, j'imagine.

— Mais du moment qu'il est bon dessinateur!

— Dessinateur de quoi? Des banalités auxquelles vous voulez échapper? Il ne s'agit pas seulement pour vous de manier habilement le crayon ou le pinceau, il s'agit de composer en raison des divers modes de fabrication auxquels il faut donner des modèles.

— Oui, certainement, certainement; mais si, d'un autre côté, nous trouvons l'appui de tous les gens de goût qui occupent de belles positions, si nous sommes certains ainsi d'écouler nos produits (et il paraît que ce jeune homme est assuré de hautes protections), il importe assez peu que nous fassions quelques sacrifices pour initier notre dessinateur aux procédés des métiers. »

M. Majorin aurait jeté volontiers son interlocuteur par la fenêtre. Avoir pendant dix ans préparé un sujet, naturellement doué, avec cette unique pensée de mettre entre ses mains un instrument de précision propre à lui ouvrir une carrière dont il entrevoyait l'importance et l'utilité, avoir caressé cette idée, toucher au but et se trouver arrêté par un.... obstacle vulgaire, une plate question de personne ou de boutique!...

Mais M. Majorin était depuis longtemps habitué à ces déboires; il ne jeta donc pas l'honorable visiteur par la fenêtre et se contenta de lui dire :

« Mais, cher monsieur, il me semblait que nous nous étions entendus sur un point principal, sur une question de principe qui devait dominer toute autre considération ; savoir : que notre organisation tendrait à sortir des voies où nous sommes depuis longtemps engagés, et que vous et tous nos confrères consultés considèrent comme devant aboutir à la décadence de notre industrie plus spécialement attachée aux arts, si nous n'apportons un remède énergique à la situation présente. Or, que venez-vous me proposer? de remettre nos essais de réformes entre les mains de ceux-là mêmes qui n'ont cessé de les repousser et qui ne tiennent pas du tout à ce que *l'art industriel*, comme ils l'appellent, prenne place à côté de l'art.... du *grand art ;* puisqu'il est convenu qu'il y a un grand art et un petit art.

— D'accord ; mais, si nous nous aliénons tout d'abord les personnages qui possèdent l'influence en matière d'art et dont le jugement est sans appel, ne risquons-nous pas de perdre tous nos efforts, de produire des œuvres qu'on laissera dans nos magasins? car vous savez mieux que moi combien il importe d'être soutenu dans une entreprise qui tend à modifier des habitudes prises par le public.

— C'est incontestable ; mais, si on prétend réformer ces habitudes, ce n'est pas à ceux qui ont intérêt à les conserver qu'il convient de s'adresser. Ce que vous proposez, loin d'améliorer l'état présent, tendrait au contraire à l'empirer, car aujourd'hui, du moins, si nous marchons au hasard, ce hasard peut nous servir et nous sert quelquefois; mais, si vous vous mettez sous la direction d'artistes qui ont des principes diamétralement opposés à ceux que nous voudrions faire prévaloir, autant continuer comme par le passé, c'est-à-dire en dehors de tout principe, à faire des pastiches plus ou moins réussis et à satisfaire aux fantaisies de la mode avec plus ou moins de bonheur. »

Toutes ces raisons ne paraissant pas convaincre l'ami de M. Majorin, on se sépara sans rien conclure.

Cependant Jean, qui travaillait dans une pièce voisine, se présenta devant son maître.

« Je dois, bon ami, vous avouer que, bien malgré moi, j'ai entendu toutes les paroles prononcées par M... et vous, et, autant que j'ai pu comprendre, il vous serait bien difficile, après cela, de m'imposer contre la volonté de ces messieurs.

« Si vous le permettez, j'entrerai donc simplement dans un atelier très modeste dont le patron m'a offert de prendre la direction, sans viser plus haut. Là, je travaillerai et je crois pouvoir me rendre utile. Si je réussis, comme j'en ai l'espoir, en utilisant ce que vous m'avez enseigné, eh bien, j'arriverai à quelque chose..... Vous m'avez toujours parlé de difficultés, d'obstacles à vaincre. Mais jusqu'à ce jour, vous m'avez épargné ces épreuves. C'est à mon tour à vous montrer que je suis en état, grâce à vous, de les subir sans faiblesse. Donc, permettez-moi d'entrer dans cet atelier !

— Tu es un brave garçon, Jean, mon ami, et c'est peut-être ce qu'il y a de mieux à faire ; mais ne te presse pas, je règlerai les conditions de ton concours..... En effet, ce fabricant est jeune, très intelligent ; il a commencé petitement ; c'était un simple ouvrier, et sa maison n'a cessé de s'accroître par le soin qu'il apporte à ne rien laisser sortir de chez elle qui ne soit bon.

« C'est un chercheur ; il ne lui manque que les connaissances premières ; tu peux les lui apporter... J'irai le voir dès demain... Mais, ajouta M. Majorin, comme se parlant à lui-même, quand je pense qu'il en est partout et toujours ainsi ! Faut-il que notre pays ait le tempérament robuste pour produire encore quelque chose de passable en dépit des bâtons que l'on jette sans cesse dans ses jambes ! Voilà les hommes auxquels nous devons recourir, car ils sont les maîtres. Ils dédaignent cet art industriel ; non seulement ils le dédaignent, mais ils ne lui accordent pas une place à côté de ce qu'ils appellent l'art, ils l'excluent des expositions périodiques (comme si un meuble ou un vase bien composé et d'une bonne exécution ne valait pas un méchant tableau ou une mauvaise statuette). Puis, si, par aventure, il arrive que des particuliers s'entendent pour relever cet art industriel, source de prospérité pour le pays et dont ces dédaigneux n'ont jamais étudié les ressources, les moyens d'exécution : « L'affaire peut être bonne ! disent ils ; c'est à nous à en être les maîtres... » Allons ! n'y pensons plus ; aussi, étais-je trop naïf de supposer que dans l'état présent nous pourrions tenter quelque chose ! »

Il fut fait ainsi qu'il vient d'être dit. Jean (que nous ne pouvons plus appeler petit Jean) fut mis à la tête de l'atelier de ce modeste fabricant de meubles. Celui-ci, qui était adroit et connu déjà dans une clientèle restreinte pour sa probité et sa régularité en affaires, trouva des fonds. Jean fit installer des machines qui permettaient d'économiser du temps et de la matière; il s'appliqua spécialement à fabriquer des meubles en fer et en bois qui joignaient l'élégance à une grande solidité, sachant donner à ces matières les formes propres à leurs qualités. Des brevets furent pris. Quelques amateurs de goût, séduits par la nouveauté et l'originalité des modèles, firent des commandes importantes. A une exposition particulière aux Champs-Elysées, plusieurs de ces meubles furent très appréciés. La maison eut bientôt des commandes au delà de ce qu'elle pouvait fabriquer; on l'augmenta. L'emploi du bronze fut ajouté à cette industrie, puis l'application des métaux incrustés. Tous les clients de la maison tenaient à se mettre en rapport avec Jean, qui comprenait facilement les projets et qui savait trouver les moyens de satisfaire à leurs désirs, en allant au devant même de ce qu'ils attendaient, et résolvant les difficultés. La facilité avec laquelle il s'exprimait dans un croquis, les connaissances qu'il avait acquises et qu'il étendait chaque jour par l'habitude d'observer, de préciser toute chose, attirèrent sur lui l'attention de quelques savants et des esprits libéraux. On le consultait en maintes circonstances, et il trouvait habituellement une solution simple, dictée par le bon sens et la pratique. Dans ses moments perdus, il ne cessait d'étudier et perfectionnait son goût.

Jean était d'ailleurs en état, par la nature de ses études, de bâtir une maison, de la décorer et de la meubler.

Cela convenait à beaucoup de gens, et spécialement à des

étrangers qui, ne pouvant résider en France, y venaient seulement passer quelques mois.

Exact, scrupuleux, précis, on lui confiait des entreprises, avec la certitude qu'elles seraient menées à bonne fin dans les délais convenus.

M. Majorin jouissait pleinement des succès de son élève, qui commençait à se faire, dans le monde industriel, une situation fort belle et auquel les offres brillantes ne manquaient pas.

L'affaire de l'organisation d'enseignement et d'ateliers d'art industriel était tombée dans l'eau, comme on le peut penser.

« Eh! pourquoi, dit un jour à M. Majorin l'honorable fabricant dont nous avons parlé au commencement de ce chapitre, ne nous avez-vous pas dit que M. Jean Loupeau était si bien en état de se mettre à la tête de l'organisation que nous projetions?

— Moi? Vous présenter un jeune homme inconnu quand vous arriviez avec un quasi-lauréat de l'Institut! Allons donc!....

— Cependant vous pouviez nous en dire quelques mots.

— Jamais! vous eussiez pu me répondre : « Vous êtes orfèvre ! » Ce jeune homme est mon œuvre, je ne pouvais vous le jeter à la tête.... Mais, qu'avez-vous fait de votre quasi-lauréat de l'Institut?

— Rien!

— Rien? c'est peu.

— Il n'entendait nullement la fabrication et nous fournissait des modèles très beaux peut-être sur le papier, mais absolument inexécutables.

— Vous disiez qu'après quelques essais, il comprendrait bientôt le côté pratique de vos industries.

— Point; à nos observations, il n'a jamais eu que cette réponse : « Ce n'est pas à l'art à se soumettre aux

« moyens matériels, mais aux moyens matériels à se plier
« à l'art. »

« Il n'y a pas eu à le faire démordre de cette maxime.
— Si bien?...
— Si bien qu'après avoir dépensé pas mal d'argent, sans fabriquer un tabouret ou un bougeoir, nous avons liquidé l'opération.
— Et ces appuis, cette clientèle qu'on vous promettait?
— Eh! puisque nous ne pouvions rien fabriquer avec ce que ce monsieur nous donnait!....
— C'est dommage.... au revoir! »

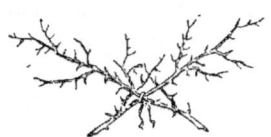

CONCLUSION

Jean Loupeau reprend, dit-on, pour son compte le projet de M. Majorin. Connu aujourd'hui des principaux industriels de Paris, il songe à organiser une école et des ateliers d'apprentissage pour ces industries parisiennes, dont l'importance est si grande et dont le déclin serait une calamité pour le pays. M. Majorin s'est retiré des affaires; mais son esprit actif est toujours prêt à venir en aide à son élève, et il vit près de lui, car il le considère à bon droit comme son enfant.

M. Mellinot est mort après avoir perdu la plus grande partie de ses économies dans de mauvais placements et sans avoir été décoré de la croix de la Légion d'honneur, ce que Mme Mellinot ne pardonnera jamais au gouvernement.

Quant à André, que nous avons perdu de vue depuis longtemps, après avoir essayé de beaucoup de choses qui ne le menaient à rien, bien qu'il eût fait d'assez bonnes études, Jean, par ses amis sortis comme lui de l'École centrale, est parvenu à le faire entrer dans une administration de chemin de fer.

Le père Loupeau et la mère Euphrasie demeurent toujours à Boissy-Saint-Léger; seulement la maison qu'ils habitent leur appartient, elle a été achetée par Jean sur ses premières économies. M. Majorin a doté l'une des sœurs de son élève, lequel se charge de doter la seconde. Quant aux frères, l'un est charpentier, l'autre soldat, et les deux derniers, excellents apprentis dans les ateliers que dirige Jean.

Tout ce monde est donc heureux, casé, parce que petit Jean a eu la fantaisie de dessiner un chat. Ce n'est là qu'une partie de la morale à tirer de cette histoire véridique.

L'autre est celle-ci : Le dessin enseigné comme il devrait l'être et comme M. Majorin prit la peine de l'enseigner à petit Jean est le meilleur moyen de développer l'intelligence et de former le jugement, car on apprend ainsi à voir, et voir c'est savoir.

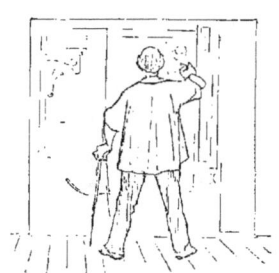

TABLE

Chap.	I.	Deux frères de lait et un chat. . . .	1
—	II.	Comment M. Majorin prit une grande résolution.	11
—	III.	De plusieurs notables découvertes que fit petit Jean.	19
—	IV.	Comment petit Jean reconnut que la géométrie s'applique a plusieurs choses.	26
—	V.	Autres découvertes de petit Jean touchant la lumière et la géométrie descriptive.	43
—	VI.	D'une conversation mémorable entre MM. Mellinot et Majorin et de ce qui s'ensuivit.	59
—	VII.	Un peu de perspective et de géométrie descriptive.	73
—	VIII.	Où petit Jean commence a voir. . . .	95
—	IX.	Une leçon d'anatomie comparée. . . .	107

Chap. X.	Deuxième leçon d'anatomie comparée.	123
— XI.	Promenades et opérations sur le terrain.	141
— XII.	Un contrat.	161
— XIII.	Du premier voyage que fit petit jean.	171
— XIV.	Des avantages et des inconvénients de ne pas suivre la grande route.	195
— XV.	Cinq ans après.	203
— XVI.	Où la vocation de petit jean se dessine.	221
— XVII.	Douze jours dans les Alpes.	249
— XVIII.	Synthèse.	275
— XIX.	Batons dans les roues.	293
Conclusion.		301

2457. — Typographie A. Lahure, rue de Fleurus, 9, Paris.

Collection Hetzel

ÉDUCATION
RÉCRÉATION

Enfance — Jeunesse — Famille

500 Ouvrages

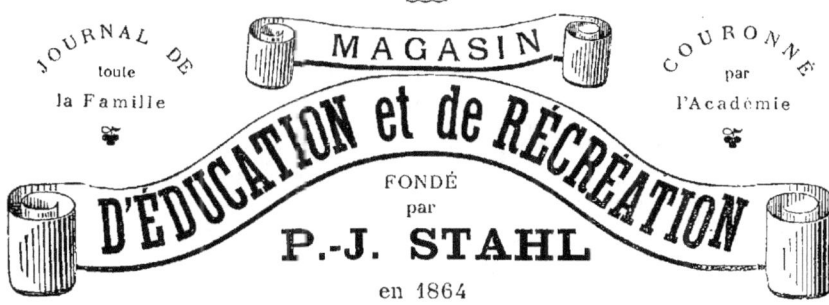

JOURNAL DE toute la Famille

COURONNÉ par l'Académie

FONDÉ par
P.-J. STAHL
en 1864
et

Semaine des Enfants

réunis, dirigés par

Jules Verne — J. Hetzel — J. Macé

La Collection complète		ABONNEMENT	
56 beaux volumes in-8 illustrés		d'un An	
Brochés	392 fr.	Paris	14 fr.
Cartonnés dorés	560 fr.	Départements	16 fr.
Volume séparé, broché	7 fr.	Union	17 fr.
— cartonné doré	10 fr.	(Il parait deux volumes par an.)	

Principales Œuvres parues

Les Voyages Extraordinaires, par JULES VERNE
La Vie de Collège dans tous les Pays, par ANDRÉ LAURIE
Les Voyages involontaires, par LUCIEN BIART
Les Romans d'Aventures, par ANDRÉ LAURIE et RIDER HAGGARD
Les Romans de l'Histoire naturelle, par le Dr CANDÈZE

Les Œuvres pour la Jeunesse de Stahl, J. Sandeau, E. Legouvé, V. de Laprade, Jean Macé, Hector Malot, Viollet-le-Duc, S. Blandy, J. Lermont, Th. Bentzon, E. Muller, Dickens, A. Dequet, A. Badin, E. Egger, Gennevraye, B. Vadier, Génin, P. Gouzy.

Nombreuses gravures des meilleurs artistes

Catalogue G 1

MAGASIN D'ÉDUCATION ET DE RÉCRÉATION

Les Tomes I à XXIV

renferment comme œuvres principales :

L'Ile mystérieuse, Les Aventures du Capitaine Hatteras, Les Enfants du Capitaine Grant, Vingt mille lieues sous les mers, Aventures de trois Russes et de trois Anglais, Le Pays des Fourrures, Michel Strogoff, de JULES VERNE. — La Morale familière (cinquante contes et récits), Les Contes anglais, La Famille Chester, Histoire d'un Ane et de deux jeunes Filles, La Matinée de Lucile, Le Chemin glissant, Une Affaire difficile, L'Odyssée de Pataud et de son chien Fricot, de P.-J. STAHL. — La Roche aux Mouettes, de Jules SANDEAU. — Le nouveau Robinson suisse, de STAHL et MULLER. — Romain Kalbris, d'Hector MALOT. — Histoire d'une Maison, de VIOLLET-LE-DUC. — Les Serviteurs de l'Estomac, Le Géant d'Alsace, L'Anniversaire de Waterloo, Le Gulf-Stream, La Grammaire de mademoiselle Lili, Un Robinson fait au collège, de Jean MACÉ. — Le Denier de la France, La Chasse, Le Travail et la Douleur, A Madame la Reine, Un Premier Symptôme, Sur la Politesse, Un Péché véniel, Diplomatie de nos Mamans, etc., de E. LEGOUVÉ. — Petit Enfant, Petit Oiseau, L'Absent, Rendez-vous! La France, La Sœur aînée, L'Enfant grondé, etc., par Victor DE LAPRADE. — La Jeunesse des Hommes célèbres, de MULLER. — Aventures d'un jeune Naturaliste, Entre Frères et Sœurs, de Lucien BIART. — Le Petit Roi, de S. BLANDY. — L'Ami Kips, de G. ASTON. — Causeries d'Économie pratique, de Maurice BLOCK. — Les Vilaines Bêtes, de BENÉDICT. — Vieux Souvenirs, Départ pour la Campagne, Bébé aime le rouge, de Gustave DROZ. — Le Pacha berger, de LABOULAYE. — La Musique au foyer, de P. LACOME. — Histoire d'un Aquarium, Les Clients d'un vieux Poirier, de E. VAN BRUYSSEL. — Histoire de Bébelle, Une Lettre inédite, Septante fois sept, de DICKENS. — Pâquerette, Le Taciturne, etc., de H. FAUQUEZ. — Le petit Tailleur, de A. GENIN. — Curiosités de la vie des Animaux, par P. NOTH. — Notre vieille Maison, de H. HAVARD. — Le Chalet des Sapins, par P. CHAZEL. — Les deux Tortues, Ce qu'on faisait à un enfant quand il tombait, par F. DUPIN DE SAINT-ANDRÉ, etc., etc.

Les petites Sœurs et les petites Mamans, Les Tragédies enfantines, Les Scènes familières, textes de P.-J. STAHL.

Les Tomes XXV à LVI

renferment comme œuvres principales :

JULES VERNE : Le Château des Carpathes, Mistress Branican, César Cascabel, Famille sans Nom, Deux Ans de Vacances, Nord contre Sud, Un Billet de Loterie, L'Étoile du Sud, Kéraban-le-Têtu, L'École des Robinsons, La Jangada, La Maison à vapeur, Les Cinq cents millions de la Bégum, Hector Servadac. — J. VERNE et A. LAURIE : L'Épave du Cynthia. — P.-J. STAHL : Maroussia, Les Quatre Filles du docteur Marsch, Le Paradis de M. Toto, La Première Cause de l'avocat Juliette, Un Pot de crème pour deux, La Poupée de Mlle Lili. — STAHL et LERMONT : Jack et Jane, La petite Rose. — L. BIART : Monsieur Pinson, Deux enfants dans un parc. — E. LEGOUVÉ, de l'Académie : Leçons de lecture, Une élève de seize ans, etc. — V. DE LAPRADE, de l'Académie : Le Livre d'un Père. — A. DEQUET : Mon Oncle et ma Tante. — A. BADIN : Jean Casteyras. — E. EGGER, de l'Institut : Histoire du Livre. — J. MACÉ : La France avant les Francs. — CH. DICKENS : L'Embranchement de Mugby. — A. LAURIE : Le Rubis du grand Lama, Axel Ebersen (Le Gradué d'Upsala), Mémoires d'un Collégien russe, Le Bachelier de Séville, Une Année de collège à Paris, Scènes de la vie de collège en Angleterre, Mémoires d'un Collégien, L'Héritier de Robinson, De New-York à Brest en 7 heures, Le Secret du Mage. — P. CHAZEL : Riquette. — Dr CANDÈZE : La Gileppe, Aventures d'un Grillon, Périnette. — C. LEMONNIER : Bébés et Joujoux. — HENRY FAUQUEZ : Souvenirs d'une Pensionnaire. — J. LERMONT : Kitty et Bo, L'Aînée, Les jeunes Filles de Quinnebasset. — F. DUPIN DE SAINT-ANDRÉ : Histoire d'une bande de Canards, La Vieille Casquette, etc., etc. — TH. BENTZON : Contes de tous les Pays. — BENÉDICT : Le Noël des petits Ramoneurs, Les charmantes Bêtes, etc. — A. GENIN : Marco et Tonino, Deux P.passons de Saint-Marc. — E. DIENY : La Patrie avant tout. — C. LEMAIRE : Le Livre de Trotty. — G. NICOLE : Le Chibouk du Pacha, etc. — GENNEVRAYE : Marchand d'Allumettes, Théâtre de Famille, La petite Louisette. — BERTIN : Voyage au Pays des Défauts, Les deux côtés du Mur, Les Douze. — P. PERRAULT : Pas-Pressé, Les Lunettes de Grand'Maman, Les Exploits de Mario. — B. VADIER : Histoire d'une poupée, Blanchette, Comédies et Proverbes. — I.-A. REY : Les Travailleurs microscopiques. — S. BLANDY : L'Oncle Philibert. — RIDER HAGGARD : Découverte des Mines de Salomon. — GOUZY : Voyage au Pays des Étoiles, Promenade d'une Fillette autour d'un Laboratoire. — BRUNET : Les Jeunes Aventuriers de la Floride. — ANCEAUX : Blanchette et Capitaine. — RAMBAUD : L'Anneau de César. — Une grande Journée, Plaisirs d'hiver, Pierre et Paul, La Chasse, Les petits Bergers, Mademoiselle Lili à Paris, Les Frères de Mademoiselle Lili, par UN PAPA.

Illustrations par ATALAYA, BAYARD, BENETT, BECKER, CHAM, GEOFFROY, L. FRŒLICH, FROMENT, LAMBERT, LALAUZE, LIX, ADRIEN MARIE, MEISSONIER, DE NEUVILLE, PHILIPPOTEAUX, RIOU, G. ROUX, TH. SCHULER, etc., etc.

N. B. — La plus grande partie de ces œuvres ont été couronnées par l'Académie française

CHAQUE VOLUME SE VEND SÉPARÉMENT

Prix : broché, 7 fr., cartonné toile, tranches dorées, 10 fr.; relié, tranches dorées, 12 fr.

LES NOUVEAUTÉS POUR 1892-1893 SONT INDIQUÉES PAR UNE †
Les ouvrages précédés d'une double palme ⚜ ont été couronnés par l'Acadèmie

(1er Âge)
ALBUMS STAHL IN-8ᵉ ILLUSTRÉS

Les Albums Stahl

Il y a des lecteurs qui ne sont pas hommes encore et à qui il faut des lectures et des images pour leurs premières curiosités. Ce public innombrable et frêle n'a pas été oublié. Les *Albums Stahl* leur donnent de piquants ou de jolis dessins accompagnés d'un texte naïf. La naïveté est celle qu'un ingénieux esprit, comme Stahl, peut offrir. Elle a ses malices légères et sa gaieté tendre. Les dessins ont de la fantaisie dans la vérité. Bégayements heureux, rires argentins, ce sont là les effets que produisent ces albums caressants. Il y a beaucoup de gros livres et de travaux ambitieux qui n'ont pas la même utilité.

GUSTAVE FRÉDÉRIX, (*Indépendance Belge.*)

FRŒLICH

† Une grande journée de Mˡˡᵉ Lili.
Mˡˡᵉ Lili aux Champs-Élysées.
Mˡˡᵉ Lili à Paris.
Jujules le Chasseur.
Les petits Bergers.
Pierre et Paul.
La Poupée de Mˡˡᵉ Lili.
La Journée de M. Jujules.
L'A perdu de Mˡˡᵉ Babet.
Alphabet de Mˡˡᵉ Lili.

Arithmétique de Mˡˡᵉ Lili.
Cerf-Agile.
Commandements du Grand-Papa.
La Fête de Mˡˡᵉ Lili.
Journée de Mˡˡᵉ Lili.
La Grammaire de Mˡˡᵉ Lili. (J. MACÉ.)
Le Jardin de M. Jujules.
Les Caprices de Manette.

Les Jumeaux.
Un drôle de Chien.
La Fête de Papa.
Le premier Chien et le premier Pantalon.
L'Ours de Sibérie.
Le petit Diable.
La Salade de la grande Jeanne.
La Crême au chocolat.
M. Jujules à l'école.

L. BECKER............ L'Alphabet des Oiseaux.
—   .... L'Alphabet des Insectes.
COINCHON (A.)....... Histoire d'une Mère.
DETAILLE............ Les bonnes Idées de Mademoiselle Rose.
FATH................ Le Docteur Bilboquet.
—   .... Gribouille. — Jocrisse et sa Sœur.
—   .... Les Méfaits de Polichinelle. — Pierrot à l'École.
—   .... La Famille Gringalet. — Une folle soirée chez Paillasse.
FROMENT............ Petites Tragédies enfantines.
—   .... Nouvelles petites Tragédies enfantines.
—   .... Le petit Acrobate.
—   .... La Boîte au lait.
—   .... La petite Devineresse. — Le petit Escamoteur.
—   .... Scènes familières.
—   .... † Nouvelles scènes familières.
GEOFFROY........... Le Paradis de M. Toto. — 1ʳᵉ Cause de l'avocat Juliette.
—   .... L'Age de l'École.
—   .... Proverbes en action.
GRISET.............. La Découverte de Londres.
JUNDT............... L'École buissonnière.
LALAUZE............ Le Rosier du petit Frère.
LAMBERT............ Chiens et Chats.
MARIE (A.).......... Le petit Tyran.
MATTHIS............ Les deux Sœurs.
MEAULLE........... Petits Robinsons de Fontainebleau.
PIRODON............ Histoire d'un Perroquet. — Histoire de Bob aîné.
—   .... La Pie de Marguerite.
SCHULER (TH.)...... Les Travaux d'Alsa.
VALTON............. Mon petit Frère.

ALBUMS STAHL ILLUSTRÉS gr. in-8°

FRŒLICH

M. Jujules et sa sœur Marie.
Petites Sœurs et petites Mamans.
Voyage de Mˡˡᵉ Lili autour du monde.
Voyage de découvertes de Mˡˡᵉ Lili.
La Révolte punie.

CHAM............... Odyssée de Pataud.
FROMENT........... La Chasse au volant.
GRISET (E.)......... Aventures de trois vieux Marins. — Pierre le Cruel.
SCHULER (T.)....... Le premier Livre des petits Enfants.

1er Age
ALBUMS STAHL en COULEURS, IN-4°

L. FRŒLICH
Chansons & Rondes de l'Enfance

† Les Frères de Mlle Lili.
Sur le Pont d'Avignon.
La Tour, prends garde.
La Marmotte en vie.
La Boulangère a des écus.

La Mère Michel.
Giroflé-Girofla.
Il était une Bergère.
M. de La Palisse.
Au Clair de la Lune.

Cadet-Roussel.
Le bon Roi Dagobert.
Compère Guilleri.
Malbrough s'en va-t-en guerre.
Nous n'irons plus au bois.

L. FRŒLICH
M. César. — Le Cirque à la maison. — Pommier de Robert. — La Revanche de François.

BECKER	Une drôle d'École.
CASELLA	Les Chagrins de Dick.
FROMENT	Tambour et Trompette.
GEOFFROY	Monsieur de Crac. — Don Quichotte. — Gulliver.
—	L'Ane gris. — Le pauvre Ane.
JAZET	L'Apprentissage du Soldat.
KURNER	Une Maison inhabitable.
DE LUCHT	L'Homme à la Flûte. — Les 3 montures de John Cabriole.
—	La Leçon d'Équitation. — La Pêche au Tigre.
—	Les Animaux domestiques.
—	Robinson Crusoë.
MATTHIS	Métamorphoses du Papillon.
MARIE	Mademoiselle Suzon.
TINANT	Du haut en bas. — Un Voyage dans la neige.
—	Une Chasse extraordinaire. — La Revanche de Cassandre.
—	Les Pêcheurs ennemis. — La Guerre sur les Toits.
—	Machin et Chose.
—	Le Berger ramoneur.
TROJELLI	Alphabet musical de Mlle Lili.

1er et 2me Ages
PETITE BIBLIOTHÈQUE BLANCHE
Volumes gr. in-16 colombier, illustrés

AUSTIN	Boulotte.
BENTZON	Yette.
BERTIN (M.)	Les Douze. — Voyage au Pays des défauts.
—	Les deux côtés du Mur.
BIGNON	Un singulier petit Homme.
CHAZEL (PROSPER)	Riquette.
DE CHERVILLE (M.)	Histoire d'un trop bon Chien.
DICKENS (CH.)	L'Embranchement de Mugby.
DIENY (F.)	La Patrie avant tout.
DUMAS (A.)	La Bouillie de la comtesse Berthe.
DURAND (H.)	Histoire d'une bonne aiguille.
FEUILLET (O.)	La Vie de Polichinelle.
GENIN (M.)	Un petit Héros.
—	Les Grottes de Plémont. — Pain d'épice.
GENNEVRAYE	Petit Théâtre de Famille.
LA BÉDOLLIÈRE (DE)	Histoire de la Mère Michel et de son chat.
LEMAIRE-CRETIN	Le Livre de Trotty.
LEMOINE	La Guerre pendant les vacances.
LEMONNIER (C.)	Bébés et Joujoux. — Hist. de huit Bêtes et d'une Poupée.
—	Les Joujoux parlants.
LERMONT (J.)	† Mes Frères et moi.
LOCKROY (S.)	Les Fées de la Famille.
MAYNE-REID	† Les Exploits des jeunes Boërs.
MULLER (E.)	Récits enfantins.
MUSSET (P. DE)	Monsieur le Vent et Madame la Pluie.
NODIER (CHARLES)	Trésor des Fèves et Fleur des Pois.
OURLIAC (E.)	Le Prince Coqueluche.
PERRAULT (P.)	Les Lunettes de Grand'Maman.
—	Les Exploits de Mario.
SAND (GEORGE)	Le Véritable Gribouille.
SPARK	Fabliaux et Paraboles.
STAHL (P.-J.)	Les Aventures de Tom Pouce.
STAHL et WILLIAM HUGHES	Contes de la Tante Judith.
VERNE (JULES)	Un Hivernage dans les glaces.

Bibliothèque d'Éducation et de Récréation

Quels souvenirs agréables et charmants ce titre général ne rappelle-t-il pas aux hommes jeunes d'aujourd'hui, à ceux qui entraient dans la vie au moment même où une révolution complète s'opérait, en leur faveur, dans la littérature! Car il n'y a pas beaucoup plus de vingt ans que les jeunes gens lisent, c'est-à-dire qu'ils ont des livres conçus pour eux, écrits pour eux, et dont le succès est tel qu'on n'aurait pas osé l'attendre.

« C'est une innovation que l'introduction de la lecture dans les plaisirs de la jeunesse. Elle date presque d'hier : mettons vingt ans, c'est tout le bout du monde. Pendant ces vingt années, l'éditeur Hetzel a su publier 300 volumes de premier ordre.

« Le titre trouvé par l'éditeur constitue à lui seul un programme : ÉDUCATION et RÉCRÉATION. Et, en effet, tout est là. Ces beaux et bons livres instruisent et ils amusent. »

VOLUMES IN-8° CAVALIER, ILLUSTRÉS

ALDRICH	Un Écolier américain.
ANCEAUX	Blanchette et Capitaine.
AUDEVAL (H.)	La Famille de Michel Kagenet.
BENTZON (TH.)	Pierre Casse-Cou.
BERR DE TURIQUE	† La Petite chanteuse.
BIART (L.)	Voyage de deux Enfants dans un parc.
—	Entre Frères et Sœurs. — Deux Amis.
BUSNACH (W.)	⊕ Le Petit Gosse.
CHAZEL (PROSPER)	Le Chalet des sapins.
DEQUET	Histoire de mon Oncle et de ma Tante.
DUMAS (ALEXANDRE)	Histoire d'un Casse-noisette.
ERCKMANN-CHATRIAN	Pour les Enfants. — Les Vieux de la Vieille.
FATH (G.)	Un drôle de Voyage.
GOUZY	Voyage d'une Fillette au pays des Étoiles.
—	Promenade d'une Fillette autour d'un laboratoire.
LEMAIRE-CRETIN	Expériences de la petite Madeleine.
LERMONT	L'Aînée.
—	Histoire de deux Bébés (Kitty et Bo).
—	Un heureux Malheur.

MAYNE-REID. — Œuvres choisies.

Désert d'eau. — Deux Filles du Squatter. — Chasseurs de chevelures. — Chef au Bracelet d'or
Exploits des jeunes Boërs. — Jeunes Voyageurs.
Petit Loup de mer. — Naufragés de l'île de Bornéo. — Robinsons de terre ferme.
Sœur perdue. — William le Mousse.

Mayne-Reid est un Cooper plus accessible à tous, aux jeunes gens en particulier. Scrupuleusement moral, d'une imagination riche et curieuse, mettant en scène quelque simple récit, autour duquel il groupe des incidents romanesques, et cependant possibles, il promène son lecteur au milieu des forêts vierges, parmi les tribus sauvages, et exalte le courage individuel aux prises avec les difficultés et les nécessités de la vie. CLARETIE.

MULLER	La Morale en Action par l'Histoire.
NERAUD	La Botanique de ma Fille.
PERRAULT (P.)	Pas-Pressé.
RECLUS (E.)	Histoire d'une Montagne. — Histoire d'un Ruisseau.
STAHL (P.-J.)	La famille Chester. — Mon premier Voyage en mer.
STAHL ET LERMONT	La Petite Rose, ses six Tantes et ses sept Cousins.
VADIER (B.)	Blanchette.
VALLERY-RADOT (R.)	⊕ Journal d'un Volontaire d'un an.
VAN BRUYSSEL	Scènes de la Vie des Champs et des Forêts aux États-Unis.

VOLUMES IN-8° RAISIN, ILLUSTRÉS

BADIN (A.)	Jean Casteyras (Aventures de trois Enfants en Algérie).
BENEDICT	La Madone de Guido Reni.
BENTZON (TH.)	Contes de tous les pays.
BLANDY (S.)	Le petit Roi.
—	Fils de veuve. — L'Oncle Philibert.
BOISSONNAS (B.)	⊕ Une Famille pendant la guerre.
BRÉHAT (A. DE)	Les Aventures d'un petit Parisien.
BRUNET	Les Jeunes Aventuriers de la Floride.
BIART (L.)	Monsieur Pinson.
—	Le Secret de José.
—	Lucia.

Volumes in-8° illustrés (SUITE)

Contes et Romans de l'Histoire naturelle

Dr CANDÈZE { Aventures d'un Grillon.
Périnette (Histoire surprenante de cinq moineaux).

Aventures d'un Grillon. — « Cette biographie d'un insecte obscur cache, sous une fine allégorie, non seulement un petit traité de morale familière, mais encore des notions d'entomologie très précises et très sûres. L'auteur, M. Ernest Candèze, est un écrivain déjà connu des lecteurs de la *Revue Scientifique*, et ses qualités littéraires ne nuisent pas, bien au contraire, à l'autorité de son enseignement.

« C'est une philosophie ingénieuse que celle qui cherche dans l'étude du plus petit des mondes, du monde des insectes, des leçons applicables à l'univers entier. C'est merveille de voir comment même les petits côtés de la science gagnent à être traités par des écrivains littéraires, quand ils ont su se munir au préalable d'un savoir sérieux et éprouvé. »

(*Revue Scientifique.*)

CAUVAIN (H.) . . . . Le grand Vaincu (le Marquis de Montcalm).
DAUDET (ALPHONSE) . . . . Histoire d'un Enfant.
— . . . . Contes choisis.
DESNOYERS (L.) . . . . Aventures de Jean-Paul Choppart.
DUPIN DE SAINT-ANDRÉ . . . Ce qu'on dit à la maison.
FAUQUEZ (H.) . . . . Les Adoptés du Boisvallon.
GENNEVRAYE . . . . Théâtre de Famille.
— . . . . La petite Louisette.
— . . . . Marchand d'Allumettes.
GRIMARD (E.) . . . . La Plante.
HUGO (VICTOR) . . . . Le Livre des Mères.
LAPRADE (V. DE) . . . . Le Livre d'un Père.

La vie de Collège dans tous les Pays

ANDRÉ LAURIE

Mémoires d'un Collégien. (Un Lycée de département.) | La Vie de Collège en Angleterre. | Autour d'un Lycée japonais.
Une Année de Collège à Paris. | Un Écolier hanovrien. | Le Bachelier de Séville.
Mémoires d'un Collégien russe. | Tito le Florentin. | Axel Ebersen. (Le Gradué d'Upsala.)

M. FRANCISQUE SARCEY a consacré à chacun des livres qui composent cette série une étude spéciale.

« Notre ami Hetzel, écrivait-il au mois de décembre 1885, a commencé une collection bien curieuse et dont le titre générique suffit à indiquer l'intérêt. Chaque année, il paraît un volume qui nous transporte dans un pays différent. Il y a quatre ans, nous étions en France; l'année suivante, on nous a menés en Angleterre; l'an d'après, en Allemagne. L'ensemble des volumes dont cette série doit se composer formera une étude assez complète des divers systèmes d'éducation suivis par chaque nation.

« Tous ces volumes partent de la même main; ils sont de M. André Laurie, qui me paraît être un universitaire fort au courant des questions pédagogiques, et qui n'en est pas moins un conteur agréable et un écrivain élégant. C'est chaque année un régal attendu par moi de recevoir et de déguster son volume. »

FRANCISQUE SARCEY.

LES ROMANS D'AVENTURES

ANDRÉ LAURIE . . . . Le Capitaine Trafalgar.
— . . . . L'Héritier de Robinson.
— . . . . De New-York à Brest en sept heures.
— . . . . Le Secret du Mage.
— . . . . † Le Rubis du Grand Lama.
J. VERNE ET A. LAURIE . . . L'Épave du Cynthia.
RIDER-HAGGARD . . . . Découverte des Mines du roi Salomon.
STEVENSON ET A. LAURIE . . L'Ile au Trésor.

A PROPOS de l'*Épave du Cynthia*, M. Ulbach écrivait les lignes suivantes :
« La collaboration de MM. Jules Verne et André Laurie ne pouvait être que féconde. La science de l'un, l'observation de l'autre, les qualités littéraires des deux collaborateurs font de ce livre un des plus émouvants de la collection nouvelle. »

Volumes in-8° illustrés (SUITE)

« Il y a peu de livres plus nourris de faits, plus substantiels, et d'un intérêt mieux soutenu que l'*Épave du Cynthia*, » a écrit M. Dancourt dans la *Gazette de France*.

« Plus sombre, plus terrible est l'*Ile au Trésor*, roman popularisé en Angleterre par des milliers d'éditions, et dont la maison Hetzel s'est assuré le droit de traduction exclusif. On raconte que M. Gladstone, le grand homme d'État, rentrant chez lui, après une séance agitée, trouva, par hasard, sous sa main, l'*Ile au Trésor*, de Stevenson. Il en parcourut les premières pages, et il ne quitta plus e livre qu'il ne l'eût achevé. C'est que ces premières pages sont un chef-d'œuvre d'exposition mystérieuse, d'attractions captivantes... »

LEGOUVÉ (E.) . . . . Nos Filles et nos Fils.
— . . . . La Lecture en famille.
— . . . . Une Élève de seize ans.
— . . . . † Épis et Bluets.
LERMONT (J.) . . . . Les jeunes Filles de Quinnebasset.
MACÉ (JEAN) . . . . Contes du Petit-Château.
— . . . . Histoire d'une Bouchée de Pain.
— . . . . Histoire de deux Marchands de pommes.
— . . . . Les Serviteurs de l'estomac.
— . . . . Théâtre du Petit-Château.
MALOT (HECTOR) . . . . Romain Kalbris.
MULLER (E.) . . . . La Jeunesse des Hommes célèbres.
RATISBONNE (LOUIS) . . . . . ۞ La Comédie enfantine.
SAINTINE (X.) . . . . Picciola.
SANDEAU (J.) . . . . La Roche aux Mouettes. — ۞ Madeleine.
— . . . . Mademoiselle de la Seiglière.
— . . . . † La petite fée du village.
SAUVAGE (E.) . . . . La petite Bohémienne.
SÉGUR (COMTE DE) . . . . . . Fables.
ULBACH (L.) . . . . Le Parrain de Cendrillon.

ŒUVRES de P.-J. STAHL

۞ Contes et Récits de Morale familière. — Les Histoires de mon Parrain. — ۞ Histoire d'un Ane et de deux jeunes Filles. — ۞ Maroussia. — ۞ Les Patins d'argent. — Les Quatre Filles du docteur Marsch. — ۞ Les Quatre Peurs de notre Général. Les Contes de l'Oncle Jacques.

STAHL a voulu enseigner familièrement la morale, la mettre en action pour tous les âges. De chacun des livres de Stahl se dégage une morale présentée avec toute la séduction et cette forme spirituelle qui donne à la fiction les apparences de la réalité.
Peu d'hommes ont plus et mieux fait pour la jeunesse, qui lui doit sa libération littéraire.
Ch. CANIVET. (*Le Soleil.*)

STAHL ET LERMONT . . . . . . Jack et Jane.
TEMPLE (DU) . . . . Sciences usuelles. — Communications de la Pensée.
TOLSTOÏ (COMTE L.) . . . . . Enfance et Adolescence.
VERNE (JULES) ET D'ENNERY . Les Voyages au Théâtre.
VIOLLET-LE-DUC . . . . Histoire d'une Maison.
— . . . . Histoire d'une Forteresse.
— . . . . Histoire de l'Habitation humaine.
— . . . . Histoire d'un Hôtel de Ville et d'une Cathédrale.
— . . . . Histoire d'un Dessinateur.

Volumes grand in-8° jésus, illustrés

BIART (L.) . . . . Aventures d'un jeune Naturaliste.
— . . . . Don Quichotte *(adaptation pour la jeunesse)*.
— . . . . † Les Voyages involontaires (*Monsieur Pinson, Le Secret de José, La Frontière indienne, Lucia Avila*).
BLANDY (S.) . . . . Les Épreuves de Norbert.
CLÉMENT (CH.) . . . . Michel-Ange, Raphaël, Léonard de Vinci.
FLAMMARION (C.) . . . . . . Histoire du Ciel.
GRANDVILLE . . . . Les Animaux peints par eux-mêmes.
GRIMARD (E.) . . . . Le Jardin d'Acclimatation.
LA FONTAINE . . . . Fables, illustrées par EUG. LAMBERT.
LAURIE (A.) . . . . Les Exilés de la Terre.
MALOT (HECTOR) . . . . ۞ Sans Famille.
MAYNE-REID . . . . Aventures de Terre et de Mer.
MOLIÈRE . . . . Édition SAINTE-BEUVE et TONY JOHANNOT.
STAHL ET MULLER . . . . Nouveau Robinson suisse.

Jules Verne

VOYAGES EXTRAORDINAIRES

39 VOLUMES IN-8° JÉSUS, ILLUSTRÉS

† Claudius Bombarnac.
† Le Château des Carpathes.
Mistress Branican.
César Cascabel
Famille sans Nom.
Sans dessus dessous.
Deux ans de Vacances.
Nord contre Sud.
Un Billet de Loterie.
Autour de la Lune.
Aventures de trois Russes et de trois Anglais.
Aventures du capitaine Hatteras.
Un Capitaine de quinze ans.
Le Chancellor.
Cinq Semaines en ballon.
Les Cinq cents millions de la Bégum.
De la Terre à la Lune.
Le Docteur Ox.
Les Enfants du capitaine Grant.

Hector Servadac.
L'Ile mystérieuse.
Les Indes-Noires.
Mathias Sandorf.
Le Chemin de France.
Robur le Conquérant.
La Jangada.
Kéraban-le-Têtu.
La Maison à vapeur.
Michel Strogoff.
Le Pays des Fourrures.
Le Tour du monde en 80 jours.
Les Tribulations d'un Chinois en Chine.
Une Ville flottante.
Vingt mille lieues sous les Mers.
Voyage au centre de la Terre.
Le Rayon-Vert.
L'École des Robinsons.
L'Etoile du sud.
L'Archipel en feu.

L'œuvre de Jules Verne est aujourd'hui considérable. La collection des *Voyages extraordinaires*, que l'Académie française a couronnés, se compose déjà de vingt-huit volumes (contenant 39 ouvrages), et tous les ans Jules Verne donne au *Magasin d'Éducation et de Récréation* un roman inédit.

Ces livres de voyage, ces contes d'aventures, ont une originalité propre, une clarté et une vivacité entraînantes. C'est très français.

CLARETIE.

Découverte de la Terre
3 Volumes in-8°
Les Premiers Explorateurs. — Les Grands Navigateurs du xviiie siècle.
Les Voyageurs du xixe siècle.

J. VERNE et TH. LAVALLÉE. Géographie illustrée de la France, édition revue et corrigée par M. Dubail.

BIBLIOTHÈQUE DES JEUNES FRANÇAIS
Volumes gr. in-16 colombier

ERCKMANN-CHATRIAN. Avant 89 (*illustré*).
BLOCK (M.). *Entretiens familiers sur l'administration de notre pays.*
La France. — Le Département. — La Commune.
Paris, Organisation municipale. — Paris, Institutions administratives. — L'Impôt. — Le Budget.
L'Agriculture. — Le Commerce. — L'Industrie.
Petit Manuel d'Économie pratique.

PONTIS . . . . Petite Grammaire de la prononciation.
J. MACÉ . . . . La France avant les Francs (*illustré*).
MAXIME LECOMTE . . . . . La Vocation d'Albert.
TRIGANT GENESTE . . . . . Le Budget communal.

740 Viollet le Duc
VIO   Histoire d'un dessinateur

Réserve
Ex.1

www.ingramcontent.com/pod-product-compliance
Lightning Source LLC
Chambersburg PA
CBHW050156230526
45470CB00001B/118